U0133926

杜甫画传

左汉林 / 著

创于1897
商务印书馆
The Commercial Press

图书在版编目(CIP)数据

杜甫画传/左汉林著. —北京:商务印书馆,2023
ISBN 978-7-100-22078-1

Ⅰ.①杜… Ⅱ.①左… Ⅲ.①杜甫(712-770)—
传记—画册 Ⅳ.①K825.6-64

中国国家版本馆 CIP 数据核字(2023)第 042614 号

权利保留,侵权必究。

杜 甫 画 传

左汉林 著

商 务 印 书 馆 出 版
(北京王府井大街36号 邮政编码100710)
商 务 印 书 馆 发 行
北京中科印刷有限公司印刷
ISBN 978-7-100-22078-1
GS 京 (2 0 2 2) 1 4 8 1 号

2023 年 7 月第 1 版　　　　开本 880×1230 1/32
2023 年 7 月北京第 1 次印刷　印张 10
定价:98.00 元

傅抱石《杜甫像》

唐故檢校工部員外郎杜君墓係銘并序

元稹

敍曰余讀詩至杜子美而知大小之有總萃焉始

堯舜時君臣以賡歌相和是後詩繼作歷夏殷周

千餘年仲尼緝拾選練取其干預教化之尤者三

百篇其餘雖無聞焉騷人作而怨憤之態繁然猶夫

風雅日近尚相比擬秦漢以還採詩之官既廢天

下妖謠民謳歌頌諷賦曲度嬉戲之詞亦隨時間

作至漢武帝賦柏梁詩而七言之體與蘇子卿李

杜工部詩集　墓誌

[清]朱鶴齡輯注《杜工部诗集》，康熙叶永茹万卷楼刻本，[清]齐召南批

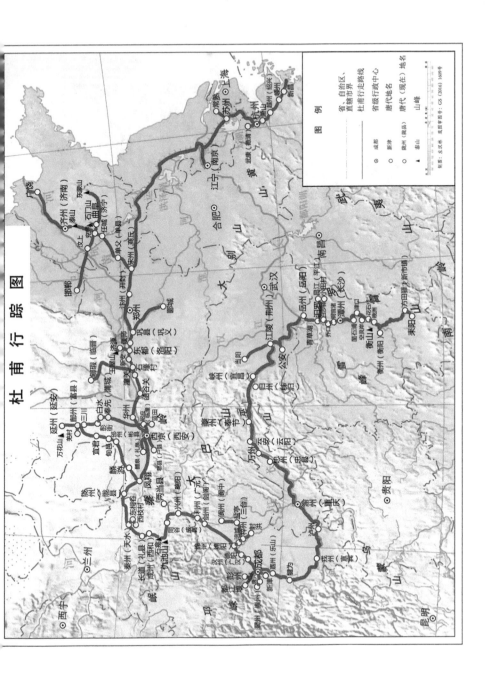

本书作者在甘肃省徽县的青泥古道考察（徐希平拍摄）

序

◇ 张忠纲

诗圣杜甫，光耀千秋，名传寰宇，为其作传者，代不乏人，近世尤盛。举其影响较大者，即有冯至《杜甫传》（1952 年出版）、洪业《杜甫：中国最伟大的诗人》（1952 年）、日本田中克己《杜甫传》（1976 年）、俄罗斯别仁《杜甫传》（1987 年）、韩成武《诗圣：忧患世界中的杜甫》（2000 年）等。另有俄罗斯谢列布里亚科夫《杜甫评传》（1958 年）、刘维崇《杜甫评传》（1969 年）、陈贻焮《杜甫评传》（1982—1988 年）、莫砺锋《杜甫评传》（1993 年）等。还有李森南《杜甫诗传》（1980 年）和日本吉川幸次郎《杜甫诗传》（1980 年）。以上这些杜甫传记之作，可谓各擅胜场，精彩纷呈，但有两个共同点：一是大都为纯文字叙述，或仅有几张插图；二是对杜甫行踪遗迹没有进行实地考察，或仅有部分的实地考察。

而左汉林教授的《杜甫画传》可谓是一部别开生面的杜甫传记，而且是我国出版的第一部杜甫的"画传"。本书用通俗的语言，对杜甫生平事迹进行了生动细致的叙述；又结合杜甫生平，对诸多杜诗名篇作了解读，读者不仅可了解诗意，还可了解诗歌产生的时代和历史背景；本书的特别之处是收录了作者实地考察杜甫行踪遗迹所拍摄的一百多张照片，并使用地图及书画、书影等，使本书成为一部图文兼备并美的杜甫传记。

这部杜甫传记的完成，是汉林教授艰苦卓绝重走杜甫之路的艺术结晶。汉林教授服膺杜甫，酷爱杜诗，又对摄影情有独钟。他用了五六年的时间，先后到杜甫所经行和生活过的地方进行实地考察并拍照，可以说是完整地重走了杜甫之路。在此基础上，他撰成《朝圣：重走杜甫之路》一书，为本书的撰写创造了必要的条件。

由于作者精研杜诗，又对杜甫的行踪遗迹进行了深入细致的全面考察，故有不少新的发现和不同于常说的见解。如在叙述杜甫漫游吴越时，作者指出杜甫游览苏州阊门时可能曾游览专诸巷。这是他的发现，而为杜甫诸谱所未载。作者判定杜甫曾游览专诸巷基于以下两个原因：首先是因为专诸巷距离阊门非常之近，从阊门进入苏州城，自西向东数十米就可到专诸巷北口。杜诗《壮游》有"嵯峨阊门北"之句，可见杜甫曾游览阊门，而游览阊门则一定会游览专诸巷。其次，杜甫游览专诸巷还可在其诗中找到证明。《壮游》"蒸鱼闻匕首"之句，即言专诸事。注杜者对此句多未加注释，或仅列出《史记·刺客列传》中的材料。本书据杜甫行踪，认为"蒸鱼闻匕首"之句当指杜甫曾游览专诸巷和专诸墓，并由此想起历史上专诸刺吴王僚的故事。此不仅可补前人之遗漏，而且可使读者加深对杜诗的理解。

关于杜甫《两当县吴十侍御江上宅》一诗的创作时间和地点，自宋代至今，颇多歧见。或以为作于成都，创作时间为杜甫寓居成都期间；或以为作于长沙，创作时间为杜甫漂泊江湘期间；或以为作于秦州（今甘肃天水），时在杜甫寓居秦州期间；或以为作于两当县，时杜甫专程或顺路去两当县探访吴郁故宅。作者通过深入的考察和研究，认为杜甫并未到过吴郁宅，指出："在嘉陵江边，行至长举县城、槃头城、虞关一带的杜甫临江北望，不由想起这位故人（吴郁），遂作《两当县吴十侍御江上宅》一诗以为怀念。诗中的'阴风千里来，吹汝江上宅。鹍鸡号枉渚，日色傍阡陌'都是杜甫的想象之词，并非杜甫所亲见。"作者又谓此诗的创作时间为乾元二年（759）十二月初。以常理论，杜甫于艰难苦寒之中不可能去探访一座江上空宅，且杜甫自同谷经栗亭人蜀并不经过两当县，所以杜甫一家人枉道去往两当县于理不合。作者的这番推理，可备一说。

对杜诗名篇《石壕吏》，作者认为石壕村是崤函古道上的旅客投宿之地，石壕村村民在历史上多以开村店谋生，其收入远远超过种田所得。所以，杜甫的投宿之处当在石壕村的村店之中，而不是老翁家里。此说虽本清人施鸿保之说而发挥之，但较学术界长期以来的成说，确能新人耳目。

似此推陈出新之说，书中时见，不胜枚举。但因杜甫经历复杂，杜诗博大精深，对其一诗一事一地一词，甚或歧见纷出，莫衷一是，于中定夺，确实不易。故书中所述，偶有不尽确切之处，或于诸说中选从一说，虽是见仁见智，却非最佳选择。但瑕不掩瑜，该书确为一部图文并茂、富于创新的杜甫传记。读者随文观图，犹如身临其境，定可爱不释手矣！

2021 年 8 月 9 日

目　录

序　张忠纲 / I

第一章　家世与故里 / 1

　　家　世 / 1

　　巩县与洛阳 / 2

第二章　青年时期的漫游 / 10

　　漫游吴越 / 10

　　漫游齐赵 / 19

　　漫游梁宋 / 28

　　再游齐赵 / 32

第三章　在长安的十年 / 38

　　求官的艰辛历程 / 39

　　在长安的生活 / 46

　　自京赴奉先县 / 60

第四章　叛乱中的奔逃 / 67

　　自长安至羌村 / 67

　　身禁长安 / 71

　　逃归行在 / 79

　　北征之路 / 85

　　重返长安 / 95

华州司功参军任上 / 104

探亲洛阳 / 110

自洛阳至华州 / 114

第五章　自陇右至蜀中 / 124

自华州至秦州 / 125

寓居秦州 / 127

自秦州至同谷 / 137

流落同谷县 / 145

自同谷赴成都 / 150

第六章　蜀中岁月 / 157

定居草堂 / 157

成都游踪 / 161

生活与交游 / 167

与严武的交往 / 180

流浪川北 / 184

再回成都 / 204

任职严武幕府 / 207

去　蜀 / 212

第七章　夔府悲歌 / 217

自成都至戎州 / 217

自泸州至万州 / 221

卧病云安 / 226

夔府孤城 / 230

第八章　漂泊荆湘 / 274

自夔州至江陵 / 274

自公安至岳阳 / 280

自洞庭湖至衡州 / 284

自潭州至耒阳 / 292

最后的时光 / 299

参考文献 / 302

后　记 / 304

第一章　家世与故里

巩县（今河南巩义）地处河南省中北部，这里东依虎牢，西傍洛水，北临黄河，南望嵩山，是山河四塞之地，巩固不拔。唐睿宗太极元年（712），在巩县城东的瑶湾村，一个新的生命诞生了。人们不会想到，这个孩子将来会成为照耀中国诗坛的巨星。

家　世

这个孩子就是杜甫。杜甫出生在一个世代"奉儒守官"的家庭，他的十五世祖杜畿是京兆杜陵人，汉末建安时曾做过郑县县令、河东太守，当时被称为"国士"。第十四世祖杜恕，魏太和中为黄门侍郎，后任弘农太守、幽州刺史，他专心向公，惠爱宽和，论议亢直，受人器重。其第十三世祖杜预，曾代羊祜为镇南大将军、都督荆州诸军事，封当阳县侯，朝野称美，被称为"杜武库"。杜预还是著名学者，博学淹通，有《春秋左氏经传集解》三十卷。平吴之后，杜预曾刻石为二碑，一沉于万山之下，一立于岘山之上，以纪其勋绩。此后，杜甫的第十二世祖至五世祖，多任刺史、太守、县令等职。杜甫的祖上世代为官，他说"自先君恕、预以降，奉儒守官，未坠素业"，正是他家的实情。

杜甫祖籍本在襄阳（今湖北襄阳），可能因其曾祖杜依艺曾任巩县令，所以全家迁居巩县。他的祖父杜审言善五言诗，工书翰，与李峤、崔融、苏味道合称为"文章四友"，武后时任膳部员外郎，中宗时任修文馆直学士。杜审言才高傲世，矜诞幽默，自称文章超过屈原、宋玉，书法超过王羲之。在神龙初年，曾因交通张易之被流放峰州（今属越南）。杜审言任吉州司户参军时曾遭司马周季重构陷，他十六岁的儿子杜并身藏利刃在宴席上刺死了周季重，为父报仇，自己也被杀死，人称"孝烈"。杜甫的父亲杜闲曾任兖州司马、奉天县令。杜甫的祖父和父亲虽未在巩县为官，但因这里建有宅第，杜家可能一直在此生活。如今，巩县一带还有杜甫后裔生活在这里。杜审言不凡的诗才和幽默狂傲的性格，杜并刚烈的血性，在杜甫身上都有所体现。

此外，还有必要提一下杜家与李唐皇室疏远的亲属关系。首先，杜甫外祖父的母亲，是唐高祖李渊第十八子舒王李元名的女儿。这位名叫李元名的舒王，是唐太宗李世民的弟弟，其人"性高洁"，"朝夕矜庄，门庭清肃"，李世民曾经夸奖他说："此真我弟也。"另外，杜甫外祖母的父亲李琮，是李世民第十子纪王李慎的次子，也就是李世民的嫡孙。尽管杜甫与李唐皇室的这种亲属关系相当疏远，但杜甫颇以此为傲，这也是杜甫忠君思想的一个背景原因。

总体上说，杜甫的家世出身及其家族的文化和文学传统，都对杜甫有着很大的影响。

巩县与洛阳

杜甫出生的巩县，地处河南省中北部，位于今郑州市和洛阳市之间。据清代顾祖禹《读史方舆纪要》，巩县周时称为"巩伯"，战国时属于东周，汉代置县，属河南郡，晋及后魏因之。东魏属成皋郡，北齐属洛州，隋属河南郡。这里的"巩县石窟"是我国十大石窟之一，现存洞窟五个，摩崖大佛三尊，佛龛三百多个，千佛龛一个，题记两百余篇，造像七千七百余尊。其"帝后礼佛图"为国内所仅见，雕刻精美传神。

年幼的杜甫一定不会想到，他的出生地会成为一个著名的景区。杜甫出生的窑洞称为"杜甫诞生窑"，位于今巩义东十公里站街镇南窑湾村的笔架山下，现在这里已经建成"杜甫故里景区"。景区内有才子门、杜公祠、诗圣堂、瞻雪阁等建筑及杜甫塑像。景区的最后有一座高约30米、宽约100米的酷似笔架的土山，称为笔架山。山后原有方形土池，称为"砚池"。有笔有砚，乃有诗圣。笔架山下的杜甫诞生窑可能是原杜家宅院的一部分，窑洞由青砖箍成，大部分为明代砖券。杜甫诞生窑前是一个花木繁盛的小院，幼年的杜甫也许就曾看到过这样的景色。

杜甫诞生窑

杜甫的母亲是清河崔氏，她是清河东武城（今属山东）人，早亡。杜甫父亲续娶卢氏。此后，杜甫便寄养在洛阳仁风里的二姑家。有一次杜甫和姑姑家的儿子同时生病，女巫说家中"楹之东南隅"是吉利之地，杜甫的姑姑便把杜甫放在此处养病。杜甫病愈，姑姑的亲生儿子居然病死了。杜甫说当时他尚不记事，此事是长大后别人告诉他的，推测此时的杜甫大约只有两三岁。这位姑母在天宝元年（742）去世，杜甫为她写了墓志，称其为"有唐义姑"。《列女传》记载，在春秋时期，齐军攻打鲁国，看到一位鲁国妇人带着儿子和侄子逃跑。形势危急之际，妇人舍弃儿子，抱起侄子前行。齐军问她为什么不带自己的儿子逃跑，她回答说要"弃子而行义"。齐军感其仁义，遂停战罢兵。此事与杜甫二姑母的行为很像，所以杜甫将其二姑母称为"义姑"。杜甫关心民瘼、宽容仁厚的思想性格的形成，与他年幼时受到的家庭教育有一定关系。

杜甫在洛阳度过了他的童年和少年时代，这里也是他诗歌创作的起点。在唐代，洛阳的地位非常重要。这里北有太行之险，南有宛叶之饶，东压江淮，西驰崤渑，自古就被认为是"天下之中"。这里是大唐的东都，武则天称帝时期还是武周的首都，人口众多，文化昌明，商业发达。洛阳的国子监中设有国子学、太学、四门学、书学、算学、律学，与长安相同。这里是全国的交通中心，水路交通南可至余杭，北可到涿郡。长安有水旱之灾，君臣多"就食"于此。"读书破万卷，下笔如有神"，杜甫显然在这里受到了很好的教育，这是他日后成为"诗圣"的基础。

杜甫幼年时，曾经到过郾城（今河南省漯河市附近），并在那里观看了公孙大娘舞《剑器浑脱》。郾城在春秋时期为郾子国，战国时期属于魏国的下邑。唐武德四年（621）属道州，贞观元年（627）

属豫州，长庆元年（821）隶许州。杜甫《观公孙大娘弟子舞剑器行》序云："开元五载，余尚童稚，记于郾城观公孙氏舞《剑器浑脱》，浏漓顿挫，独出冠时。"可见，杜甫到郾城时是开元五年（717），那时他只有六岁。

　　我们现在已经不知道六岁的杜甫是因何种机缘去往郾城，但是这位未来的伟大诗人和当时优秀舞蹈家的这次会面堪称奇迹。公孙大娘本是宫廷女伎，可能隶属于内教坊、教坊或梨园，她是"番上"（指乐工在朝廷轮番上值）的朝廷乐工，其法律身份应是"官户"。她之所以在郾城演出，可能是因为郾城一带是她的故乡，她在"番上"之余回到家乡，通过表演自己的高超技艺获得报酬。当然，也有一种可能是唐玄宗即位之后要"与民同乐"，遂派遣宫廷女乐到

洛阳天堂

宫廷之外演出。杜甫观看了公孙大娘的舞蹈，并留下了深刻印象。杜甫晚年在夔州（今重庆奉节）曾"见临颍李十二娘舞《剑器》"，这位李十二娘就是公孙大娘的弟子。而李十二娘的故里临颍，即在漯河以北三十五公里处。可见，公孙大娘和李十二娘既是师徒，也是同乡。*

公孙大娘和李十二娘的演出活动和现存的民间俗乐歌辞，证明在唐代民间存在着广泛的音乐演出活动，甚至存在着提供音乐服务的演出团体。这些乐人在娱乐、婚礼、祝寿、庆生、就学、送别等多种场合为人们提供音乐服务，通过高超的技艺和演出活动获得报酬，而官吏和百姓得以欣赏到高水平的音乐和舞蹈。

在洛阳，杜甫七岁开始写诗，九岁开始学习书法。到十四五岁，他已在这里崭露头角，成为文坛新秀，并与郑州刺史崔尚、豫州刺史魏启心等交游，还在岐王李范、殿中监崔涤家中多次听到过著名宫廷歌唱家李龟年的演唱。[1]

杜甫寄居洛阳时，龙门石窟已经有很大的规模。龙门石窟自北魏孝文帝迁都洛阳之际开始开凿，东魏、西魏、北齐、隋、唐、五代皆有续造。北魏时期和唐代是石窟营造的高峰，唐代开凿的洞窟占全部石窟的三分之二左右。龙门石窟位于洛阳城南六公里处，在南北约一公里的石壁上有窟龛二千三百余座，造像十万余尊。石窟中有碑刻二千八百余块，其中的"龙门二十品"是魏碑书法的杰作。杜甫曾到龙门石窟游览，并创作了《游龙门奉先寺》一诗。诗云：

已从招提游，更宿招提境。

_____

[1]　参见《壮游》《江南逢李龟年》。

龙门石窟

阴壑生虚籁，月林散清影。

天阙象纬逼，云卧衣裳冷。

欲觉闻晨钟，令人发深省。

　　此诗为杜甫青年时期游览洛阳龙门奉先寺而作，是杜诗中创作较早的一首。这是一首以律入古的仄韵古体诗，诗中的"招提"是寺院的别称，指奉先寺。"虚籁"即天籁，这里指风声。"天阙"则指龙门山势高险，两山对峙如阙。诗的前两句写宿于奉先寺的缘由，中间四句写宿寺夜中所见，最后两句则写闻钟而警醒。这首诗脉络清晰，意境幽深，表现了杜甫对佛教的初步认识。

　　龙门石窟最引人注目的是卢舍那大佛。这座大佛高 17 米多，头高 4 米，眉如弯月，略带笑意，慈祥而威严，是唐代造像艺术的代表。"卢舍那"意为光明普照，传说这尊佛像是按照武则天的形象塑造的。卢舍那大佛所在地，正是杜甫游览的奉先寺的遗址。卢舍那大佛本是奉先寺的一部分。

开元十八年（730）前后，十九岁的杜甫曾到郇瑕（今山西省临猗县）一带游览，并结识了韦之晋、寇锡等人。现在的临猗县由临晋县和猗氏县合并而成，隶属于运城市。县城内有双塔，建于隋唐时期。

这次结识的韦之晋和寇锡，成为杜甫的终生好友。大历四年（769）夏，韦之晋卒于潭州（今湖南长沙），杜甫作《哭韦大夫之晋》以为悼念，其中有"凄怆郇瑕邑，差池弱冠年"之句，即是回忆这次郇瑕之游。大历五年（770），寇锡以监察御史巡按岭南，

清代临晋县衙遗址

杜甫曾作《奉酬寇十侍御锡见寄四韵复寄寇》一首，其中的"往别郁瑕地，于今四十年"也提到了这次出游。

那时的杜甫，是一个健壮而又快乐的少年。"忆年十五心尚孩，健如黄犊走复来。庭前八月梨枣熟，一日上树能千回。"对杜甫来说，那真是一段美好的时光。命运之神为他安排的是一条艰难困苦之路，不过那些距离少年杜甫尚远。在走上那条道路之前，杜甫还有一个快意的青年时代。

注释：* 公孙大娘的身份当是隶属于梨园或教坊的乐工。唐代梨园、教坊的乐工身份大略可分为两种：一为长上乐工。其身份最低，等同于奴隶，一般要终身在宫廷服役，没有人身自由。二为番上乐工。其身份较低，但高于长上乐工，一年之中有部分时间服务宫廷，其余时间则可自由支配。本书认为公孙大娘的身份当是番上乐工，是因为笔者在重走杜甫之路中通过对杜甫《剑器行》诗序提到的"郾城"和"临颍"两个地点的考察，发现公孙大娘和李十二娘可能是同乡。既是师徒，又是同乡，恐非偶然。最合理的解释是：公孙大娘是番上的乐户。番上之余回到家乡演出，以此为生，并传授弟子。如果公孙大娘是长上乐户，那她必须常年在朝廷服役，没有机会把技艺传授给河南临颍的李十二娘。另外杜甫在夔州看到李十二娘的剑器表演，可见她有人身自由，可以到处演出。如果李十二娘也是朝廷乐户，摆脱乐户身份或以乐户身份到夔州演出的可能性极小。由此可见，公孙大娘当属番上的朝廷乐工，其身份应是官户；而李十二娘是公孙大娘在家乡所收的弟子，其身份当是平民。

第二章 青年时期的漫游

　　杜甫的青少年时代，正是唐代的全盛时期。在杜甫出生之前，唐高祖李渊在太原起兵，开国称帝。他在位九年，开创了大唐基业。唐太宗李世民借"玄武门之变"登上帝位，他虚心纳谏，重用贤臣，以民为本，使农业丰收，社会富足，百姓安居乐业。太宗在位二十三年，国家富庶，人口增加，史称"贞观之治"。太宗之后，其子高宗即位。唐高宗继承了太宗的事业，曾派大将苏定方、李勣等征高丽，取得胜利。其执政前期，社会稳定，"百姓阜安，有贞观遗风"。后期则是武则天逐渐掌握权力，"二圣"共同执政。高宗去世后，武则天先后废除中宗李显、睿宗李旦的帝位，建武氏七庙，临朝称帝，建立大周。她任用酷吏，使唐之宗室被戕杀殆尽，贤士大夫被杀者十之八九。武氏去世后，中宗李显和睿宗李旦又相继登基，但在位时间较短。延和元年（712）八月，睿宗传位于其子李隆基，是为玄宗。唐玄宗即位后，改延和为先天。其即位的先天元年（712），就是杜甫出生的这一年。唐玄宗在位四十五年，是唐朝皇帝中在位时间最长的皇帝。他在位的开元年间，国势强盛，天下太平，物丰价廉，百姓富庶，史称"开元之治"。唐代的诗人很多都有过漫游的经历，而杜甫的数次漫游也在此背景下开始。

漫游吴越

　　开元十九年（731），杜甫已经是一个二十岁的青年。此时，

瓦官寺

苏州

天下太平，国无大事。在上一年的五月，吐蕃遣使求和。六月，忠王李浚领河北道行军元帅，率兵征讨奚和契丹，取得了胜利。到这年九月，吐蕃又请求和亲。为平息边患，玄宗答应了吐蕃的请求，使吐蕃款附，复修旧好。整个国家的治安相当之好，这一年获死罪的罪犯只有二十四人。在开元十九年正月二十七日，玄宗按照礼制躬耕于兴庆宫，亲自体会稼穑之艰难，表示对农业的重视。到这年九月，吐蕃又请求在边境互市，玄宗大度地批准了这项请求。正是在这样的背景之下，在开元十九年，杜甫开始漫游吴越。这次出行，他用了四五年的时间，先后游历了今南京、苏州、杭州、绍兴等地。

一

杜甫从洛阳出发，乘船走水路抵达江宁（今江苏省南京）。江宁，本名金陵，又称秣陵、建业、建康，唐初称江宁县，境内有钟山、蒋山、石头城、玄武湖、石头镇等。在这里，杜甫游览了著名的瓦官寺，并结识了许登和旻上人。

瓦官寺也称瓦棺寺，始建于东晋哀帝司马丕兴宁二年（364）。这里原是官府管理陶业的地方，故名瓦官寺。该寺是天台宗的发源地，寺内曾藏有多种珍宝。这里原有东晋画家顾恺之所绘《维摩诘示疾图》，有狮子国（今斯里兰卡）在东晋时期进献的玉佛，还有东晋雕塑家戴逵塑造的五方佛像，号称"三绝"。寺内还曾藏有陈后主羊车一轮、武则天罗裙与佛幡、王羲之手书《告誓文》真迹等物，均堪称珍宝。

杜甫游览瓦官寺时，顾恺之的壁画尚在。杜甫不仅见到了顾恺之的壁画，还从许八那儿要了一幅壁画的摹本。他说"甫昔时尝客游此县，于许生处乞瓦棺寺维摩图样"，指的就是这件事。瓦官寺附近曾建有金粟庵，传为顾恺之作画起草之地。故杜甫诗云："看画曾饥渴，追踪恨渺茫。虎头金粟影，神妙独难忘。""虎头"指顾恺之，"金粟"则指金粟庵。南京市在2003年重建了瓦官寺，新建的瓦官寺位于南京市秦淮区中华门内称为西花露北岗的小街上，灰瓦黄墙、幽静肃穆。寺内分为三进，内供奉"智者大师"（即智颢）坐像及五方佛坐像。

杜甫《壮游》诗中有"王谢风流远"之句，推测杜甫曾游览过王谢两家居住的乌衣巷。乌衣巷位于秦淮河南岸，是南京的著名街道。东吴时期，禁军着乌衣驻扎此地，俗名乌衣营，乌衣巷由此得名。东晋时期，王导、谢安及其家族就住在这里。如今的乌衣巷是一条重建的小街，两侧是以明清风格为主的仿古建筑，属于夫子庙秦淮河风光带的一部分。

二

杜甫漫游吴越期间曾到苏州游览，他参观游览了苏州的虎丘、

剑池

阊门

剑池、吴王阖闾墓、阊门、吴泰伯庙、长洲苑等景点。

苏州的虎丘、剑池、吴王阖闾墓实在一处，即现在的虎丘山风景区内。杜甫《壮游》诗中说"阖闾丘墓荒""剑池石壁仄"，可见他曾到此处游览。虎丘，又名虎丘山、海涌山，也称虎阜，被誉为"吴中第一山"。其地在苏州古城西北，距阊门约三公里。春秋时期，吴王阖闾在此地建城，死后亦葬于此。传说阖闾死后三日，有白虎蹲于墓上，故称虎丘。或曰虎丘乃因"丘如蹲虎"而得名。这座小山占地仅有二十公顷，但这里的岩壑林泉却极为幽静秀美。剑池在虎丘山的中心位置，相传吴王阖闾墓就在剑池之下，因埋葬时以扁诸、鱼肠等数千剑殉葬，故名剑池。

阊门是苏州的象征。苏州古城的西门有两座城门，阊门是其中北侧的城门。当年，伍子胥为吴王阖闾建造的"阖闾大城"有八座城门，阊门为城门之首。因此，阊门的历史同苏州城一样悠久。阊门是姑苏繁华荟萃之地，千年之间，这里商贾云集，店铺林立，成为热闹的街市。杜甫《壮游》诗云"嵯峨阊门北，清庙映回塘"，所以他是来过阊门的。刺客专诸曾用鱼肠剑刺杀吴王僚，被杀后即埋葬于阊门附近，这条小巷后来称为专诸巷。《壮游》诗云"蒸鱼闻匕首"，指的就是专诸刺吴王僚事。杜甫游览阊门，可能曾到专诸巷游览。*

泰伯庙在阊门内，距阊门不远。杜甫《壮游》云："嵯峨阊门北，清庙映回塘。每趋吴太伯，抚事泪浪浪。"可见杜甫不仅来过泰伯庙，还为泰伯的事迹所感动。泰伯，也作太伯，是商代周人首领之后。据史料记载，商之末期，周始祖古公亶父有泰伯、仲雍、季历三子。因为季历之子昌聪颖过人，古公遂期望依次传位于昌。泰伯明白古公之意，于是同弟弟仲雍从今天的陕西岐县逃到江南。

苏州泰伯庙

杭州西兴古镇

古公后来如愿传位于季历，季历又传位于昌，昌就是后来的周文王。而出走的泰伯则在江南建国，名"句吴"。他在吴地传播礼乐教化，使蛮荒之地逐渐接受了北方的先进文化。苏州泰伯庙是纪念泰伯的重要场所。该庙建于东汉桓帝时期，其地原在阊门之外，后迁至阊门内，是江南地区第一座纪念泰伯的建筑。在杜甫漫游吴越时期，泰伯庙显然是吴中名胜。泰伯庙体现了后人对泰伯的深深敬仰，杜甫在游览泰伯庙时，也激动地流下眼泪。

杜甫《壮游》中有"长洲荷芰香"之句，他应当去过苏州的长洲苑。长洲苑为吴王阖闾所建，是吴王圈养禽兽、种植林木和游猎的场所，现已废弃不存。苏州园林甲天下，当年杜甫游览的长洲苑或许真是芰荷满池、绿柳依依。

苏州给杜甫留下了深刻的印象，也对其诗歌创作产生了一定影响。杜甫有一首诗名为《愁》，自注云"强戏为吴体"，此诗可能使用吴地方言写成。在唐代诗人中，除杜甫外，只有皮日休和陆龟蒙用"吴体"写过诗，而此二人都与苏州关系紧密，皮日休曾在苏州任军事判官，陆龟蒙自己就是苏州人。杜甫能作"吴体"诗，大约与他曾漫游苏州、熟悉吴方言有关。

三

离开苏州之后，杜甫来到杭州。在杭州，杜甫没有游览西湖，而是去往西陵驿。这是因为在杜甫的青少年时代，杭州的西湖一带还没有开发，风光远没有现在的西湖秀丽，而西陵驿作为重要的驿站，却是当时的交通中心和热闹场所。

西陵驿的所在地在春秋时称为固陵，在六朝及唐代称西陵，其地在今浙江省杭州市滨江区的西兴镇。这是一处著名所在，《苏小小歌》："何处结同心，西陵松柏下。"李贺《苏小小歌》："西陵下，风吹雨。"诗中的西陵指的都是这里。

杜甫之所以游览西陵驿，是因为这里是浙东运河的起点，也是杜甫出行的必由之路。浙东运河本是大运河的一部分，也称萧绍运河。（西陵原属萧山县，新中国成立后随萧山县划归杭州。）这条运河的雏形是春秋时期越王勾践开凿的由绍兴至曹娥江的水道。到晋怀帝时，以这条水道为基础开凿了自西陵经绍兴至曹娥江、再经四十里河至姚江、再经甬江入海的浙东运河。由此可见，杜甫要经杭州去往绍兴一带，最方便的道路是走这条运河。而这条运河的起始之地是西陵，西陵驿就设在这里。

绍兴鉴湖杜甫桥

杜甫《解闷》（其二）云："商胡离别下扬州，忆上西陵故驿楼。"可见，杜甫经过此地时曾在西陵驿住宿，曾经登上过西陵驿的驿楼。

顺便说一下，杜甫在漫游吴越期间，很可能到过武康，因为他的四叔杜登当时正担任武康县尉。武康就是现在的浙江省湖州市德清县武康镇，南距杭州只有四十公里。这里本是南朝集乐之地，有很多乐工，他们演唱的就是动听的"吴歌"。在唐代，武康一带依然延续了六朝的音乐传统，有数百家尽习音乐歌舞，当时有"舞出前溪"的说法。如果杜甫曾到武康游览，那他或许观赏过美妙的前溪歌舞吧。

四

杜甫离开西陵驿，乘船来到绍兴。绍兴是春秋战国时期越国的首都，在唐代称越州（天宝年间曾改称会稽郡），领会稽、诸暨、山阴诸县。南宋偏安江南，取"绍祚中兴"之意，改称绍兴。这里北连杭州，南接嵊州，风景秀丽，在唐代以出产吴绫、竹管著称于世。杜甫《壮游》诗云："越女天下白，鉴湖五月凉。剡溪蕴秀异，欲罢不能忘。"可见，杜甫在这里曾游览鉴湖和剡溪。

鉴湖在东汉就已经存在，时任会稽太守的马臻曾对绍兴一带的水系进行疏通改造，从而形成了三百里鉴湖。永嘉南渡之后，鉴湖一带得到进一步开发，其周边逐渐成为山明水秀的文化中心，东晋玄言诗的创作中心就在绍兴和鉴湖一带。唐代，鉴湖得到进一步开发，成为风光秀美之地，吸引了很多诗人到此地游览。李白《子夜吴歌》云："镜湖三百里，菡萏发荷花。"其《越女词》云："镜湖水如月，耶溪女似雪。"镜湖即鉴湖，从李白的诗歌中可想见鉴湖的秀美风光。到宋代以后，由于过度围湖造田，鉴湖的水面减小，美好风光也大打折扣。所以，当漫游吴越的杜甫来到鉴湖时，正是鉴湖最美的时刻。杜甫在此玩赏风光，度过了一段美好的时光。除鉴湖外，绍兴还有大禹陵、勾践庙、云门寺、若耶溪等名胜，推测杜甫也曾前往游览。

剡溪在绍兴市嵊州境内，在绍兴之南，剡是嵊州的旧称（嵊州在唐代亦曾称剡县）。在唐代，因为风光幽美，嵊州一带成为高僧名士修行隐居和游赏之地，李白多次来过这里，还留下"此行不为鲈鱼脍，自爱名山入剡中"的佳句。同李白一样，杜甫也领略了剡溪一带的绿水青山。游览了剡溪之后，杜甫沿剡溪南行，一直到达天姥山以南地区。

吴越一带的秀丽风光和丰富的人文景观，使青年杜甫大开眼界。这次壮游也使杜甫了解了大唐广阔的疆域、富庶的市井和各地不同的民风，更亲身体会了盛唐时期昂扬的时代精神。开元二十三年（735），杜甫要回洛阳参加进士考试。在唐代，参加尚书省考试的生员，一部分是来自国子监的学生，一部分是来自各州府的报名参试者。各州府的参试生员称为"乡贡"，报名者必须是本州籍贯。正是因为这个原因，杜甫必须回到河南报名参试。"归帆拂天姥，中岁贡旧乡。"（《壮游》）杜甫结束了这次历时五年的吴越之游，回到了洛阳。

漫游齐赵

开元二十四年（736），二十五岁的杜甫在洛阳参加进士考试，未能及第。唐代的科举考试，自初唐以来由考功员外郎负责。考功员外郎是尚书省吏部的一个低级官员，只有从六品上的品级。开元二十三年（735），掌贡举的是考功员外郎李昂，他在科举考试中被参加考试的进士李权所凌侮，朝议以为考功员外郎的职位太低，不能服众。所以，到开元二十四年（736），皇帝命令移贡举于礼部，由品级为正四品下的礼部侍郎掌管。也就是说，杜甫参加考试的这一年，是礼部侍郎掌贡举的第一年。唐代的进士科考试录取人数极少，杜甫在这次考试中未能及第。"忤下考功第，独辞京尹堂。放荡齐赵间，裘马颇清狂。"可见，杜甫不以考试失利为意，而是在科举考试之后开始了他的齐赵之游。

一

杜甫漫游齐赵，首先去的是兖州（今属山东），这是因为他的父亲杜闲这个时候正在兖州司马任上。司马是州刺史的级别较高的属吏，品级一般为五品或六品。

兖州北依泰山，东临曲阜，是中国古九州之一。杜甫来到兖州，登上了兖州城的南门楼，作《登兖州城楼》云：

> 东郡趋庭日，南楼纵目初。
> 浮云连海岱，平野入青徐。
> 孤嶂秦碑在，荒城鲁殿余。
> 从来多古意，临眺独踌躇。

此诗所写为登上兖州城楼的所见所感。首联点题，写自己登上城楼，纵目远眺。"趋庭"，使用了《论语》中"鲤趋而过庭"的典故，指诗人来兖州探望父亲。中间两联写登楼所见，诗人看到浮云飘浮于大海和泰山上空，城门之前的原野仿佛一直延展到青州和徐州。

"孤嶂"指山东邹县东南的峄山，秦始皇曾命李斯在此山刻石歌颂秦之功德，此即所谓"秦碑"。"荒城鲁殿"则指汉景帝的儿子鲁恭王在曲阜故城内所建的鲁灵光殿。当杜甫登临之时，"秦碑"和"鲁殿"还未毁弃，故曰"秦碑在""鲁殿余"。这两联中，颔联是远眺所见，颈联是近观之景，时空交错，彼此呼应。尾联说诗人素来多有怀古之意，当此登临之际不禁生出无限感慨，表达了诗人对历史的思索。此诗意境苍凉，感慨深沉，格律工整，是杜甫现存最早的五言律诗。

现在的兖州城内，杜甫登临的兖州城南城楼遗址尚存，称为"少陵台"。据《明史》，明太祖朱元璋的第十子朱檀封鲁王之后就藩兖州，他好文礼士，又善诗歌，在其扩建兖州城时，特意保留了兖州南城门楼，将其改建为"少陵台"，以纪念杜甫。后代对"少陵台"

兖州少陵公园内新建的少陵台

又进行过多次维修，使其成为"兖州八景"之一，称"南楼夕月"。在清代，少陵台上还曾建有一座子美祠。

　　泰山是五岳之一，唐玄宗于开元十三年（725）封禅泰山。"泰山岩岩，鲁邦所瞻。"杜甫漫游齐赵期间曾游览泰山，并写出了著名的《望岳》，诗云：

岱宗夫如何？齐鲁青未了。

造化钟神秀，阴阳割昏晓。

荡胸生层云，决眦入归鸟。

会当凌绝顶，一览众山小。

杜甫在这首诗中描写了泰山的雄伟气象，也借此表现出自己的远大理想。岱宗，即泰山。齐鲁，指春秋时期的齐国和鲁国，它们分别位于泰山的北方和南方。本诗的首联以问句开始，写远望泰山时，整个齐鲁大地都能看到泰山的青色。二联写近望，谓天地把神奇和

泰山

丛台

秀美都聚集在了泰山之上，泰山是如此高大，它的阳面和阴面分别
是早晨和黄昏。三联是细望之景，写山间的云气使诗人心胸激荡，
极目而望，山间飞翔的是天边的归鸟。尾联则是希冀之语，写诗人
希望能够登上泰山之巅，到那时就可以俯瞰山下的群山。此诗脉络
清晰，立意高远，使读者看到青年杜甫不凡的心胸气魄。

　　泰山的上山之路有数十公里，有七千余级台阶。杜甫不仅在山
下"望岳"，而且最后真的登上了泰山之巅。"穷秋立日观，矫首
望八荒。朱崖着毫发，碧海吹衣裳。"站立在日观峰上矫首四望，
诗人杜甫心中充满了豪情。在杜甫生活的时代，泰山上已经有二十
多座寺庙。唐玄宗封禅泰山时，曾在大观峰上刻《纪泰山铭》，这
片摩崖石刻高达 132 米，由唐玄宗亲自撰文书写，登上泰山的杜甫
一定也曾在这篇铭文前驻足。

二

　　杜甫《壮游》诗云："春歌丛台上，冬猎青丘旁。呼鹰皂枥林，
逐兽云雪冈。射飞曾纵鞚，引臂落鹙鸧。苏侯据鞍喜，忽如携葛强。"
可见杜甫在漫游齐赵期间还曾到丛台和青丘一带游览。

　　丛台是赵武灵王所筑，是他阅兵和观赏歌舞的地方，以其"连
聚非一"，故名丛台。它可能是赵王宫殿的一部分，当时规模很大。
丛台所在的邯郸（今属河北省）是春秋时期赵国的都城，当地多游
侠，他们慷慨豪迈，颇具英雄气概。青丘，在今山东省广饶县北，
具体位置已难详考。春秋时期，齐国有一位著名的军事家孙武，被
誉为"兵圣"，著有《孙子兵法》。其祖父齐国大夫孙书因军功被
赐姓孙氏，食采乐安，乐安就在唐代的青丘一带。所以孙武也可称
是青丘人，现在广饶县还有一座孙武祠。

济宁少陵祠

　　与杜甫一起游览的这位"苏侯"，就是杜甫的好朋友苏源明。
苏源明初名预，京兆武功人。少孤，寓居徐、兖一带，自称"山东
布衣"，故与漫游此地的杜甫相识并成为好友。他工于文辞，后进
士及第，曾任职集贤院，又曾任东平太守、国子司业。安史乱中，
苏源明不受伪署，收京后擢考功郎中、知制诰，以秘书少监卒。在
担任国子司业时，他还曾向唐肃宗推荐过元结。杜甫与苏源明骑马
射猎，慷慨放歌，在兖州、邯郸、青丘一带，度过了一段快意的时光。

　　在漫游齐赵期间，杜甫还曾与任城许主簿游南池。任城，即今
山东省济宁市。南池在济宁市内，是城中的小湖。这是一个美好的

秋天，在凉爽的白露时节，杜甫与许主簿泛舟于南池之上，岸边的树林里有蝉声响起，有人在水边洗马。秋雨之后，水中的菱角开始成熟，水边的蒲草已经衰残。在这样一个秋天，杜甫忽然想起遥远的故乡。[①] 这位许主簿当时和杜甫交往密切，杜甫还曾在一个雨天邀请他喝酒。[②]

汶上宝相寺

汶河

杜甫游览的南池，后来成为济宁市的一处名胜，"南池荷净"成为济宁八景之一。光绪十五年（1889），知州王恩培在南池建唐杜文贞公祠，祀李白、杜甫、贺知章三人。清人又在南池广植莲花，

---

① 参见《与任城许主簿游南池》。
② 参见《对雨书怀走邀许十一簿公》。

白莲尤胜。现在的南池已改建为南池公园，原来的王母阁、杜公祠等都已重修。

<h1 style="text-align:center">三</h1>

　　杜甫在漫游齐赵期间也结识了唐代的重要诗人高适和李白。杜甫《奉寄高常侍》云："汶上相逢年颇多，飞腾无那故人何。"可见，杜甫与高适的初识之地在汶上。高适《东平路作三首》之二云："扁舟向何处，吾爱汶阳中。"汶阳即汶上，指汶水之北。可见他也难忘此次汶上之游。

　　杜甫与高适相遇的汶上，可能指汶水之阳，也可能泛指齐国之地。《论语·雍也》："季氏使闵子骞为费宰。闵子骞曰：'善为我辞焉。如有复我者，则吾必在汶上矣。'"此"汶上"，实际上指齐国之地，是一个较为宽泛的地域。今山东省有汶上县，有小汶河从县城一侧流过，这条小汶河是古汶河分流的水道，俗称"溜道"。汶上县有宝相寺，始建于北魏时期，唐代时称昭空寺，后在寺中发现佛牙舍利。该县在历史上曾名汶阳县，杜甫与高适相遇之地或在此附近。

　　约在开元二十八年（740），杜甫还结识了一位姓张的隐士，这位隐士可能就是张玠。杜甫走过清幽的山谷，踏着冰雪，去拜访这位密林深处的隐士。这位高士生性淡泊，不贪求财物，不出仕为官，只愿意隐居山林，与麋鹿为伍，杜甫被他的情怀深深感染。他与这位隐士相谈甚欢，二人一边喝酒，一边品尝当地的水果，一直畅谈到深夜。①

　　开元二十九年（741），三十岁的杜甫结束了齐赵之游，回到洛阳。

---

① 　参见《题张氏隐居二首》。

[清]王时敏《杜甫诗意图册》

他作《祭远祖当阳君文》，以祭奠其十三世祖杜预，文中说："维
开元二十九年，岁次辛巳月日，十三叶孙甫，谨以寒食之奠，敢昭
告于先祖晋驸马都尉镇南大将军当阳成侯之灵……小子筑室，首阳
之下，不敢忘本，不敢违仁。庶刻丰石，树此大道。"杜甫在首阳
山下所筑之"室"，即其"尸乡土室"，其地在今偃师杜甫墓附近。
这里是杜家的祖茔所在地，杜甫在此筑"土室"居住，当是为其父
杜闲庐墓守孝。也就是说，杜闲可能是在开元二十九年（741）去世的。
旧谱以为杜甫在此时与司农少卿杨怡之女结婚，如果杜甫的父亲在
此年去世，那么他结婚的时间就不应该是这一年。在此之后，杜甫
与李白相逢，又一次漫游即将开始。

漫游梁宋

开元二十九年（741）之后，杜甫连续几年都居住在洛阳附近，
这样说来杜甫在首阳山下庐墓守孝之说显得颇为合理。742 年春正
月初一日，唐玄宗御勤政楼受朝贺，大赦天下，改元天宝。正月
十四日，陈王府参军田同秀自称见到了玄元皇帝，并且玄元皇帝告
诉他有"灵符"藏在尹喜故宅。玄宗派人去函谷关尹喜台旁寻找，
果然发现了"灵符"，皇帝大悦。这一年，杜甫的二姑母万年县君
卒于东都洛阳仁风里，杜甫十分伤心，为这位抚养自己长大的"义
姑"写了《唐故万年县君京兆杜氏墓志》。到天宝三载（744）四月，
杜甫在洛阳遇到了另一位伟大的诗人李白。

李白于开元十二年（724）仗剑去国，辞亲远游，后留居湖北
安陆。开元十八年（730）西入长安求仕，贺知章称之为"谪仙人"。
开元二十年（732）失意东归，开元二十四年（736）后移居山东任

杜预墓碑

城，并在山东一带游览。天宝元年（742），李白经玉真公主等推荐，入长安供奉翰林，天宝三载（744）被"赐金放还"。他离开长安经过洛阳，在此与杜甫相识。"乞归优诏许，遇我宿心亲"，二人志趣相投，遂一起到周边游览。这一年杜甫三十三岁，李白四十四岁。

天宝三载（744）四月，杜甫和李白北渡黄河，一同游览了王屋山。王屋山为道教十大洞天之一，因山有三重，其状如屋，故称王屋。其主峰天坛峰高1700多米，主峰四周又有华盖峰、五斗峰、日精峰、月华峰等四峰。大历中，杜甫在夔州（今重庆奉节）作《昔游》诗云："昔谒华盖君，深求洞宫脚。玉棺已上天，白日亦寂寞。"可见，杜甫和李白去王屋山时，华盖君已去世，未曾见到。

杜甫和李白还一同游览了今河南开封、商丘一带，这就是李杜的梁宋之游。杜甫与李白漫游梁宋，首先抵达开封。开封位于豫中平原中部，又名大梁、汴梁、汴京，曾是战国时期的魏国，西汉的梁国，五代的后梁、后晋、后汉、后周及宋代的建都之地，有很多古迹。杜甫《遣怀》云："气酣登吹台，怀古视平芜。"可知，杜甫与李白一起游览了位于开封的吹台。

吹台因春秋时期盲人音乐家师旷而得名，传说师旷曾在此台演奏音乐，其遗址在今开封市禹王台公园内。或云大禹治水时也曾在这里居住，明代在此建有一座禹王庙，所以这里又称"禹王台"。开封有所谓"汴梁八景"，其中的"梁园雪霁""吹台秋雨"均与此台相关。吹台的修筑者，或以为是春秋时期的梁惠王，或以为是西汉的梁孝王。但因为梁孝王的封地在商丘一带，所以梁孝王筑吹台的可能性不大。

因为杜甫和李白游览吹台，现在的吹台之上有一座三贤祠，其中供奉李白、杜甫、高适三人像。这座三贤祠在明嘉靖年间曾被改建为五贤祠，在原来的"三贤"之上又增加了李梦阳、何景明二人。到清代，又在"五贤"之上增加了高叔嗣，祠堂改称"六贤祠"。高叔嗣是明代诗人，字子业，号苏门山人，祥符（今河南开封）人。增祀高叔嗣，是当地人尊重乡贤之意。

杜甫和李白漫游至宋州，在这里又遇到了高适。宋州的治所在睢阳，即今之河南省商丘市。这里地处豫、鲁、苏、皖之间，是"豫东门户"。据称，商的始祖契被封于商，迁走后此地成为废墟，故称商丘。孔子过宋，曾在此讲学习礼。杜甫诗云："昔我游宋中，惟梁孝王都。名今陈留亚，剧则贝魏俱。邑中九万家，高栋照通衢。舟车半天下，主客多欢娱。"可见，这里在唐代交通便利，建筑高大，人口众多。商丘一带本有先王遗风，厚重多君子。到唐代，民风改变，人们变得慷慨豪迈，尚勇任侠。杜甫看到，这里的人快意恩仇，

单县朱家楼院

会在闹市中持刀杀死不义之辈，也会为报恩倾尽万两黄金。也许是
受到这种慷慨民风的激荡，杜甫与李白、高适到酒店痛饮，杯酒之
间也充溢着豪情。[①]

　　在游览宋州之后，杜甫和李白、高适又一起游览了位于山东省
单县的琴台。单县今属山东省菏泽市，在商丘东北七十余公里处。
琴台又称子贱台、单父台，是纪念孔子弟子宓子贱的建筑。宓子贱
任单父宰时，鸣琴而治，三年不下堂，故后人在宓子贱弹琴处造此
琴台。这是秋天一个肃杀的傍晚，杜甫与李白、高适登上了琴台，
只见丛生的杂草一片衰飒，风云滚滚，仿佛从碣石山直吹过来。大
风吹落了树叶，落叶如雨点一样飘洒下来。大泽封冻，鸟兽哀鸣，

_____

① 参见《遣怀》。

大地沉寂，一片肃杀。除杜甫、李白、高适外，单县县尉陶沔也参加了这次游览，四人在琴台上述往思来，慷慨怀古，吟咏唱和，成为文学史上的一段佳话。①

　　这次梁宋之游，杜甫结识了终身的好友李白和高适，这种高歌壮游、裘马清狂的漫游生活，显露了杜甫性格中慷慨豪迈的一面。

　　需要补充的是，天宝三载（744）五月五日，杜甫的继祖母范阳太君卢氏卒于陈留，八月归葬于偃师，杜甫为这位继祖母卢氏写了墓志，这样说来杜甫有可能到过陈留。天宝三载（744），杜甫有《重题郑氏东亭》一首，郑氏指驸马郑潜曜，郑氏东亭在新安界，可见杜甫此间还去过新安县。

再游齐赵

　　漫游梁宋之后，杜甫又一次到山东一带游览。这时已经是天宝四载（745）的夏天，杜甫陪时任北海郡太守的李邕在济南历下亭宴饮，宾主相得，十分快意。

　　李邕是李善之子，早擅才名，尤长碑颂，不仅是当时的名士，也是著名书法家。杜甫后来作诗云"李邕求识面，王翰愿卜邻"，可见他也颇以这次宴饮为荣。举行这次宴会的历下亭并不是现在大明湖公园内的历下亭，其旧址当在今济南市五龙潭公园内。当时的五龙潭水面很大，与大明湖连接在一起。该公园现在还立有一块石碑，上书"古历亭旧址"五字。这里有明泉数十处汇聚成潭，中多锦鲤，依稀还是当年的风光。

---

① 参见《昔游》。

古历亭遗址碑

　　在历下亭举行的这场宴会上，除李邕和杜甫外，还有齐州司马李之芳等众多名士参加。历下亭被一片竹林簇拥，不远处又有潺潺流水，所以虽是夏季，亭内依然十分清凉。[①] 杜甫最早结识李邕是在东都洛阳，这次见面自然又回忆起当日初逢的情景。他们纵论当今诗坛，叹息崔融、苏味道已经去世，称赞初唐四杰中的杨炯诗风雄健，感叹李峤的诗风过于绮丽。李邕评论了张说的政治才能，又对朝廷政治发表高论。面对杜甫，李邕自然要提到他的祖父杜审言，称赞杜审言胸怀高旷，诗才一流，他的诗作不仅符合格律，而且气势不凡。此时，天上的浮云引发了众人的诗兴，歌女陪饮更激发众人放声高歌。这样的宴饮持续了很长时间，大家一直痛饮到红日西

――――――――――

① 　参见《陪李北海宴历下亭》。

大明湖

大明湖中的历下亭

杜甫与李邕畅饮的历下亭在唐末战乱中被毁，北宋时曾在大明湖南岸重建历下亭。在清康熙年间，历下亭又于大明湖的湖心岛重建，这就是我们现在看到的历下亭。亭前的回廊门口有清代书法家何绍基所书的出自杜诗的对联："海右此亭古，济南名士多。"亭北有名士轩，轩内有杜甫、李邕等人线描石刻画像。大明湖中还有一座北极阁，清道光年间济南当地的诗人群体"鸥社"曾在这里举行过祭祀杜甫的活动。

沉。杜甫想到这次宴会之后不知道什么时候才能再见到李邕，心中不免涌起一丝伤感。①

到天宝四载（745）的秋天，杜甫与李白又在兖州（今山东兖州）相遇。老友重逢，不胜欣喜。二人相约同上东蒙山，去拜访董炼师和元逸人。沂蒙山分为龟蒙、中蒙和东蒙，东蒙山属于沂蒙山的支脉。东蒙山海拔千米，山势奇伟。山上有一座望海楼，始建于唐代，是观看日出的最佳地点。山顶又有天蒙顶、齐鲁关、瞻鲁台，其中天蒙顶是东蒙山最高处。杜甫《昔游》诗云："东蒙赴旧隐，尚忆同志乐。伏事董先生，于今独萧索。"可见他们见到了仰慕已久的董炼师。

结束了东蒙之游后，李白和杜甫意犹未尽，二人又结伴到鲁城北访范十居士。这位范十居士是一位隐士，住处安静而清幽。他身边有小童侍立，屋外不时远远传来捣衣的声音。范十居士见杜甫和李白来访也十分高兴，赶忙置酒招待两位客人，酒席上摆满了菜蔬和水果。主客开怀痛饮之际，李白还在酒席上吟诵了自己的诗歌。杜甫和李白都被范十居士高洁的情怀所感动，与他谈论的都是归隐江湖的话题。②

"醉眠秋共被，携手日同行。"杜甫与李白结伴而行，他们谈诗论文、求仙访道，在漫游中结下了深厚的友谊。杜甫称赞李白的诗才，认为他诗中的佳句像阴铿的诗句一样精美。自从离开长安，李白四方学道，到处飘零。他喜欢丹砂，可惜尚未炼成。他性格狂放，痛饮狂歌，笑傲王侯，杜甫对此颇为敬佩。

---

① 参见《八哀诗·赠秘书监江夏李公邕》。
② 参见《与李十二白同寻范十隐居》。

东蒙山望海楼

　　此后，杜甫与李白又共游了石门山。石门山在曲阜之北，是蒙山山脉的余脉，因为这里两山对峙如门，故称石门。游山之后，二人在此作别。杜甫对李白的离开十分不舍，李白也作《鲁郡东石门送杜二甫》赠予杜甫，诗云："醉别复几日，登临遍池台。何时石门路，重有金樽开？秋波落泗水，海色明徂徕。飞蓬各自远，且尽手中杯。"依依惜别之情，溢于言表。自此之后，两位好友彼此想念，却终生未能相见。

杜甫同李白一起到王屋山寻访华盖君，到东蒙山寻访董炼师和元逸人，这些求仙访道之举，一方面源于当时朝廷对道教的推崇，一方面是受到了笃信道教的李白的影响。但在内心深处，杜甫并不相信道教，而是笃信儒学，始终有着治国平天下的心愿。这是他"奉儒守官"的家庭赋予他的使命，也是其内心强烈的意愿。

杜甫漫游期间的诗作大多已经散佚，现在能够看到的只有24首。从体裁上看，杜甫此期创作的诗歌主要是五言诗，这与当时五言诗兴盛的文学风气颇为相合。从内容上看，杜甫创作的多是游览、登临与酬赠之作，这与他漫游的经历也关系密切。总体上说，杜甫此时创作的诗歌取得了一定成就，但并不足以震惊诗坛。他笔下伟大作品的出现，还有待将来。

天宝四载（745），杜甫已经三十四岁。随着年龄增长，青少年时期的浪漫和梦幻逐渐消退，他必须去直面现实人生。为了实现自己的政治理想，杜甫结束了漫游生活，他将于次年西归长安，一段艰辛的日子正在等待他的到来。

注释：＊本书认为，杜甫漫游苏州期间曾到专诸巷一带游览，此为诸杜甫年谱所未载。首先，专诸巷距离阊门非常之近。《吴县志》："专诸巷，阊门内转南沿城。"从阊门进入苏州城，自西往东行，只数十米就可到专诸巷北口，因此有文献径称之为"阊门专诸巷"。其次，诗中"蒸鱼闻匕首"句即言专诸事。注杜者对此句多未加注释。本书认为杜甫是游览了专诸巷和专诸墓，遂想起历史上专诸刺吴王僚的故事。如果没有此游历，诗中就不当有"蒸鱼闻匕首"之句。

第三章　在长安的十年

　　天宝五载（746），三十五岁的杜甫在结束漫游生活之后西归长安。杜甫到长安的目的，是为了求得一个官职，以实现自己远大的政治理想和拯世救民的抱负。但天宝年间，朝廷政治已经发生很大变化。唐玄宗登基之后励精图治，选贤任能，政治较为清明，社会经济也得到发展。他先后选作宰相的姚崇、宋璟、张说、张九龄等，俱是一时之选，堪称贤相。但是，约在杜甫西归长安的十年之前，即开元二十四年（736）十一月二十七日，中书令张九龄已被罢知政事，兵部尚书李林甫开始兼任中书令。李林甫面柔而有狡计，不学无术而城府极深，自此之后朝廷政治开始趋于混乱。在杜甫至长安的四年前，即天宝元年（742），胡人安禄山被任命为平卢军节度使。十年间，安禄山已经身兼三镇节度使，掌握了唐朝最重要的军事力量，从此埋下了深重的危机。在杜甫至长安的两年之前，唐玄宗已经倦于政事，他对高力士说："朕不出长安近十年，天下无事，朕欲高居无为，悉以政事委林甫。"杜甫到长安的前一年，即天宝四载（745），唐玄宗册封杨玉环为贵妃。杨玉环精于音律，擅长歌舞，唐玄宗自此更是沉迷于享乐。皇帝倦于政事，宰相专权误国，贵妃骄纵奢靡，悍将握兵自重，这是杜甫来到长安时这个国家的整体境况。

求官的艰辛历程

杜甫来到长安是为了求取官职，他认为自己有贤臣的才具，应该很快就能被朝廷发现和任命。让他没想到的是，即使是求取微官也极为不易。

一

天宝六载（747），三十六岁的杜甫遇到了一次宝贵的机会。在这年正月，玄宗欲广求天下之士，命通一艺以上皆诣京师就选。这是一次临时举行的考试，即所谓"制举"。大略而言，唐代的科举考试分为常举和制举两种方式。常举指每年举行的科举考试，其科目包括秀才科、明经科、进士科、明法科、明书科、明算科等，其中进士科的考试最为重要。同时，吏部还有一种选拔人才的方式称作科目选，一般包括博学宏词科、书判拔萃科、平判科等。制举是根据需要临时下诏举行的考试，考试科目包括"贤良方正科""直言极谏科""军谋越众科""高才沉沦草泽自举科"等，名目较多，通过后就可以授官，这是一种不定期举行的考试。杜甫参加的就是一次制举。

但杜甫在这次考试中并不顺利，不仅他没有通过考试，参加考试者竟也无一通过。原来，李林甫害怕参加考试的草野之士在对策中指斥其奸恶，就建言说："举人多卑贱愚聩，恐有俚言污浊圣听。"于是下令郡县长官精加试练，只有卓然超绝者才具名送尚书省考试。而尚书省的考试又极为严格苛刻，不仅由尚书省长官主持考试，御史中丞监之，而且考试科目繁难，包括了诗、赋和策论等，致使这次考试无一人及第。为了蒙蔽唐玄宗，李林甫还上表祝贺说"野无遗贤"。河南人元结也参加了这次考试，当然也失意而归。

二

在参加科举考试的同时，杜甫也到处请托干谒，希望在位者汲引。杜甫初到长安，就结识了汝阳王李琎和驸马郑潜曜。汝阳王李琎是睿宗之孙，让皇帝李宪的长子，开元中封汝阳郡王。杜甫《壮游》诗云："快意八九年，西归到咸阳。许与必词伯，赏游实贤王。"此"贤王"即指汝阳王李琎。杜甫有《赠特进汝阳王二十韵》云："特进群公表，天人凤德升。霜蹄千里骏，风翮九霄鹏。"极力称颂李琎的才德及对自己的接遇之厚。郑潜曜是睿宗的外孙，玄宗的外甥，尚玄宗第十二女临晋长公主，官太仆卿，封驸马都尉。天宝四载（745），临晋公主为其去世的母亲立碑，曾委托杜甫撰写《唐故德仪赠淑妃皇甫氏神道碑》。杜甫《郑驸马宅宴洞中》有"春酒杯浓琥珀薄，冰浆碗碧玛瑙寒"之句，即记其与郑潜曜宴饮事。

天宝九载（750），杜甫曾写诗给太常卿、翰林学士张垍。张垍是张说次子，尚玄宗女宁亲公主，拜驸马都尉。杜甫《赠翰林张四学士垍》云："无复随高凤，空余泣聚萤。此生任春草，垂老独漂萍。倘忆山阳会，悲歌在一听。"此是希望对方汲引之意。天宝十三载（754），杜甫又作《奉赠太常张卿垍二十韵》，仍是希望张垍提携。安史之乱爆发，张垍接受伪职，担任宰相，后死于贼中。

在天宝九载（750），杜甫的好友韦济迁尚书左丞，杜甫为其作《赠韦左丞丈》，诗中有"老骥思千里，饥鹰待一呼。君能微感激，亦足慰榛芜"之句，表达了希望对方援引的愿望。韦济是京兆杜陵（今陕西西安）人，天宝元年（742）为太原尹、河东节度使，天宝七载（748）转河南尹兼水陆运使。他与杜甫有旧交，杜甫在偃师时，时任河南

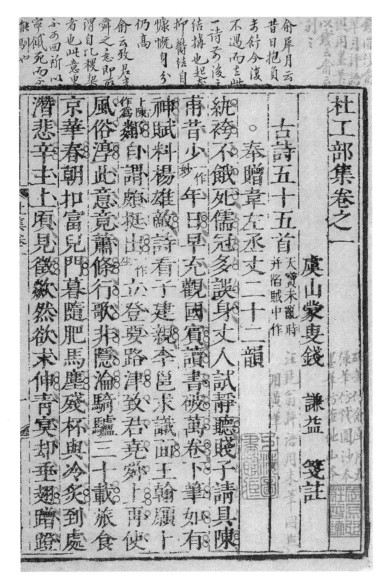

[清]钱谦益笺注《杜工部集》，康熙六年季氏静思堂刻本

尹的韦济就频有访问。天宝十一载（752）春，杜甫暂归东都洛阳，与韦济告别，作《奉赠韦左丞丈二十二韵》云：

纨袴不饿死，儒冠多误身。丈人试静听，贱子请具陈。
甫昔少年日，早充观国宾。读书破万卷，下笔如有神。
赋料扬雄敌，诗看子建亲。李邕求识面，王翰愿卜邻。
自谓颇挺出，立登要路津。致君尧舜上，再使风俗淳。
此意竟萧条，行歌非隐沦。骑驴三十载，旅食京华春。
朝扣富儿门，暮随肥马尘。残杯与冷炙，到处潜悲辛。
主上顷见征，欻然欲求伸。青冥却垂翅，蹭蹬无纵鳞。
甚愧丈人厚，甚知丈人真。每于百僚上，猥诵佳句新。
窃效贡公喜，难甘原宪贫。焉能心怏怏，只是走踆踆。
今欲东入海，即将西去秦。尚怜终南山，回首清渭滨。
常拟报一饭，况怀辞大臣。白鸥没浩荡，万里谁能驯。

在这首诗中，杜甫写了自己的才学和在诗歌方面的造诣，还写了自己在长安"朝扣富儿门，暮随肥马尘。残杯与冷炙，到处潜悲辛"的悲惨生活。诗中有对韦济的感激之情，但更多的是自己壮志难酬的激愤。此诗突破了干谒诗述德陈情的一般写法，转而直抒胸臆，将满腔激愤倾泻而出。这首悲壮感愤的长诗词气磊落，痛快淋漓，锋芒毕出，多是不平之鸣，而毫无乞怜之态，不仅使我们了解了杜甫在长安的真实生活，也使我们了解到杜甫性格中自负、刚强和豪迈的一面。

此后，在天宝十二载（753），杜甫又曾向京兆尹鲜于仲通献诗，希望对方帮助。天宝十三载（754），陇右河西节度使哥舒翰幕判官田梁丘入朝奏事，杜甫作《赠田九判官梁丘》一诗；此年冬，哥舒翰由陇右归京，杜甫所作《投赠哥舒开府翰二十韵》中有"防身一长剑，将欲倚崆峒"之句，均透露出杜甫意欲投身哥舒翰幕府的意愿，但最终未能成功。

三

在不断地投赠诗篇，结交权贵，期盼汲引的同时，杜甫还不断向朝廷献赋，希望借此显示自己的文学才能，获得官职。通过向朝廷献诗赋而得官，这是从初唐开始就形成的惯例。垂拱二年（686）二月，武后命令铸铜为匦，即以铜铸造了一个有四个投递口的匣子，其东称"延恩"，用以收纳士人所献的赋颂诗文。其它的三个投递口则分别称为"招谏""伸冤""通玄"，用以收纳关于朝政得失、冤情及天象灾变、军机秘计等方面的上奏。

因为朝廷要在天宝十载（751）正月初八日朝献于太清宫，正月初九日朝享于太庙，正月初十日有事于南郊，即要举行祭祀老子、祭祀祖先、祭祀上天的所谓"三大礼"。在天宝九载（750）冬，杜甫投延恩匦向朝廷预献了"三大礼赋"，即预献了《朝献太清宫赋》《朝享太庙赋》和《有事于南郊赋》。玄宗看到杜甫的"三大礼赋"后被杜甫的文采打动，他命杜甫待制集贤院，召试文章。天宝十载（751），杜甫在集贤院参加考试，成群的集贤学士簇拥着他，看他挥毫落笔，写出动人的文章。这是杜甫一生中难忘的时刻，在多年之后，杜甫对这个场面都难以忘怀。这次考试后，杜甫获得了"送隶有司，参列选序"的资格。

但杜甫并没有因为献赋马上得官。唐代的进士，从吏部关试合格即为取得了授官资格，但一般不会马上授官，而是要等候三年，

圆丘遗址

　　这段时间称为"守选"。之所以要有三年的守选，一方面是因为朝廷可授的官职较少，需要等待出缺，另一方面是给进士一个幕府实习的时间，以熟悉政府的运行体制。与进士需要"守选"一样，杜甫献赋得官可能也需要一个"守选"的过程，所以他在集贤殿考试通过后并没有马上被授予官职。

　　到天宝十三载（754），杜甫又向朝廷献了《封西岳赋》和《雕赋》。在天宝九载（750）正月时，玄宗就下诏要在这年十一月封禅西岳。但由于这年春天关中大旱，三月二十三日华山之下的华岳庙又发生灾变，遂取消这次封禅。天宝十三载（754），杜甫上《封西岳赋》，请求玄宗继续封禅西岳。杜甫的主要目的似乎不在于封禅西岳，而在于引起皇帝的关注。

杜甫在《进封西岳赋表》中回忆了祖先的荣光，又陈述了自己的才能和悲惨生活，希望引起皇帝的哀怜。他说："臣幸赖先臣绪业，自七岁所缀诗笔，向四十载矣，约千有余篇。今贾马之徒，得排金门上玉堂者甚众矣。惟臣衣不盖体，尝寄食于人，奔走不暇，只恐转死沟壑，安敢望仕进乎？伏惟明主哀怜之，倘使执先祖之故事，拔泥涂之久辱，则臣之述作，虽不能鼓吹六经，先鸣数子，至于沉郁顿挫，随时敏捷，扬雄、枚皋之徒，庶可企及也。有臣如此，陛下其舍诸？"杜甫的这篇奏表说得周到而可怜，这正是对皇帝说话的语气。奏表中出现了"沉郁顿挫"一词，后人一般用这个词来概括杜甫诗歌的主体风格。

这次献赋，依旧是投延恩匦上奏。管理铜匦的官员最初称理匦使，到天宝九载（750）三月改称献纳使。因为献纳使要先视其事状，然后为投，甚至可以盘问献赋者，所以实际上有着一定的权力。为了得到当时的献纳使田澄的帮助，杜甫还给他写了诗。

到天宝十四年（755）十月，杜甫被授予河西尉。河西在今陕西省渭南市合阳县一带，在今西安东北约二百公里处，并非偏远之地，但杜甫没有接受这个官职。在唐代，由尚书省的吏部根据官位空缺和候选人的具体情况，初步拟定所任官职，然后注录在簿，称为"注拟"。"注拟"之后，要向候选者当面宣读，称为"唱"。候选者如果不接受"注拟"，吏部就要根据他的意见重新"注拟"并"唱"出。这样的"注"和"唱"最多进行三次，称为"三注三唱"。"三注三唱"之后，吏部将结果上报尚书省长官同意，再报经门下省长官同意，最后上报皇帝。皇帝批准后，吏部即可授官。也就是说，作为候选者的杜甫，不接受朝廷最初的授官是完全"合法"的。

杜甫未接受河西尉的官职，最后被改任右卫率府兵曹参军，这是一个在太子东宫管理宿卫、仪仗的小官，品级是从八品下。杜甫作《官定后戏赠》云：

> 不作河西尉，凄凉为折腰。
> 老夫怕趋走，率府且逍遥。
> 耽酒须微禄，狂歌托圣朝。
> 故山归兴尽，回首向风飙。

所谓"戏赠"，指以戏语自赠。杜甫有着"致君尧舜上"的理想，但从天宝五载（746）到天宝十四载（755），经过十年努力，他才得到这样一个从八品下的闲职，理想和现实的落差太大了。这首诗的前四句写获得官职的过程，后四句写得官后的心情。"耽酒须微禄，狂歌托圣朝"，此中似乎略有一点自得，但更多的则是自嘲、不满和无奈。

在长安的生活

唐代的都城长安（今陕西省西安市）是一座伟大的都市，人口约有百万。它位于渭河平原中部，南有秦岭，北依渭河，面积有84平方公里。长安城四周有围墙，皇城及官署在其北部。南北贯穿的朱雀大街把整个长安城分成两半，东半城属万年县，西半城属长安县。

杜甫西归长安主要是为了求官，他用了十年的时间才获任右卫率府兵曹参军的微官。杜甫在长安，结识了诸多的王公、将军、官僚、贵戚，但因为杜甫期待得到这些人的推荐和帮助，所以他们之间的交往并不是平等的交往。"残杯与冷炙，到处潜悲辛"，这才是杜甫的真实处境。当然，杜甫在长安也结识了平生的好友。

一

杜甫在长安最好的朋友当推郑虔。郑虔是郑州荥阳（今属河南）人，做过太子率更寺主簿、左监门录事参军之类的小官，还曾做过协律郎，可见他精通音乐。曾因私撰国史，被贬谪十年。天宝九载（750）任广文馆博士，这也是一个级别很低的小官，故世称"郑广文"。郑虔是诗人，又精于书法，善画山水，玄宗称赞其诗、书、画为"郑虔三绝"。郑虔与苏源明友善，杜甫可能通过苏源明结识郑虔，并成为挚友。

天宝十二载（753）的夏天，杜甫同郑虔一起游览了何将军山林。这位何将军身世不详，其山林可能在今西安市长安区东南一带。郑虔与这位何将军有旧，所以郑虔和杜甫被邀请到其山林一游。何将军的山林在一条小河的旁边，园中有一片湖水，面积百顷有余，来自西域的奇异花卉在湖水旁长得非常茂盛。园中高大的翠竹遮天蔽日，果树上结满果子，竹笋尖尖，藤蔓弯曲，梅子成熟，野鹤飞翔，小鸟在密林深处鸣叫。二人受到何将军的热情招待，饭菜非常丰盛。大家坐在青苔上饮酒听琴，十分惬意。杜甫和郑虔在这里一直游赏到月上中天，第二天才依依不舍地离开。[①] 次年春天，杜甫接到这位何将军的邀请，又一次游览了何将军山林。他在这里品茶题诗，又度过了愉快的一天。[②]

① 参见《陪郑广文游何将军山林十首》。
② 参见《重过何氏五首》。

　　杜甫的这位好友郑虔，才华出众而官职低微，杜甫为其遭际深感不平。天宝十三载（754）春，杜甫作《醉时歌》赠予郑虔，诗云：

> 诸公衮衮登台省，广文先生官独冷。
> 甲第纷纷厌梁肉，广文先生饭不足。
> 先生有道出羲皇，先生有才过屈宋。
> 德尊一代常坎轲，名垂万古知何用。
> 杜陵野客人更嗤，被褐短窄鬓如丝。
> 日籴太仓五升米，时赴郑老同襟期。
> 得钱即相觅，沽酒不复疑。
> 忘形到尔汝，痛饮真吾师。
> 清夜沉沉动春酌，灯前细雨檐花落。
> 但觉高歌有鬼神，焉知饿死填沟壑。
> 相如逸才亲涤器，子云识字终投阁。
> 先生早赋归去来，石田茅屋荒苍苔。
> 儒术于我何有哉，孔丘盗跖俱尘埃。
> 不须闻此意惨怆，生前相遇且衔杯。

　　在这首诗中，杜甫为郑虔的怀才不遇深抱不平，而自己穷愁潦倒，遭际尚不及郑虔，则更显伤感。诗人借酒浇愁，痛饮狂歌，全诗都是喷薄而出的不平之鸣，顿挫跌宕，悲歌慷慨。而"得钱即相觅，沽酒不复疑"之句，也显示了杜甫与郑虔之间深厚的友谊。

　　苏源明是杜甫漫游齐赵时结识的朋友，其人进士及第，曾任监门胄曹参军。天宝九载（750），苏源明任河南县令，次年为太子谕德，出为东平太守。天宝十三载（754），入京为国子司业。杜甫《戏简郑广文虔兼呈苏司业源明》云："广文到官舍，系马堂阶下。醉则骑马归，颇遭官长骂。才名三十年，坐客寒无毡。赖有苏司业，时时乞酒钱。"此诗写出了郑虔潦倒的生活和狂傲的性格，也写出了杜甫与郑虔、苏源明之间的真挚友谊。后来杜甫在夔州作《八哀诗》，郑虔、苏源明都赫然在列。大历二年（767），杜甫在夔州作《九日五首》其三云："旧与苏司业，兼随郑广文。采花香泛泛，坐客醉纷纷。"此即追忆三人在长安游赏放旷的生活。"故旧谁怜我？平生郑与苏"，看来郑虔、苏源明才是杜甫真正的知己。

二

除郑虔和苏源明外，杜甫在长安的朋友还有高适、薛据、岑参、储光羲等，其中高适是杜甫漫游梁宋时认识的朋友，其他人则相识于长安。

天宝十一载（752）的秋天，杜甫与高适、薛据、岑参、储光羲等一同游览了长安名胜慈恩寺塔。

慈恩寺塔在大慈恩寺中，该寺在隋代原称无漏寺，唐太宗贞观二十二年（648），太子李治为文德皇后追福，改为大慈恩寺。该寺曾是玄奘的译经之地，玄奘及其弟子在这里生活了十年左右。慈恩寺塔建于唐高宗永徽三年（652），最初用来收藏佛经。该塔也称大雁塔，据宋马永卿《懒真子录》，至贞观二十二年（648），皇太子李治为文德皇后于宫城南晋昌里建大慈恩寺，寺成，令玄奘居之。永徽二年（651），玄奘乃于寺造砖浮屠以藏梵本，恐火灾也。所以谓之"雁塔"者，用西域故事。王舍城之中有僧娑窣堵波。僧娑者，唐言雁也；窣堵波者，唐言塔也。玄奘至王舍城，尝礼是塔，因问其因缘，云："昔此地有伽蓝，依小乘食三净食。"三净食者，

慈恩寺

慈恩寺塔曾经过多次重建和重修，现在的慈恩寺塔高 60 米，共有 7 层。一层有唐太宗李世民在贞观二十二年（648）为玄奘翻译的佛经写的总序，即《大唐三藏圣教序》。又有《圣教序记》，是唐高宗李治为《圣教序》所作的纪文。

谓雁、犊、鹿。一日，众僧无食，仰见群雁翔飞，辄戏言曰："今日众僧阙供，摩萨埵宜知。"其引前者应声而堕。众僧欲泣，遂依大乘，更不食三净，乃建塔，以雁埋其下，故师因此名塔。这就是大雁塔的来历。唐代的进士考中后要在大雁塔墙壁上写下自己的名字，称为"雁塔题名"。

此次登临，高适、薛据先作《同诸公登慈恩寺浮图》，岑参作《与高适薛据登慈恩寺浮图》，储光羲作《同诸公登慈恩寺塔》，杜甫也写了一首《同诸公登慈恩寺塔》，诗云：

> 高标跨苍穹，烈风无时休。自非旷士怀，登兹翻百忧。
> 方知象教力，足可追冥搜。仰穿龙蛇窟，始出枝撑幽。
> 七星在北户，河汉声西流。羲和鞭白日，少昊行清秋。
> 秦山忽破碎，泾渭不可求。俯视但一气，焉能辨皇州。
> 回首叫虞舜，苍梧云正愁。惜哉瑶池饮，日晏昆仑丘。
> 黄鹄去不息，哀鸣何所投。君看随阳雁，各有稻粱谋。

诗人通过弯曲的蹬道，登上了高峻的慈恩寺塔，只觉得大风迎面吹来。这座塔非常高峻，杜甫仿佛看到北斗七星近在咫尺，又仿佛听到银河的流水声。眼前似乎出现了日神御者羲和，他正赶着太阳车飞驰；眼前仿佛又出现秋神少昊，他正在布置秋天的景物。再看巍峨的秦岭，秦岭居然忽然破碎，连长安旁边的泾水和渭水也渺然难求。杜甫想到唐太宗曾开创大唐基业，而现在的唐玄宗居然只知道寻欢作乐。杜甫忧思国事，痛苦伤怀，只见暮色之中一只黄鹄哀鸣着飞向远方。在这首诗中，杜甫触景生情，敏感地预感到天下将乱，通过对登塔所见景物的描写，隐喻大唐社会的危机，以及诗人对国事的关心和忧虑。全诗气象峥嵘，格调悲壮，与高适等人的诗作相比，确是高出一筹。

天宝十三载（754）夏，杜甫还曾与岑参兄弟到渼陂游览。渼陂，在长安旁边的京兆鄠县（今陕西省户县城西的陂头村附近），是汇合终南山诸泉而成的大湖。此地风景秀丽，是长安附近的游赏之地。杜甫作《渼陂行》云："岑参兄弟皆好奇，携我远来游渼陂。天地黤惨忽异色，波涛万顷堆琉璃。"杜甫看到这里的湖水很深，水中长满莲花，终南山巨大的倒影映在水中。杜甫十分喜欢这里的风光，曾多次来到这里。"昆吾御宿自逶迤，紫阁峰阴入渼陂。香稻啄余鹦鹉粒，碧梧栖老凤凰枝。佳人拾翠春相问，仙侣同舟晚更移。"一直到晚年，杜甫对渼陂都念念不忘。

杜甫《渼陂行》中有"凫鹥散乱棹讴发，丝管啁啾空翠来"之句，宋元祐间，有县令曾在镇之东南冈上筑空翠堂，以纪念杜甫。民国

渼陂

时期，这里还曾建有一座杜工部祠。渼陂在元代因决湖取鱼而破坏，尽管明代曾对其进行维修，但清代及民国时期渼陂湖水曾一度干涸。现在的渼陂湖已经重修，湖边新建了不少仿古建筑，只是空翠堂遗址暂时尚未恢复。

三

长安是大唐的政治中心，生活在这里的杜甫时时关心着国事与朝廷政治。

天宝十载（751）四月，剑南节度使鲜于仲通率军讨南诏（今云南一带），全军陷没。南诏在今云南一带，东南接交趾，西北接吐蕃。这里原有六诏，即蒙舍、蒙越、越析、浪穹、样备、越澹，兵力相当。蒙舍在南，故称南诏。高宗时南诏曾遣使入朝，开元二十六年（738）玄宗封皮罗阁越国公，赐名归义，后以破西洱蛮之功敕授云南王。在唐朝的支持下，南诏统一了六诏。

天宝七载（748）归义卒，其子阁罗凤立。因与节度使鲜于仲通不和，又受到云南太守张虔陀的欺侮，南诏遂于天宝九载（750）起兵反叛，攻陷云南，杀张虔陀。次年，鲜于仲通出兵八万征南诏，阁罗凤谢罪求和，请还其所虏掠。鲜于仲通不允，囚其使，进兵逼大和城，为南诏所败，士卒死亡六万人。自是阁罗凤北臣吐蕃，但他刻碑于国门，称叛唐为不得已，他说：“我世世事唐，受其封赏，后世容复归唐，当指碑以示唐使者，知吾之叛非本心也。”

杨国忠掩鲜于仲通败状，仍叙其战功，继续募兵以击南诏。人们听说云南多瘴疠，未战士卒死者十之八九，不肯应募。杨国忠遣御史分道捕人，连枷送诣军所。于是行者愁怨，父母妻子送之，所在哭声振野。杜甫见到这种惨状，写下了著名的《兵车行》，诗云：

车辚辚，马萧萧，行人弓箭各在腰。

耶娘妻子走相送，尘埃不见咸阳桥。

牵衣顿足拦道哭，哭声直上干云霄。

道傍过者问行人，行人但云点行频。

或从十五北防河，便至四十西营田。

去时里正与裹头，归来头白还戍边。

边庭流血成海水，武皇开边意未已。

君不闻，汉家山东二百州，千村万落生荆杞。

纵有健妇把锄犁，禾生陇亩无东西。

况复秦兵耐苦战，被驱不异犬与鸡。

长者虽有问，役夫敢伸恨？

且如今年冬，未休关西卒。

县官急索租，租税从何出？

信知生男恶，反是生女好。

生女犹得嫁比邻，生男埋没随百草。

君不见，青海头，古来白骨无人收。

新鬼烦冤旧鬼哭，天阴雨湿声啾啾。

杜甫看到，这些出征的战士即将出发，车声隆隆，战马嘶鸣。他们的父母妻子都来送行，牵衣顿足，悲伤地流着眼泪。这些士卒需要长期在外征战，经常去时还是少年，归来时已满头白发。皇帝志在开疆拓土，而士卒家乡的土地却已经荒芜。这个时候，大家觉得还是生女孩好啊，因为生了男孩就会战死沙场，生了女孩反而会活下来。长期征战，在边疆战死的士卒不计其数，他们的白骨无人收敛，每当天阴雨湿，仿佛那些新鬼旧鬼都会发出悲惨的哭声。

这是一首自命新题的乐府诗，客观再现了朝廷穷兵黩武的政策给百姓带来的深重灾难。过去的乐府诗多是使用汉魏六朝乐府诗的旧题，而杜甫的这首诗使用的却是他自拟的新题。此诗用通俗的语言描写社会现实，在写法上继承了汉魏乐府的写法。从这首诗中我们也可以看到，那个在青年时期慷慨豪迈、裘马清狂的杜甫已经转变为忧国忧民的杜甫。他诗歌中的忧国之思、悲悯之情和写实手法此时已经逐渐显露，这是杜甫在长安时期诗歌内容和风格的新变化。

身在大唐的政治中心长安，杜甫对朝廷政治也极为关心。天宝十一载（752）十一月，杨国忠为右相。他素无学术，所擅长的是饮酒赌博，只是因为杨贵妃受宠，而他是杨贵妃的从祖兄，又善于迎合上意，才骤至高位。早在天宝七载（748）十一月，玄宗就封杨贵妃的三个姊妹为韩国夫人、虢国夫人、秦国夫人。这三位皆有才色，出入宫掖，并承恩泽，势倾天下。凡有请托，府县承迎，四方赂遗，朝夕如市。她们所居住的屋舍豪华富丽，一堂之费，动逾千万。其车马仆从，珍玩狗马，锦绣珠玉，不计其数。杨国忠又与虢国夫人有私情，他们宅第相邻，或昼会夜集，无复礼度；或并辔走马入朝，不施障幕，道路为之掩目。诸杨得宠，其权势惊动朝野，时人为之侧目，杜甫也写出了著名的《丽人行》加以讥讽，诗云：

> 三月三日天气新，长安水边多丽人。
>
> 态浓意远淑且真，肌理细腻骨肉匀。
>
> 绣罗衣裳照暮春，蹙金孔雀银麒麟。
>
> 头上何所有？翠微匐叶垂鬓唇。
>
> 背后何所见？珠压腰衱稳称身。
>
> 就中云幕椒房亲，赐名大国虢与秦。

紫驼之峰出翠釜，水精之盘行素鳞。

犀箸厌饫久未下，鸾刀缕切空纷纶。

黄门飞鞚不动尘，御厨络绎送八珍。

箫鼓哀吟感鬼神，宾从杂遝实要津。

后来鞍马何逡巡，当轩下马入锦茵。

杨花雪落覆白蘋，青鸟飞去衔红巾。

炙手可热势绝伦，慎莫近前丞相嗔。

这首诗也被认为是杜甫即事名篇的新题乐府。其实，此前崔国辅有
《丽人曲》，颇疑"丽人曲""丽人行""公子行"之类的题目为
乐府旧题。曲江位于长安城的东南角，这里是汉武帝建造的宜春苑
的旧址，隋代在这里建有芙蓉苑。唐代对此地进行了修整，在曲江
中栽种荷花，在岸边栽种花木和杨柳，又新修了紫云楼等宫殿，使
这里成为楼阁高耸、碧波荡漾的游览胜地。杜甫经常到曲江游览，
并创作了十多首关于曲江的诗歌。

　　在唐代，上巳节曲江游宴是曲江最大规模的游宴活动。在这首
诗中，杜甫先用铺排的手法，描绘了三月三日上巳节曲江边上长安
丽人的美好的体态和装束，只见她们姿态美好，神气高远，肌肤细腻，
相貌端庄。她们头上戴着翡翠的首饰，身上穿着华丽的衣服，上面
还有用金银线绣成的各种图案，裙带上还装饰着漂亮的珍珠。杜甫
接下来描写杨氏姐妹的骄纵和享乐，只见她们在曲江边陈设帐幕，
摆设酒宴，不仅食品丰盛、厨具精美，而且连皇帝都派遣太监送来
宫中御厨烹调的美食。宴会在音乐声中开始，宾客都是朝廷的重臣。
在诗的最后，重要人物杨国忠出场了，只见他骑着骏马大模大样地
来到虢国夫人的帐篷，踩着地毯去和虢国夫人幽会。这位丞相炙手

可热，权势熏天，大家可千万不要接近他们幽会的那座帐篷啊。

这首诗使用了铺排的手法，写得热闹繁华，却语语讥刺，锋利异常。杨氏姐妹之骄奢，杨国忠之跋扈，皆跃然纸上。而杜甫对国事的关心，亦于斯可见。

四

尽管杜甫在长安结识了诸多新的朋友，并不时到长安及周边游览，但与前期的壮游时期相比，杜甫在长安的生活是相当贫困的。前引杜甫《醉时歌》中"杜陵野客人更嗤，被褐短窄鬓如丝。日籴太仓五升米，时赴郑老同襟期"的诗句，已经将杜甫的生活状况揭示得清清楚楚。

杜甫之所以陷入贫困，一方面是因为此时杜甫的父亲已经去世，杜甫断绝了来自家庭的支持，必须一切依靠自己。另一方面，因为杜甫此时已经结婚，并且他的长子宗文约在天宝九载（750）出生，他的次子宗武约在天宝十三载（754）出生，整个家庭都需要杜甫养活。当然还有另外一个原因，那就是长安是全国物价最高的地方，这更加剧了杜甫的贫困。

天宝十载（751），杜甫感染了疟疾。这次染病非常厉害，杜甫浑身上下一会儿发冷一会儿发热，持续了百日都不能减轻，只弄得头昏眼花，面黄肌瘦，形容枯槁。杜甫在病中去拜访好友王倚，王倚见他尚未康复，就准备了饭菜和酒肉招待他。杜甫感念王倚情深义重，对这位故人充满了感激之情。[1] 这年的除夕，杜甫又到其从弟杜位家守岁，想到过了今晚自己就已经四十岁了，杜甫心中不

---

[1]　参见《病后过王倚饮赠歌》。

禁充满悲慨。[1]

　　在天宝十三载（754）的秋天，杜甫骑驴外出，不知道到哪里去吃饭。想到在长安的郊区还有一些亲戚，就想到他们家蹭顿饭吃。他来到从孙杜济的家里，只见这位从孙家宅舍荒凉，显然也不是富贵人家。杜甫对杜济说，他此来是为了宗族情感，不是为了白吃他一顿饭。杜甫希望这位从孙重视同姓的亲情，不要受外人的挑拨。可见，杜甫这时已到了厚着脸皮到亲戚家蹭饭吃的地步。[2]

　　自西归长安以来，杜甫可能在长安的许多地方居住过。可以确定的是，大约在天宝十三载（754）前后，杜甫一家曾在长安城南的下杜城居住，而杜甫的郡望杜陵就在下杜城一带。杜陵是汉宣帝刘询的陵墓，这位皇帝曾因"巫蛊之变"而流落民间，后被大将军霍光迎为皇帝。他在位期间较有作为，史称中兴。杜陵在今西安市雁塔区三兆村南的杜陵原上，覆斗形封土周长1700多米，高29米。陵前现有清代陕西巡抚毕沅所立的"汉宣帝杜陵"碑，附近建有一座秦砖汉瓦博物馆。杜陵附近还有一座少陵，埋葬的是汉宣帝的皇后许皇后（她是汉元帝刘奭的生母），其具体位置在今杜陵南七八公里的长安区大兆村附近。少陵高22米，封土呈覆斗形，其规模略小于杜陵，故称少陵。为纪念杜甫，明嘉靖年间在此附近修建了一座杜公祠，其位置在今西安市长安区双竹村附近。这是一座四合院式建筑，内有明人张治道所撰《创建唐工部员外郎子美先生祠堂记》。

　　杜甫一家住在下杜城，日子过得颇为拮据。天宝十三载（754）的九月重阳，天降大雨，数日不止。在秋风秋雨中，连牛马都难以分辨。庄稼还没有收获就被雨水毁坏，田里的谷穗长了芽，发霉变

----

① 　参见《杜位宅守岁》。
② 　参见《示从孙济》。

杜陵

黑。杜甫不能出门，也无心赏菊饮酒，只好闭门守在家里。院子里长满蓬蒿，孩子们在风雨中疯跑。阶前的草本植物决明不知忧愁，开出了金黄色的花朵。[1]

　　因为物价飞涨，生计艰难，杜甫只好携家前往奉先县（今陕西蒲城）。奉先县令杨蕙是杜甫的夫人杨氏的姻亲，杜甫希望一家人能得到这位杨县令的照顾。杜甫作《桥陵诗三十韵因呈县内诸官》一诗，不仅赞美了奉先县的山川地理，更对县内大小官吏一一称颂。杜甫这样写，无非是希望自己的妻儿在这里得到照顾。在诗的末尾，杜甫云："辖辖辞下杜，飘飘凌浊泾。诸生旧短褐，旅泛一浮萍。

---

[1]　参见《秋雨叹三首》。

荒岁儿女瘦，暮途涕泗零。主人念老马，癖署容秋萤。"这已经不只是客气，而是近于哀求的语气了。

在长安，杜甫结识了王公大臣，也结识了郑虔等终生的好友。他关心朝廷政治，更期望自己能早日步入仕途。他看到了朝廷政治的黑暗，更经历了自身的疾病和贫困。杜甫在长安的遭遇，使他更为清晰地认清了社会现实，也更加同情底层的百姓。因此，杜诗中开始出现忧国忧民的内容，有时其矛头甚至直指皇帝和权臣。从杜甫在长安时期创作的诗歌中，可以看到他痛苦贫困的生活，也可以看到他对国家的关心和对百姓的悲悯。

自京赴奉先县

在天宝十三载（754）杜甫将家人移居奉先县以后，杜甫对家人非常惦念。到天宝十四载（755）的秋天，杜甫从长安赶到奉先去探望家人，并拜会了奉先县令杨蕙。这年的重阳节，这位杨县令与白水县的县令崔顼举办宴会，杜甫也参加了。白水县与奉先县相邻，这位白水的崔县令也是杜甫的亲戚，杜甫称之为"舅"。宴会上的气氛非常融洽，大家一边喝酒，一边赏菊助兴。这年秋天雨水偏多，菊花也开得格外茂盛，仿佛在欢迎杜甫的到来。①

杜甫在奉先县探望家人后，回到长安。这年十月，杜甫获任右卫率府兵曹参军，遂于十一月再一次到奉先县探望家人。到达奉先之后，杜甫将此次自长安赴奉先县的行程及感怀写成了著名的长诗《自京赴奉先县咏怀五百字》，使我们对杜甫的这段行程及杜甫当

---

① 参见《九日杨奉先会白水崔明府》。

时的所思所想有了细致的了解。

在此诗的第一段，杜甫先写了自己致君尧舜、拯世济民的理想和抱负。诗云：

> 杜陵有布衣，老大意转拙。许身一何愚，窃比稷与契。
>
> 居然成濩落，白首甘契阔。盖棺事则已，此志常觊豁。
>
> 穷年忧黎元，叹息肠内热。取笑同学翁，浩歌弥激烈。
>
> 非无江海志，萧洒送日月。生逢尧舜君，不忍便永诀。
>
> 当今廊庙具，构厦岂云缺？葵藿倾太阳，物性固难夺。
>
> 顾惟蝼蚁辈，但自求其穴。胡为慕大鲸，辄拟偃溟渤？
>
> 以兹悟生理，独耻事干谒。兀兀遂至今，忍为尘埃没。
>
> 终愧巢与由，未能易其节。沉饮聊自遣，放歌破愁绝。

杜甫此时已获任右卫率府兵曹参军职，但他依旧称自己为"杜陵布衣"。他说，别人都是越活越聪明，而自己却年纪越大心思越笨拙，因为自己的理想竟然是要作稷与契这样的贤臣。他说的稷指周的祖先后稷，曾教民种植五谷；契则是商的祖先，曾推行文化教育。但是，这样的目标实在太高，果然不能实现。即便如此，自己的志向也不曾改变。杜甫说自己心里总是为百姓担忧，这样的想法经常遭到同学朋友的嘲笑，但自己总是不为所动。在这样一个时代，归隐江湖就可以过上潇洒自由的生活，但是他遇到了唐玄宗这样的明君，实在不忍心掉头而去。朝廷中人才济济，并不缺少人才。但就像葵藿始终朝向太阳一样，心向朝廷也是自己不可改变的本性。那些自私自利的人在经营自己的安乐窝，而他却希望像大鲸一样纵横于大海的波涛之中。他不能像隐士一样隐居山林，也不想被尘埃所埋没。

在忧伤时只能痛饮自遣，慷慨放歌。

在这里，我们看到了杜甫直抒胸臆，谈论自己的志向与理想。由此我们知道，他对自己有着极高的期许，希望自己是致君尧舜的贤臣。他不忍心虚度一生，也不愿意归隐江湖。"穷年忧黎元，叹息肠内热"，对百姓发自真心的关爱，是杜甫生命的底色。

自长安至奉先县，可以自长安向北，经泾阳县转东北，过三原县、富平县，经梁田陂，到奉先县。也可以自长安往东，经昭应县（临潼）往北，过渭河，到栎阳县往东北，过下邽县，再往北（或往东北经同州即今大荔县然后西折）到奉先县。杜甫走的是自长安往东经昭应县（临潼）往北过渭河的路线，途经骊山。杜甫接下来开始叙述途经骊山的所见所闻所感，他在诗中说：

> 岁暮百草零，疾风高冈裂。天衢阴峥嵘，客子中夜发。
> 霜严衣带断，指直不能结。凌晨过骊山，御榻在嵽嵲。
> 蚩尤塞寒空，蹴蹋崖谷滑。瑶池气郁律，羽林相摩戛。
> 君臣留欢娱，乐动殷胶葛。赐浴皆长缨，与宴非短褐。
> 彤庭所分帛，本自寒女出。鞭挞其夫家，聚敛贡城阙。
> 圣人筐篚恩，实欲邦国活。臣如忽至理，君岂弃此物。
> 多士盈朝廷，仁者宜战栗。况闻内金盘，尽在卫霍室。
> 中堂舞神仙，烟雾蒙玉质。暖客貂鼠裘，悲管逐清瑟。
> 劝客驼蹄羹，霜橙压香橘。朱门酒肉臭，路有冻死骨。
> 荣枯咫尺异，惆怅难再述。

这是天宝十四载（755）寒冷的冬天，岁暮时节，百草凋零，疾风吹过，仿佛高山上的岩石都要被吹裂。为了赶路，杜甫在夜半出发，凌晨时分就已到达骊山脚下。骊山是一座名山，这里曾发生周幽王烽火戏诸侯的故事，骊山的华清宫是大唐的离宫之一。原来，除长安城内的太极宫、大明宫和兴庆宫外，还有一些宫殿建在长安城外，如骊山的华清宫、宜君的玉华宫、麟游的九成宫、南山中的翠微宫、咸阳的望贤宫、渭南的游龙宫等。其中华清宫是唐玄宗最喜欢的离宫，这里有温泉，冬季较为温暖。

华清宫的历史很长，在秦始皇时期，骊山的温泉就已被发现，故秦代在这里砌石构宇，修建了一些建筑。汉武帝时期对秦代的建筑重加修饰，其规模变得更大。到隋代，隋文帝又命人在山阴修建房屋，并在山上广种柏树。唐贞观十八年（644），太宗又在此营建宫殿，赐名汤泉宫，并躬制碑文。天宝六载（747），更名为华清宫，此时这里除众多的宫殿外，还有浴池、舞马台、球场等设施。

华清池遗址

白居易在《骊宫高》中说："高高骊山上有宫，朱楼紫殿三四重。迟迟兮春日，玉甃暖兮温泉溢。袅袅兮秋风，山蝉鸣兮宫树红。"杜牧《过华清宫绝句》："长安回望绣成堆，山顶千门次第开。"这大约就是唐代华清宫的实况。在对华清宫遗址的考古发掘中，发现了莲花汤、海棠汤、太子汤、星辰汤和尚食汤遗址。其中的莲花汤是唐玄宗的御用汤池，海棠汤则是杨贵妃的专用浴池。用温泉疗疾，本是盛行于北朝贵族间的习俗。唐代显然也继承了这项习俗，唐玄宗曾四十四次在华清宫过冬避寒。

杜甫经过骊山脚下的华清宫时，道路湿滑，大雾弥天，此时唐玄宗正带领群臣在宫内"避寒"。杜甫看到华清宫外手持兵器的守卫密密麻麻，骊山之上有音乐隐隐传来，那一定是玄宗君臣在寻欢作乐。杜甫想到那些王公大臣一定会在华清池洗浴，并得到皇帝的大量赏赐。皇帝赏赐大臣财物，是希望这些大臣为国效力。杜甫想如果他们不知道这一点，那皇帝的财物岂不是白扔了？而这样的大臣可能不在少数。杜甫知道，此时杨贵妃最得宠爱，所以宫廷中的珍宝很多都赏赐给了外戚。他想到杨贵妃也一定在这座华清宫内翩翩起舞，陪玄宗君臣享乐。宫廷之内的王公大臣穿着豪华，他们听着动听的音乐，享受着丰盛的饭食和水果。但他们哪里知道，华清宫外的道路上就有人冻饿而死。想到这些，杜甫伤心地说不出话来。

这首诗接下来叙述的就是北渡渭河的情景和到家后的伤感，诗中说：

> 北辕就泾渭，官渡又改辙。群水从西下，极目高崒兀。
> 疑是崆峒来，恐触天柱折。河梁幸未拆，枝撑声窸窣。
> 行旅相攀援，川广不可越。老妻寄异县，十口隔风雪。

谁能久不顾？庶往共饥渴。入门闻号咷，幼子饥已卒。

吾宁舍一哀，里巷亦呜咽。所愧为人父，无食致夭折。

岂知秋禾登，贫窭有仓卒。生常免租税，名不隶征伐。

抚迹犹酸辛，平人固骚屑。默思失业徒，因念远戍卒。

忧端齐终南，澒洞不可掇。

可见，经过骊山后，杜甫一直向北，从泾水和渭水交界处附近的桥上通过，到达北岸。他看到河面上巨大的冰块像山一样高，层层叠叠顺水而下，仿佛是崆峒山从水面漂来。杜甫一路跋涉，终于回到家里。杜甫一路奔波所抵达的奉先县，就是现在的陕西省蒲城县。这里原来就称为蒲城，只是因为开元四年（716）唐睿宗埋葬于县北的丰山，才改称奉先县。丰山呈东西走向，桥陵是因山为陵。唐代在关中有十八陵，除睿宗桥陵外，唐玄宗李隆基的泰陵、唐宪宗李纯的景陵、唐穆宗李恒的光陵、唐让帝李宪的惠陵也在蒲城县。现在，桥陵遗址尚在，只是其地面建筑已不存，仅有一些残破的华表、獬豸、狮子、鸵鸟、翁仲等石像冷落地站立在墓道两边。就在数月之前，即天宝十四载（755）的夏秋之际，杜甫移家奉先县时，曾拜谒桥陵。当时他进入陵区参观，看到桥陵宫殿的屋梁上画着簇拥的画戟，庙堂的柱子上长出了灵芝。他听到陵园中有鸟儿在鸣叫，还见到了这里的陵台令和宫女。①

那时，杜甫对奉先县的官吏从上到下赞美了一个遍，无非是将自己的家人托付给他们。后来杜甫又参加奉先县杨县令和白水县崔县令的宴会，也是希望自己的家人得到照顾。但是他的家人在这里

---

① 参见《桥陵诗三十韵因呈县内诸官》。

的生活依然困顿，杜甫刚进家门就听到家人号啕的哭声，原来他的小儿子已经被饿死了。

听到这个消息，杜甫非常伤心，连他的邻居也陪着流泪。他想到，现在秋天刚刚过去，自己家里居然发生了饿死幼子的事。在当时，凡有品爵官职者，其本人及子孙都享有免除赋税和兵役的权利，所以杜甫一家不用交租税，也不用服兵役。和普通农户相比，杜甫一家是享有一些特权的，居然还有这样的事情发生，那些毫无权利的平民百姓的日子岂不是更为动荡艰辛？想到那些失去产业的农民，又想到那些戍守边疆的士卒，杜甫感到自己的忧思简直就像终南山一样高峻，无边无际，不可收拾。

《自京赴奉先县咏怀五百字》是杜甫非常著名的一首长诗，它一开始写自己的生平怀抱，中间写玄宗君臣沉迷于享乐，最后写到家后的悲剧与悲情。浦起龙在《读杜心解》中称赞这首诗"是为集中开头大文章，老杜平生大本领"。在长安期间，杜甫不断地干谒、投诗、献赋，饱尝了生活的艰辛。他在十年当中创作了一百一十多首诗，其中干谒、投赠、应酬的诗作占了很大比例。这些诗虽然写得冠冕堂皇，总体上成就不高，但这首创作于天宝十四载（755）的五言长诗却有着极高的成就。它不仅运用了夹叙夹议的手法，还有着极为鲜明的写实倾向。这首诗苍苍莽莽，一气流转，又极为沉痛，是杜甫的一次情感大爆发，其中所体现出的忧国忧民的思想以及"人饥己饥""人溺己溺"的仁者情怀，尤其使人感动。杜甫对社会人生有着敏感的体验，所以诗中也有着对大乱将至的某种预感。这首诗是杜甫十年长安生活的总结，标志着杜诗沉郁顿挫的主体风格的形成。

第四章　叛乱中的奔逃

天宝十四载（755）十一月，当杜甫自京赴奉先县探亲时，改变大唐国运的安史之乱已经爆发。安史之乱是唐朝将领安禄山和史思明发动的一场军事叛乱，这场叛乱使唐朝陷于长期动荡之中，也是大唐由盛转衰的转折点。安史之乱也打破了杜甫平静的生活，使杜甫一家走上了狼狈的奔逃之路。

自长安至羌村

安禄山本是营州（今辽宁朝阳）柳城胡人，本无姓氏，名轧荦山。其母阿史德氏，是突厥巫师，擅长占卜。他后来与安思顺等约为兄弟，遂冒姓为安。因在民族杂居之地长大，安禄山通晓当地的六种语言。开元二十年（732），张守珪任幽州节度，骁勇的安禄山负责"捉生"，即活捉俘虏，每每成功，被张守珪提拔为偏将，又收为义子。开元二十八年（740），安禄山做了平卢兵马使，后来又担任营州都督、平卢军使等职务。他狡黠性巧，又善于行贿，逐渐得到玄宗的宠信。天宝三载（744），安禄山被任命为范阳节度使，得到李林甫等人的赞美，玄宗对他越发信任。他甚至还成为杨贵妃的"养儿"，与杨铦等约为兄弟姊妹。安禄山肥胖，但擅长跳胡旋舞，旋转如风。玄宗为其在长安营造府第，穷极壮丽。天宝十载（751），安禄山又兼任河东节度使。

安禄山阴有逆谋，在范阳北筑雄武城，外示御寇，内贮兵器，积攒粮草战马，准备叛乱。为了麻痹朝廷，每月进奉驼马鹰犬不绝，又贿赂官员宦官，人多言其忠。天宝十四载（755）十一月，安禄山起兵十五万，反于范阳。其士卒以一当百，一路获胜，朝廷震惊。安史叛军仅用三十三天就攻陷了洛阳，兵锋直逼长安。

杜甫自京赴奉先县探望妻儿后即回到长安，任右卫率府兵曹参军职。此时安史之乱已经爆发，只是叛军尚未危及长安。天宝十五载（756）的元日，杜甫是在长安度过的。这一天，他的朋友苏端、薛复请他赴宴。酒席间有一位友人薛华在酒后放歌，十分感人。安史叛军的战鼓之声仿佛已逼近长安，赴宴者都不免忧心忡忡。[①]任职之后，杜甫也结识了一些新朋友，其中有一位姓程的录事要回故乡，还携带酒食来和杜甫告别。[②]

这年五月，叛军已逼近长安，杜甫担心长安以北的奉先县也不安全，遂离开长安去往奉先县，携家北逃。

天宝十五载（756）五月，杜甫一家北行，首先抵达白水县。奉先和白水相邻，相距仅三十公里。杜甫在上年秋天到奉先时，曾到这里拜访任县令的舅舅崔顼，还写了《白水明府舅宅喜雨》一诗，赞美他的美政。这是杜甫第二次来到白水。

白水县是仓颉故里，传说黄龙山下的阳武村就是仓颉的出生地，仓颉墓也在这里。杜甫在白水见到了这里的县尉崔十九，他也是杜甫的舅舅。崔十九让杜甫一家住在自己家里。杜甫将崔家称为"高斋"，这座"高斋"处在丛林之中，夏天较为凉爽，有泉水流淌，鸟儿鸣叫。杜甫早上常陪这位舅舅登高望远，排遣愁闷。一家人在此暂时得以安居，但杜甫关心着战事，心中充满忧虑。因为杜甫曾

---

① 参见《苏端薛复筵简薛华醉歌》。
② 参见《送率府程录事还乡》。

在白水短暂居住，这里后来曾建有拾遗庙，以纪念杜甫。北宋时期，白水县文庙前还曾建有杜工部诗碑，上刻杜甫《彭衙行》《白水崔少府十九翁高斋三十韵》《九日杨奉先会白水崔明府》《白水明府舅宅喜雨》等四首诗。

到这年六月，安史叛军攻陷了潼关。在唐代，华州潼关、京兆府蓝田关、同州蒲津关、岐州橄关、陇州大震关、原州陇山关等六关为"上关"，均有驿道通过，地理位置最为重要。尤其是潼关，是长安东面最重要的关隘。叛军攻破潼关后，不仅长安失去了屏障，杜甫一家所在的白水县也随时会遭到叛军的攻击。杜甫无奈，只好继续携家北逃。杜甫有一个名叫王砅的重表侄，当杜甫一家避乱白水时，王砅一家也在这里。这次是两家一起向北逃难，结伴而行，逃难的人很多。由于坐骑被人抢走，杜甫落在后面，又掉入蓬蒿之中，多亏这位重表侄找到杜甫，又把自己的马让给他，才保护他赶上了家人。①

杜甫一家继续前行，这时已经到了雨季，道路泥泞，一家人饥饿难忍，只能以野果充饥，累了就睡在树丛中。在经过彭衙同家洼时，杜甫遇到了故人孙宰，得到他的热情招待。孙宰为他们准备了晚饭，还为他们剪纸招魂。在当时，人们认为剪纸招魂可以避免儿童受到惊吓，现在豫西一带还有此风俗。②彭衙，在今白水县史官镇南彭衙村附近。这里北有黄龙山，南有洛河，附近有秦长城遗迹。据《左传》记载，秦与晋曾"战于彭衙"，所以这里曾是秦晋争霸的古战场。同家洼的具体位置已难以确定，推测是因为这里的住户多姓"同"而得名。白水一带本来就是羌族的聚居地，"同"姓由羌族的复姓

---

① 参见《送重表侄王砅评事使南海》。
② 参见《彭衙行》。

白水县史官镇南彭衙村

三川驿村

羌村

"同蹄氏"变化而来，所以同家洼可能原是羌族"同蹄氏"聚居的村落。

杜甫一家在同家洼小住之后继续前行，他们穿过这里崎岖的原、梁、沟、川，一连走了好几天，眼前再也没有平坦的平原。这年七月，杜甫一家抵达三川县。三川县南距白水一百四十公里，北距鄜州四十公里，今富县羊泉镇三川驿村附近是其县治。这里属于黄土高原，到处是土石低山和丘陵沟壑。因有华池、黑源、洛水三条河在这里交汇，故名"三川"。杜甫一家来到三川时，这里正是雨季，山谷中水汽弥漫，道路泥泞。下雨导致河水暴涨，山谷中浊浪滔天，一片汪洋。

因为杜甫曾经过此地，明代人曾在三川驿村东部的山崖上刻"拾遗墨草"四个大字及《憩三川寻杜少陵遗墨》诗一首，现在这些摩崖石刻已经字迹模糊，漫漶难辨。旧传三川驿有杜甫墓，并有"杜少陵骨"，这显然是出于后人的伪托和假造。

这年七月，杜甫一家离开三川驿，来到鄜州（今陕西富县）的羌村。羌村很小，其位置在今陕西省富县以东十五公里处。陕西一带在唐代有很多羌族聚居区，羌村可能是其中之一。羌村建在高坡上，地势较高，其面对的河谷称为采铜川。为了纪念杜甫一家在此居住，后人曾在此建了三间青砖房，称之为杜甫旧居。现在这三间房子已经相当破旧，东侧的一间已经倒塌，还可看到房门上方镶嵌的题有"安贞吉"的砖刻，落款为"民国辛未年□月重修"，民国辛未年为1931年。在羌村附近有一座石崖，上面刻有"少陵旧游"四个大字，宽2米多，高约0.8米，为明代万历年间进士王邦俊所题。王邦俊是鄜州人，曾任山东巡抚等职，卸任后回到故乡。因为这里临近羌村，故书此刻石以纪念杜甫。

经过长途奔波，杜甫已经浑身疲惫。在羌村稍事休息之后，杜甫将再次回到长安。

身禁长安

天宝十四载（755）十一月，安禄山以讨杨国忠为名起兵叛乱，所过州县，望风瓦解。次年的正月初一日，安禄山自称大燕皇帝。六月初九日，叛军攻破潼关，把守潼关的哥舒翰投降，河东、华阴、冯翊、上洛防御使皆弃郡而走，守兵溃散。这天傍晚，平安火不至，玄宗恐惧。六月初十日，玄宗召宰相杨国忠商议，杨国忠提出幸蜀之策。六月十一日，杨国忠又让韩国夫人和虢国夫人入宫，劝玄宗入蜀。六月十二日，因叛军逼近，长安骚动，百官上朝者十无一二。玄宗御勤政楼，下制亲征，人们都不相信。这天傍晚，命龙武大将军陈玄礼整比六军，厚赐钱帛，选闲厩马九百余匹，做好了逃走的准备。

六月十三日早晨，玄宗与杨贵妃姊妹、皇子、后妃、公主、皇孙、杨国忠、韦见素、魏方进、陈玄礼及亲近宦官、宫人出长安延秋门，逃往蜀中。其余后妃、公主、皇孙之在外者，皆无暇顾及。看到皇帝出逃，长安官民骚动，王公、士民四出逃窜，山谷细民则争入宫禁及王公第舍，盗取金宝。到这天中午，逃亡路上的玄宗还没有饭吃。好在杨国忠买了一些胡饼，献给皇上。当地的百姓也贡献了一些糙米饭，杂以麦豆，玄宗的皇孙以手捧食，瞬间将这些食物吃光。玄宗赏赐给这些百姓钱物，百姓痛哭，玄宗也流下了眼泪。

六月十四日，玄宗君臣逃至马嵬驿（今陕西省兴平县西北），将士饥疲。因为祸由杨国忠起，陈玄礼欲诛之，并通过东宫宦官李辅国将此事告诉了太子。恰巧吐蕃使者二十余人与杨国忠交谈，军士以杨国忠与胡虏谋反之名将其杀死，并杀其子及韩国夫人、秦国夫人。此后，士卒又逼迫玄宗缢杀杨贵妃。这就是历史上的马嵬之变。

六月十五日，玄宗去往蜀中，太子李亨分兵去往朔方，拟聚拢朔方军，准备抗敌。七月初九日，李亨至灵武（今宁夏灵武市）。七月十二日，他在灵武城南楼称帝，是为肃宗，改元至德，尊玄宗为太上皇。肃宗称帝后，归附者渐众。

到这年八月，肃宗即位的消息传到遥远的羌村。杜甫听到这个消息以后，即从羌村出发，欲转道灵武，投奔肃宗。在唐代，从鄜州到灵武的路线有两条：一条是从羌村所在的鄜州往北到延州，过金明县、延昌县，出芦子关，到乌延驿往西，经五原县，到达灵武。另一条是从鄜州往北，到甘泉县往西北，过金城县、百井戍，到长泽县往西，经五原县到灵武。杜甫选择的是第一条路，即过

延安杜公祠

延州出芦子关的道路。杜甫在途中不幸被叛军俘获，随即被押赴长安。

　　杜甫被执之地应该在延安附近，所以延安建有一座杜公祠。延安杜公祠在延安市宝塔区七里铺街附近，传说杜甫曾在这里的石崖下露宿一晚。北宋时期，范仲淹任延州知事，曾在石崖上刻写"杜甫川"三字。清代初年，又在这里建了一座杜公祠。清道光二十三年（1843），肤施（今延安）县令陈炳琳又重建该祠，并在祠内增建了一座望杜亭。这座祠堂后来又多次重建，至今尚存。祠内有诗史轩，中有杜甫坐像。清代开凿的山洞尚在，内有杜甫坐像及童子像。自延安向西二十公里有一座万花山，是中国的牡丹原生地，唐宋时期就盛产牡丹，有延州红等名品。现在山上的野生牡丹有三百多亩，十八个品种，五万余株。栽培牡丹有一百多个品种，八色兼备。旧谱以为杜甫北上曾经过这里，实际上这仅是传说而已，因为自鄜州至延州的官道并不从此经过。

在至德元载（756）的八月十五日，杜甫已经到了长安。也许叛军不知道杜甫是朝廷官员，也许是杜甫的品级太低，叛军对杜甫未加看管，他可以在长安城四处走动。时值中秋，杜甫不禁想起远在羌村的家人，作《月夜》云：

今夜鄜州月，闺中只独看。

遥怜小儿女，未解忆长安。

香雾云鬟湿，清辉玉臂寒。

何时倚虚幌，双照泪痕干。

身在长安的杜甫想象他的妻子在中秋之夜不能入睡，也在对月怀想自己不知身在何处的丈夫。而他的儿女年龄太小，还不知道思念父亲。杜甫想到妻子在月光下长久地伫立，清冷的月光照在她的身上，雾气打湿了她的头发。深陷长安的杜甫不知道何时才能与妻子相见。这首诗从对面着笔，娓娓道来，平白如话，苦语而不枯寂，饱含着杜甫对家人的思念之情。杜甫此时特别想念的是他的次子宗武。在他身陷长安的第二年，他作《忆幼子》云："骥子春犹隔，莺歌暖正繁。别离惊节换，聪慧与谁论。"此时杜甫的心恨不能越过千山万水飞到羌村与家人相见。

至德元载（756）十月，宰相房琯率唐军与叛军于陈陶斜大战，因为轻敌导致大败，死伤四万余人。房琯是河南人，少好学，风仪沉整，喜欢隐遁，曾在陆浑伊阳山中读书十余年。开元十二年（724）向朝廷献《封禅书》，授秘书省校书郎，后曾任县尉、县令、监察御史、主客郎中、给事中、宪部侍郎等职。安史之乱爆发，玄宗仓皇幸蜀，房琯独驰蜀路谒见玄宗，拜文部尚书、同中书门下平章事。

至德元载（756）八月，他与左相韦见素、门下侍郎崔涣等奉使灵武，册立肃宗。当时肃宗的军机要务，多依赖房琯。房琯本是儒生，不习军旅之事，用兵素非所长，但他自请将兵，在与叛军作战时居然用春秋车战之法，终于导致陈陶斜大败。杜甫看到获胜的叛军得意洋洋地回到长安，兵器上沾满鲜血，他们唱着胡歌在长安的街市上饮酒狂欢。长安百姓偷偷流泪，都盼着官军早日来收复长安。[①]稍后，房琯率残军又与叛军战于青坂，再次失败。杜甫听说叛军每日向西推进，他们勇猛骄横，只要有几个人就敢于发动进攻。时当冬季，四野被白雪覆盖，河水结冰，大地萧瑟，战场上到处是战士的尸骨。看到官军失败，杜甫十分焦急，他甚至想托人捎信告诉官军千万不要再仓促发动军事行动。[②]

次年正月，叛军史思明舍弃怀、卫二州，攻击太原。高秀岩也率军西进，欲与史思明合兵，采用迂回战术包抄大西北。也就是说，叛军想通过延州出芦子关袭击官军。杜甫听到这个消息非常着急，他希望朝廷迅速调集万名士卒去守卫芦子关，以防备叛军西进。

至德二载（757）的春天丝毫不顾及人世的哀痛，悄悄来到长安。杜甫感时伤春，写下了著名的《春望》一诗：

> 国破山河在，城春草木深。
> 感时花溅泪，恨别鸟惊心。
> 烽火连三月，家书抵万金。
> 白头搔更短，浑欲不胜簪。

---

① 参见《悲陈陶》。
② 参见《悲青坂》。

这首诗的前四句写的是春望所见。杜甫看到，虽然长安已经被叛军占领，但春天依然如期而至，城中草木茂盛。感伤时局动荡，杜甫看到花开也会流下眼泪，听到鸟叫都分外心惊。后面的四句则写伤时思家之情。烽火已经延续了很长时间，交通断绝，一封家书都如同万两黄金。因为忧国思家，杜甫头上的白发又短又稀疏，简直连簪子都别不住了。这首诗寓情于景，出语沉痛，饱含血泪，非身陷乱离不能写出。

在长安，杜甫又遇到了好友郑虔。郑虔在长安陷落后被叛军劫至东都洛阳，伪授水部郎中。郑虔称病，求摄市令，趁机潜回长安。在战乱当中，好友见面，举杯共饮，仿佛梦中。两人都已是满头白发，想到国事艰难，不禁双双落泪。[①]

因为长安城内比较危险，杜甫冒雨躲进了大云寺暂住，受到寺僧赞公的款待。赞公招待杜甫吃饭，还送了细软的青丝鞋和细布手巾。杜甫在雨中欣赏大云寺内的壁画，感到了片刻安宁。杜甫晚上就住在寺内，他听到远远传来和尚诵经的声音，大云寺建筑上的铃铛在风中发出清脆的响声。次日，晨光初升，雾气消散，杜甫与赞公告辞，离开了大云寺。杜甫觉得佛门终究是清净之地，自己烦躁的情绪已经稍稍平复。[②]

这个时候杜甫还经常到好友苏端家去吃饭。苏端注重友情，待人诚恳，杜甫每次去都得到热情接待。这天，杜甫又冒雨来到苏端家，两人相对饮酒，尽抒胸中郁结。屋角的花开得正艳，墙边的草长得碧绿可人。在这短暂的欢笑中，杜甫不由又想起远在羌村的家

---

① 参见《郑驸马池台喜遇郑广文同饮》。
② 参见《大云寺赞公房四首》。

人，不知道他们现在过得怎样。①

　　在至德二载（757）的春天，杜甫在长安意外地遇到一位落难的李唐宗室子弟。原来，去年长安城破之前玄宗逃走时，很多宗室子孙未及随行，他就是其中的一位。长安城破后，安禄山开始大肆杀戮。至德元载（756）七月十五日，安禄山派部将孙孝哲杀霍国长公主及王妃、驸马等于崇仁坊，凡杨国忠、高力士之党及禄山素所恶者皆杀之，凡八十三人，流血满街。这位孙孝哲是契丹人，性残忍，果于杀戮，是安禄山的心腹。十七日，又杀皇孙及郡、县主二十余人。王、侯、将、相扈从车驾、家留长安者，诛及婴孩。在这种恐怖气氛中，这位"王孙"只能四处藏身，以求活命。杜甫作《哀王孙》云：

> 长安城头头白乌，夜飞延秋门上呼。
>
> 又向人家啄大屋，屋底达官走避胡。
>
> 金鞭折断九马死，骨肉不得同驰驱。
>
> 腰下宝玦青珊瑚，可怜王孙泣路隅。
>
> 问之不肯道姓名，但道困苦乞为奴。
>
> 已经百日窜荆棘，身上无有完肌肤。
>
> 高帝子孙尽隆准，龙种自与常人殊。
>
> 豺狼在邑龙在野，王孙善保千金躯。
>
> 不敢长语临交衢，且为王孙立斯须。
>
> 昨夜东风吹血腥，东来橐驼满旧都。
>
> 朔方健儿好身手，昔何勇锐今何愚。

---

① 参见《雨过苏端》。

> 窃闻天子已传位，圣德北服南单于。
> 花门剺面请雪耻，慎勿出口他人狙。
> 哀哉王孙慎勿疏，五陵佳气无时无。

杜甫看到长安城上的白头乌鸦，夜晚飞到延秋门上鸣叫。当年南朝侯景之乱时，也有无数的白头乌鸦窜上梁朝都城建康（今江苏南京）的朱雀门，情形与现在何其相似。延秋门是长安城的西门，唐玄宗冒雨由此出逃时，居然丢下了自己的宗室子孙。杜甫遇到的这位王孙腰间挂着玉佩和珊瑚，他在长安街边痛哭，连姓名也不敢说，只是乞求成为别人的奴仆，以保全性命。他已经在荆棘间奔波数月，身上到处是伤，但从其长相依然可以看出是宗室子弟。如今长安被叛军占领，杜甫嘱咐这位王孙一定要保重身体活下去。长安城的气氛非常恐怖，连勇锐的朔方兵也被打败。但听说玄宗已经传位给肃宗，而肃宗正在联络回纥以图收复长安。杜甫相信大唐的胜利一定会到来，他嘱咐这位王孙多加小心，等待长安被官军收复。《哀王孙》是一篇写实的新题乐府，杜甫用纪实的手法描写了长安城破后宗室子弟的惨状，其中当然也隐含了对玄宗丢弃骨肉的批评。

　　在这年春天，杜甫又来到曲江池边，抚今追昔，写下了著名的《哀江头》，诗云：

> 少陵野老吞声哭，春日潜行曲江曲。
> 江头宫殿锁千门，细柳新蒲为谁绿。
> 忆昔霓旌下南苑，苑中万物生颜色。
> 昭阳殿里第一人，同辇随君侍君侧。
> 辇前才人带弓箭，白马嚼啮黄金勒。

翻身向天仰射云，一笑正坠双飞翼。

明眸皓齿今何在？血污游魂归不得。

清渭东流剑阁深，去住彼此无消息。

人生有情泪沾臆，江草江花岂终极。

黄昏胡骑尘满城，欲往城南望城北。

美丽的曲江池，过去是皇帝经常来游玩的地方。当玄宗皇帝的仪仗到来时，这里的一切仿佛都焕发出光辉。美丽得宠的杨贵妃常侍奉在玄宗身边，当车辇之前的射生女官一箭射下天上的大雁时，她会发出愉快的笑声。现在，这位昔日明眸皓齿的杨贵妃去哪儿了？她血污的游魂恐怕再也不能回来。她死在渭水之滨，玄宗则去了蜀中，两人恐怕再也难通音讯。杨贵妃的不幸，正是国家的不幸。想到这里，杜甫不禁流下泪来。此时已是黄昏，安禄山的骑兵在长安城内奔驰，扬起阵阵尘土。杜甫心中充满了哀痛，他不知道官军何时才能到来。

逃归行在

自起兵以来，安禄山的视力下降得非常厉害，几近失明，身上又长了毒疮。他的性情变得异常暴躁，稍不如意，就打骂甚至杀掉身边的人。称帝之后，他很少和手下的大将见面，消息多依靠心腹严庄转告。严庄虽然身居高位，有时也被安禄山打骂，但被打骂最多的是安禄山身边的阉竖李猪儿。安禄山的儿子安庆绪失宠，也常担心自己被杀死。严庄和安庆绪密谋后，鼓动李猪儿杀死安禄山。至德二载（757）正月初六，李猪儿闯进安禄山帐中，将其砍死。安禄山死后，其子安庆绪即帝位。安庆绪性昏懦，言辞无序，不能服众，又整天纵酒为乐，事无大小皆决于严庄。

至德二载（757）二月初十日，肃宗将行在所迁至雍县（今陕西凤翔），逼近长安。朝廷在军事上不断取得胜利，节度使李光弼大破贼将蔡希德，斩虏七万。朔方节度使郭子仪大破贼将崔乾祐于潼关，收复了河东郡。这是国家的多事之秋，自去冬以来，河西地区一直在地震，到三月十五日才逐渐停止。但从三月十五日开始，大雨又连下了十多天。四月初八日，太史奏岁星、太白星、荧惑星集于东井，这也不是好的天象。

因为肃宗已将行在所迁到雍县（今陕西凤翔），离长安不远，杜甫遂于这年四月从长安的金光门逃出，一路历尽艰辛，间至行在所。肃宗所在的雍县不仅是秦人的故乡，还曾是先秦时期秦国的首都之一，当时称雍城。秦国有三十六代国君，其中十九代建都于此，

凤翔周家大院

时间长达二百九十余年。著名的秦公一号大墓就在凤翔县南指挥村附近，被称为"东方倒金字塔"，是我国已经发掘的最大陵墓，墓主为秦桓公之子秦景公。这里还有一座东湖，亦称"饮凤池"，相传周文王时有凤凰飞经此地，在此饮水。苏轼在凤翔任职时常在此游玩，其《喜雨亭记》《凤鸣驿记》《凌虚台记》等名篇都写于这里。另有北魏太武帝拓跋焘时期所建的城墙，距今已有一千五百多年历史。

杜甫长途奔波，历尽艰辛，终于见到了肃宗。狼狈不堪的杜甫穿着麻鞋拜见了肃宗，他衣衫褴褛，两肘都露在外面。五月十六日，肃宗任命杜甫为左拾遗。左拾遗属门下省，是一个从八品上的小官，其职责是国家有遗事，拾而论之，即供奉讽谏，扈从乘舆，如朝廷发令不便于时、不合于道，大则廷议，小则上封。如有贤良遗滞于下、忠孝不闻于上，则可条其事状而荐言。这个官职品级虽低，但不可谓不重要。杜甫流着泪接受了这个官职，心里无比感念肃宗对自己的厚恩。[①]

想不到，杜甫担任左拾遗不久，就因为疏救房琯，忤怒肃宗。房琯本来是随玄宗入蜀的大臣，在至德元载（756）七月十二日肃宗称帝时，他还在扈从玄宗入蜀的路上。玄宗逃离长安时，群臣大多不知情。刚出长安，玄宗就问高力士哪些大臣会追来。高力士回答说：张均、张垍父子受皇恩最深，又属亲戚，一定会来。而房琯时论以为可以作宰相，但陛下未能任用，而他又曾得到过安禄山的推荐，现在安禄山反叛，所以他可能不会来。但最后张均、张垍父子没来投奔，反而是房琯匆忙赶来。

至德元载（756）八月初一日，房琯随玄宗到达成都。十多天

---

① 参见《述怀》。

后的八月十二日，肃宗自立为皇帝的表章到达。到八月十六日，思虑再三的玄宗不得不逊位，时任文部尚书的房琯与左相韦见素、门下侍郎崔涣等被派往灵武奉传国宝玉册传位。九月二十五日，房琯等在顺化郡（今甘肃庆阳一带）拜见肃宗。肃宗素闻房琯之名，虚心待之。房琯谈论时事，辞情慷慨，肃宗为之改容，由是军国事多谋于琯。十月，房琯自请为兵马元帅收复两京，在陈陶斜兵败，战事失利。

房琯担任宰相，喜宾客，好谈论，所提拔的多是知名浮华之士，好发迂阔大言以立虚名，人多怨之。他曾为玄宗出过让诸王分领诸道的主意，又于各地布置私党，肃宗听说后十分不悦。房琯为人性情高简，在国家多难之际，他经常称病不朝谒，不以职事为意，日与人高谈释老。他既是玄宗旧臣，有诸多行为不合上意，又曾因指挥不当导致官军兵败，于是他被肃宗逐渐疏远。

到至德二载（757）五月初十日，房琯被罢知政事，改任太子少师，以谏议大夫张镐为中书侍郎、同中书门下平章事。房琯罢相有其复杂原因，但表面原因仅是其门客董庭兰纳贿。这位董庭兰是当时的著名琴师，因房琯喜欢听琴，故投奔房琯成为其门客。由于房琯位高权重，董庭兰也乘机收受贿赂。御史上奏董庭兰纳贿，肃宗正好借此罢免了房琯的相位。

从时间上看，房琯被罢免宰相职是在五月初十日，这时候杜甫还没有获得任命。六天之后的五月十六日，杜甫才被任命为左拾遗。也许是因为杜甫不熟悉朝廷复杂的派系，也许是因为杜甫与房琯关系密切，杜甫刚刚上任，就上书疏救房琯，理由是他"有大臣度，真宰相器""罪细，不宜免大臣"。

杜甫的上疏触怒了肃宗，肃宗认为其"辞旨迂诞"，诏三司审问杜甫，欲治其罪。宰相张镐进言说，如果治杜甫之罪，就会绝言者之路。韦陟也说："杜甫所论房琯事，虽被贬黜，不失谏臣大体。"因为张镐等人说情，肃宗赦免了杜甫。杜甫于六月一日进《奉谢口敕放三司推问状》说，房琯是宰相之子，有大臣体，又深念主忧，义形于色。他酷嗜鼓琴，而琴师董庭兰又贫疾昏老，所以得托门下，不想竟被其连累。杜甫感叹房琯功名未就而遭此挫折，所以才冒死称述，以至于违忤圣心。肃宗虽未再治杜甫之罪，但从此疏远了杜甫。

　　杜甫在被三司推问时，侍御史吴郁因为民辩诬而被贬谪。原来，此时肃宗行在所一带常有间谍混在百姓中间侦探情报，吴郁抓到疑似间谍者必详加分辨，不忍滥杀无辜，以此与上司意见不合，因而取忤朝贵。此时杜甫自己也身在危难之中，所以虽然其身为左拾遗，但已不能出手相救。这位吴郁是凤州两当县（今属甘肃）人，天宝中任雍县尉。后杜甫入蜀途中经过两当县附近时还曾作《两当县吴十侍御江上宅》一诗回忆这段经历。

　　疏救房琯事件之后，杜甫虽被疏远，但仍积极投身于朝廷事务。六月十二日，杜甫与裴荐、韦少游、魏齐聃、孟昌浩等联合举荐岑参为右补阙。岑参是荆州江陵（今属湖北）人，天宝三载（744）进士及第，授右内率府兵曹参军，后曾入安西节度使高仙芝幕府任掌书记。后回到长安，曾与杜甫等人交游唱和，并同登慈恩寺塔，所以算是杜甫的老友。岑参后来又一次出塞，任安西北庭节度判官，至德元载（757）岁末东归。杜甫亲自为这位老友撰写了《为补遗荐岑参状》，其文云："宣议郎、试大理评事、摄监察御史、赐绯鱼袋岑参，右臣等，窃见岑参识度清远，议论雅正，佳名早立，时辈所仰。今谏诤之路大开，献替之官未备，恭惟近侍，实借茂材。臣等谨诣阁门，奉状陈荐以闻，伏听进止。"此后，岑参又曾任嘉州刺史等职。

此时的朝廷官员中，与杜甫关系最为亲近的是担任给事中的严武。严武与杜甫为世交，年纪轻轻就身居高位。杜甫称赞他年少得志，将来定会大展鸿图。而且严武颇有诗才，也得到杜甫的夸奖。两人非常亲近，彼此之间不拘礼节。

在此国家艰危之际，朝廷不断派出官员到各地任职，杜甫在官员离开朝廷时多写诗相送，鼓励他们努力工作，为国分忧。有一位樊二十三侍御赴汉中任判官，杜甫作诗说："至尊方旰食，仗尔布嘉惠。"有一位韦十六评事赴同谷郡任防御判官，杜甫作诗云："子虽躯干小，老气横九州。挺身艰难际，张目视寇仇。……伤哉文儒士，愤激驰林丘。"又有一位长孙九侍御赴武威任判官，杜甫写诗相送云："天子忧凉州，严程到须早。去秋群胡反，不得无电扫。此行收遗甿，风俗方再造。"杜甫的从弟杜亚赴河西任节度使杜鸿渐判官，杜甫写诗云："宗庙尚为灰，君臣俱下泪。崆峒地无轴，青海天轩轾。西极最疮痍，连山暗烽燧。帝曰大布衣，借卿佐元帅。坐看清流沙，所以子奉使。"郭英乂充陇右节度使，杜甫作诗云："人频坠涂炭，公岂忘精诚。元帅调新律，前军压旧京。安边仍扈从，莫作后功名。"这些殷切的嘱托，既是杜甫对朋友的关怀，也反映了他对国事的系念与牵挂。

至德二载（757）的七月初，一眉弯月从雍县的地平线升起，清冷的月光洒满人间。天上牛女相会的七夕即将到来，满头白发的杜甫不禁又想起自己的妻儿。①

---

① 参见《月》。

北征之路

　　杜甫在雍城非常想念自己的妻子儿女，他曾寄信到羌村，但不知道家人是否还在那里。后来听说那里也被叛军所祸害，叛军甚至把那里的鸡犬都杀得精光。在这样的动荡中，不知道几家能保全性命，更不知道自己的家人是否安全。杜甫给家人写信之后，十个月不见回音。这时他反而害怕来自羌村的书信，怕书信带来不幸的消息。如果家人在战乱中遭遇不幸，那自己就变成一个孤身存活在世上的老头了。[①]

　　至德二载（757）的秋天，杜甫收到了来自羌村的家书，得知家人还住在那里，一家人安然无恙。[②]到这年八月十七日，肃宗在城楼上大阅诸军。八月二十一日，改雍县为凤翔县。十天后的闰八月初一，杜甫被肃宗墨敕放往鄜州的羌村省亲。皇帝墨敕放还，实际上是对杜甫的一种处分。临行之前，杜甫与朝廷中的贾至、严武等朋友置酒告别，这个秋天经常下雨，天气阴沉，这时忽然云开天晴，仿佛是在为杜甫送行。[③]

　　杜甫自凤翔一路艰辛，抵达羌村，并在羌村创作了不朽的长诗《北征》，不仅记述了路途所见，更记述了杜甫此间的思想。该诗第一段说：

　　　　皇帝二载秋，闰八月初吉。杜子将北征，苍茫问家室。

　　　　维时遭艰虞，朝野少暇日。顾惭恩私被，诏许归蓬荜。

---

① 参见《述怀》。
② 参见《得家书》。
③ 参见《留别贾严二阁老两院补阙》。

> 拜辞诣阙下，怵惕久未出。虽乏谏诤姿，恐君有遗失。
> 君诚中兴主，经纬固密勿。东胡反未已，臣甫愤所切。
> 挥涕恋行在，道途犹恍惚。乾坤含疮痍，忧虞何时毕。

在这一段中，杜甫主要描写了自己离开凤翔之际恋阙忧国的心情。"皇帝二载"，指唐肃宗至德二载。"闰八月初吉"，指这年闰八月的初一日。从这一小节可以看出，杜甫是在至德二载（757）的闰八月初一日离开凤翔到羌村探亲的。此时国家正处在艰危之中，朝野上下都非常忙碌。杜甫离开凤翔之前向皇帝辞行，他心情惶恐地站在宫阙之前久久不愿离开。安史之乱尚未平息，在军国多难之际离开朝廷，杜甫非常放心不下。最后，杜甫还是含泪离开了行在，直到走在路上依然心情恍惚。接下来，他叙述了北征途中的所见所闻：

> 靡靡逾阡陌，人烟眇萧瑟。所遇多被伤，呻吟更流血。
> 回首凤翔县，旌旗晚明灭。前登寒山重，屡得饮马窟。
> 邠郊入地底，泾水中荡潏。猛虎立我前，苍崖吼时裂。
> 菊垂今秋花，石带古车辙。青云动高兴，幽事亦可悦。
> 山果多琐细，罗生杂橡栗。或红如丹砂，或黑如点漆。
> 雨露之所濡，甘苦齐结实。缅思桃源内，益叹身世拙。
> 坡陀望鄜畤，岩谷互出没。我行已水滨，我仆犹木末。
> 鸱鸟鸣黄桑，野鼠拱乱穴。夜深经战场，寒月照白骨。
> 潼关百万师，往者散何卒。遂令半秦民，残害为异物。

杜甫走在去往羌村的路上，因为战乱，在路上遇到很多受伤的人，

九成宫

田野里也一片萧瑟荒凉。在离开凤翔时杜甫不断地回望,只见旌旗在傍晚的霞光中忽隐忽现。这条路基本都是山路,路边不时出现饮马的水池,那是战争留下的痕迹。

杜甫北征的路线,大体上是从西南走向东北,即从凤翔出发,经麟游、邠州、宜君、鄜州,到达羌村。自凤翔向东北行约80公里,杜甫来到麟游,这里属于山区,丘壑纵横,路途难行。根据杜甫《九成宫》一诗,可知杜甫在北征途中曾经过麟游的九成宫。

九成宫位于麟游县北马坊河口的天台山下,是隋唐帝王的避暑之所,初建于隋文帝开皇十三年(593),开皇十五年(595)完工,初名仁寿宫。当时由于督造甚急,死者万数。九成宫的宫殿依山傍水,建筑华丽,隋文帝常到这里避暑,最后也死在这里。因为这里地势较高,所以夏季非常凉爽。唐贞观年间,仁寿宫被重新修缮,修缮后的宫殿"高阁周建，长廊四起。栋宇胶葛，台榭参差"，遂更名为九成宫。贞观六年（632）三月，唐太宗首次到九成宫避暑。他闲步西城之阴，踌躇高阁之下，发现土有微润，以杖导之，竟有泉涌出，其清若镜，味甘如醴。唐太宗命魏徵撰文，欧阳询书写，刻碑立石，以记其事，这就是著名的《九成宫醴泉铭》，石碑至今藏在九成宫内。现在的九成宫是重修的，依然是宫殿巍峨，但唐代建筑已无存。九成宫附近有一片水面，位于北马坊河与杜水的交汇处，今称"西海"。唐代曾于此筑堤造湖，广建亭台楼阁，相当于九成宫的御花园。杜甫路过此地，看到了九成宫的宫殿，还看到了宫殿的看守。这里是帝王游玩享乐之地，行经此地的杜甫心中充满了对国家的担忧，不禁发出深深的叹息。

　　杜甫自麟游向东北行七十公里，就到达陕西省彬州，即唐代的邠州。这里是周之故地，公刘故里，属黄土高原地区，到处都是丘

彬州市

陵沟壑。邠州的州治建在一片山间平原上，从山上望去，如在地底。现在彬州市有一座紫薇山，从山顶还可以看到"邠郊入地底"的景象。泾水从州治的旁边流过，在山谷中流向远方。

这里有一座大佛寺，在今彬州市西北十公里处。该寺建于唐贞观二年（628），相传为尉迟敬德监修，建造该寺是为了悼念邠州浅水原大战中阵亡的将士。寺内有石佛坐像，高八丈五尺，佛像庄严。另有丈八佛窟，开凿于北周时期，内有一佛二菩萨立像。该寺非常有名，往来行人莫不游观，不知道当年行经此地的杜甫是否曾入寺游览。

从凤翔到邠州，杜甫一直是步行。经过邠州时，杜甫熟识的将军李嗣业正驻扎在这里，杜甫遂写诗向他借马。[①] 这位李嗣业是大唐名将，他是京兆高陵人，身长七尺，壮勇绝伦。天宝初年随募至安西，频经战斗，久仕边陲，善用陌刀，所向必陷。安史叛军陷两京，肃宗诏李嗣业统众赴行在为先锋将，他常持大棒冲击，亲当矢石，所向披靡。肃宗在凤翔时，李嗣业驻扎在邠州一带，所以杜甫得以向他借马。到至德二载（757）九月，也就是杜甫向李嗣业借马不久，李嗣业即带兵从广平王收复长安，与叛军大战于香积寺北。嗣业为前军，时叛军精锐突入官军队伍，嗣业脱衣徒搏，执长刀立于阵前，杀十数人，贼将大败。乾元二年（759），诸将围相州，李嗣业为流矢所中。当其箭伤未愈时，忽闻金鼓之声，李嗣业大叫一声，伤口迸裂，流血数升而卒，其人可谓壮节可嘉。"妻子山中哭向天，须公枥上追风骠"，也许邠州以后的道路杜甫就是骑马而行了。

杜甫自彬州北行三十五公里到达旬邑，继续北行一百五十公里

---

① 　参见《徒步归行》。

玉华宫遗址

抵达宜君，这里有初唐时期建造的离宫玉华宫。玉华宫位于坊州宜君县，今铜川市印台区玉华镇玉华村附近。这座宫殿建于武德年间，原名仁智宫。贞观二十一年（647），唐太宗命将作大匠阎立德予以扩建，更名为玉华宫，当时有玉华殿、排云殿、庆云殿、肃成殿、紫薇殿等建筑。除正殿覆瓦外，其余都覆以茅草。唐太宗曾巡游玉华宫，并作《玉华宫铭》。肃成院是玄奘译经之地。在太宗时期，玄奘就曾在这里翻译佛经。唐高宗永徽二年（651），改玉华宫为玉华寺。玄奘于显庆四年（659）十月移居玉华寺翻译佛经，六年之中译出佛经十四部 682 卷，占其译经总数的一半以上。他在此创立了法相宗，使玉华宫成为法相宗的祖庭。现在，肃成院遗址及玄奘译经的石窟尚存，新修的建筑则有玄奘纪念馆、玄奘佛学院、玄奘广场、玉华博物馆等。杜甫于至德二载（757）八月经过此地，此时的玉华宫已经废弃。他看到宫殿上有青黑的老鼠在跳跃，房间里鬼火闪烁，毁坏的道路上满是积水，几匹残破的石马还是当年玉华宫的旧物。面对残破的宫殿，杜甫坐在草地上流下泪来。

杜甫继续前行，时当秋天，金黄色的菊花遍地开放，路旁的山果树都结出了果实，这些山果红的如同丹砂，黑的如同乌漆。虽然国事堪忧，但杜甫感到山间幽美的景色可以悦人心怀，使人兴致高远。但在夜晚经过一片战场时，杜甫看到月光照在白骨之上，又听到鸟儿在树上悲鸣，联想到上一年的潼关之败，他又感到痛彻心扉。

经过长途跋涉，杜甫终于回到了羌村的家中，《北征》的第三段即写见到家人的悲喜之状。诗云：

> 况我堕胡尘，及归尽华发。经年至茅屋，妻子衣百结。
> 恸哭松声回，悲泉共幽咽。平生所娇儿，颜色白胜雪。
> 见耶背面啼，垢腻脚不袜。床前两小女，补缀才过膝。
> 海图坼波涛，旧绣移曲折。天吴及紫凤，颠倒在裋褐。
> 老夫情怀恶，呕泄卧数日。那无囊中帛，救汝寒凛栗。
> 粉黛亦解苞，衾裯稍罗列。瘦妻面复光，痴女头自栉。
> 学母无不为，晓妆随手抹。移时施朱铅，狼藉画眉阔。
> 生还对童稚，似欲忘饥渴。问事竞挽须，谁能即瞋喝。
> 翻思在贼愁，甘受杂乱聒。新归且慰意，生理焉得说。

根据杜甫的《羌村三首》，我们知道杜甫是在一个彩霞满天的傍晚回到羌村的。杜甫在去年的八月离开羌村，今年的闰八月回来，这样算来他离开家人已经有一年时间。在这一年当中他曾身禁长安，历尽艰危，再次回来时已是满头白发。杜甫终于见到了家人，家人不相信他居然还能活着回来。

在战乱之中，家人的生活非常贫苦，妻子儿女都衣衫褴褛。一家人相见，悲不自胜。他的两个儿子宗文和宗武，脚上连袜子都没有，见到父亲回来，都转过身去哭泣。他的两个小女儿也穿着破烂的衣服，用碎布缝补的衣服刚刚盖住膝盖。杜甫在羌村的邻居也隔着院子的矮墙和杜甫打招呼，并发出一声声感慨与叹息。杜甫打开行囊，拿出带给家人的衣物和化妆品。妻子的脸上增添了光彩，小女儿也开始学母亲化妆。孩子们还过来揪着杜甫的胡子问这问那，他们担心刚刚回家的父亲再次匆匆离去。杜甫想到在长安的危险日子，也甘心接受孩子们的吵闹。

听说杜甫回来了，羌村的四五位父老乡亲带着酒到家里来看望他。他们对杜甫说这酒不如往年的好，因为土地没有人耕种。战争还没有结束，孩子们都去从军打仗了。杜甫感叹羌村父老的一片真情，不禁高歌一曲。歌曲唱罢，羌村父老一个个老泪纵横。

在与家人团聚期间，杜甫也不能忘记国事，《北征》接下来写的就是对朝政的意见。诗云：

> 至尊尚蒙尘，几日休练卒。仰观天色改，坐觉妖氛豁。
> 阴风西北来，惨澹随回纥。其王愿助顺，其俗善驰突。
> 送兵五千人，驱马一万匹。此辈少为贵，四方服勇决。
> 所用皆鹰腾，破敌过箭疾。圣心颇虚伫，时议气欲夺。

> 伊洛指掌收，西京不足拔。官军请深入，蓄锐可俱发。
> 此举开青徐，旋瞻略恒碣。昊天积霜露，正气有肃杀。
> 祸转亡胡岁，势成擒胡月。胡命其能久，皇纲未宜绝。

杜甫指出，两京尚未收复，唐肃宗尚在蒙受风尘，但现在整个时局都在好转，叛军的气焰即将熄灭。在《北征》中，杜甫重点谈了借兵回纥的问题。原来，在上年八月，回纥就遣使请求和亲，表示愿助国讨贼。九月，肃宗答应了和亲的请求，并册封回纥可汗女为毗伽公主。到至德元载（756）十一月，回纥已经引军前来参战，并与郭子仪军同破叛军同罗部三千余众。九月，郭子仪以回纥兵精，劝肃宗益征其兵以击贼，遂向回纥请兵。九月初二日，肃宗纳回纥公主为妃，回纥叶护太子率兵四千到凤翔，助国讨贼。肃宗接见叶护，宴劳赏赐，惟其所欲。

回纥兵在平叛中起到了一定作用。九月十二日，广平王李俶统朔方、安西、回纥、南蛮、大食之众二十万发凤翔，东向讨贼。李俶见叶护，与其约为兄弟。二十七日，与贼将安守忠、李归仁等战于香积寺西北，贼军大败，斩首六万级，贼帅张通儒弃京城东走。二十八日，广平王收西京。

杜甫敏锐地察觉到借兵回纥的好处及隐患，主张以少借兵为好。果然，借兵回纥的隐患逐渐暴露。最初，肃宗借兵时与回纥有约，收京之后，土地士庶归唐，金帛子女皆归回纥。所以，收京后回纥军拟在长安大肆抢劫，后被广平王李俶劝止，长安才躲过这场劫难。十月十八日，广平王李俶入东京，回纥又欲抢劫，东京父老献罗锦万匹，回纥才没有在东京大肆抢劫。到至德二载（757）十一月十五日，肃宗加封叶护为司空、忠义王，并约定每年送给回纥绢二万匹，作为其出兵助战的酬劳。

　　杜甫在诗中预言官军会取得胜利。他说，长安和洛阳很快就会被攻占，青州和徐州一带以及河北、山西等地也会很快被收复。叛军必然灭亡，大唐的纲纪永远不会断绝。

　　在《北征》的最后，杜甫更是进一步说明大唐的中兴即将到来，他说：

> 忆昨狼狈初，事与古先别。奸臣竟菹醢，同恶随荡析。
> 不闻夏殷衰，中自诛褒妲。周汉获再兴，宣光果明哲。
> 桓桓陈将军，仗钺奋忠烈。微尔人尽非，于今国犹活。
> 凄凉大同殿，寂寞白兽闼。都人望翠华，佳气向金阙。
> 园陵固有神，扫洒数不缺。煌煌太宗业，树立甚宏达。

杜甫在诗中回忆了上年潼关失守、玄宗幸蜀的事件，认为当时玄宗采取的措施是非常英明的，他不仅处死了杨国忠，也将杨氏家族及其党羽清理干净，就连深受宠幸的杨贵妃也没有放过，这是古代的君王所不能做到的。正因为如此，大唐才有可能中兴，而唐肃宗果真是一位英明的君主。还有那位陈玄礼将军，他率兵锄奸，也功绩卓著。正是因为有了他，大唐的国运才得以延续。如今，京城的人民都盼望着肃宗皇帝归来，大唐列祖列宗的神灵也一定会保佑李唐朝廷。太宗所开创的大唐基业，一定会前途光明。杜甫在诗中这样说，是以太宗开创的大唐基业以及李唐前代皇帝的光荣来激励唐肃宗完成中兴伟业，其中多少含有某种对唐肃宗的规劝和隐忧，杜甫只是将这种隐忧表述得较为含蓄而已。

　　自凤翔至羌村，杜甫的北征之路约四百五十公里。至德二载

（757）九月到十月间，官军先后收复了长安和洛阳。十月二十三日，肃宗还西京。百姓出城门奉迎，二十里不绝，舞跃呼万岁。十一月，肃宗御丹凤楼，大赦天下。得此消息，杜甫一家遂于至德二载十一月返回长安。

重返长安

安史之乱尚未平息，但收复两京毕竟是大唐朝廷的重大胜利。唐肃宗在至德二载（757）十月二十三日回到长安，杜甫也于十一月带领家人回到了长安并在朝廷任职。

一

此时的长安城一片凋敝，连供奉大唐祖先的太庙也已被安史叛军焚毁。肃宗既愤怒又伤心，他身穿素服，在被焚毁的太庙之前痛哭了三天。肃宗痛恨叛军，更痛恨那些投降叛军的官吏，所以在这个月大赦天下时，那些"与安禄山同反者"并未得到赦免。同月，朝廷命令对陷贼官员"六等定罪"，杜甫的好朋友郑虔因曾被逼迫接受伪职，被贬为台州司户参军。台州远在浙江，司户参军是州刺史的属吏，掌户籍、计帐、道路、逆旅、田畴、六畜诸事，在台州这样的上州也只是个从七品下的小官。遗憾的是，郑虔离开长安到台州任职时，杜甫没能赶来送别，只是写了一首诗：

> 郑公樗散鬓成丝，酒后常称老画师。
> 万里伤心严谴日，百年垂死中兴时。
> 苍惶已就长途往，邂逅无端出饯迟。

便与先生应永诀，九重泉路尽交期。

这首诗作于至德二载（757）十二月，诗题为《送郑十八虔贬台州司户，伤其临老陷贼之故，阙为面别，情见于诗》。杜甫的好朋友郑虔被贬台州，杜甫竟然"阙为面别"，这是因为当时朝廷处理陷贼官员的措施非常严厉。

朝廷对陷贼官吏的态度先后颇有不同。在收复长安之前，朝廷颁布了《宣慰两京官吏敕》，其中说："或强逼驱驰，或伪署官爵。事不获已，皆是胁从。朕深悉焉，无怀反侧。……卿等代承国恩，家传禄位，乃祖乃父，为我纯臣，虽陷贼中，固深忧愤。是用恻隐，预悯于怀。宜各自安，更勿惶惧。"表示这些陷贼官员均是出于"协从"，都可获得宽大处理。至德二载十月十八日，广平王李俶收复洛阳，大陈兵天津桥，伪侍中陈希烈等三百人素服叩头待罪，李俶安慰他们说："公等胁污，非反也，天子有诏赦罪，皆复而官。"众大喜。这些宽容的说法，都是出于稳定人心的需要。

但是，两京收复后，朝廷对待陷贼官吏的态度发生了改变。至德二载十月二十三日，也就是李俶许诺"皆复而官"一个多月之后，肃宗回到长安，当即命令文武协从官免冠徒跣，朝堂待罪，禁之府狱，命中丞崔器对他们严加审问。到十二月初三日，受贼伪署左相陈希烈、达奚珣等二百余人并禁于杨国忠宅。到这个月的二十七日，朝廷下达了严厉的诏书，中云："人臣之节，有死无二，……夫以犬马微贱之畜，犹知恋主，龟蛇蠢动之类，皆能报恩。岂曰人臣，曾无感激，有靦面目，事于寇仇。乱臣贼子，何以过也。……受任于枭獍之间，咨谋于豺虺之辈，静言思此，情何可矜。"就在诏书下达的当天，斩达奚珣等十一人于子城西南隅独柳树，集百官参观行刑。此外，陈希烈等七人于大理寺狱赐自尽，达奚挚等二十一人于京兆府门决重杖死。

郑虔被流放台州，正是在此背景之下。在这种恐怖的氛围中，杜甫根本不敢去送郑虔。其实，肃宗原本想听从崔器的意见把这些人全部处死，只是后来采纳了李岘的意见才对陷贼官员分六等定罪。对愤怒的肃宗来说，也许"六等定罪"已经是非常宽容了。在两京先后被收复、大唐中兴有望的日子里，郑虔竟然以老迈之身被贬到万里之外，杜甫对这位老友的遭遇非常同情。况且郑虔本是心向朝廷的，他曾"潜以密章达灵武"，有着密通消息的功劳。

乾元元年（758）二月初五日，朝廷的政策又一次改变，肃宗下诏云："陷贼官先推鞫者，例减罪一等。"这年六月，肃宗又下诏云："两京官被贼逼授伪官、三司推问未了者，一切放免。"朝廷最终显示了它的宽大，但杜甫的好友郑虔此时应该已在万里之外了。自此以后，杜甫与郑虔终生再未相见。郑虔离开长安之后，重视友情的杜甫曾去郑虔的故宅探望，并写出了"乱后故人双别泪，春深逐客一浮萍"的句子，表达了对这位老友的怀念。

二

回到长安后，杜甫任职于大明宫，工作兢兢业业。大明宫在长安的东北部，南接京城，西接太极宫之东北隅。南北五里，东西三里。这里北据高原，南望长安，每天晴日朗，终南山及坊市街陌历历在目。自唐高宗开始，这里就是大唐的政治中心。

大明宫的南门为丹凤门，向北依次为含元殿、宣政殿、紫宸殿。含元殿为大明宫正殿，是皇帝举行元日、冬至大朝会的地方。它建在高约十五米的平台上，高大雄伟，当时是长安城最宏伟的建筑。

大明宫遗址

含元殿以北三百米处为宣政殿，这里是大明宫的第二大殿，是三座正殿的核心。宣政殿是举行小规模朝会的地方，唐代的政府机构，如中书省、门下省、御史台、弘文馆、史馆等，都设在宣政殿两侧。宣政殿的东侧为崇明门，西侧为光顺门。杜甫在门下省任左拾遗，门下省就在宣政殿东侧，故杜甫诗云："宫中每出归东省，会送夔龙集凤池。"宣政殿以北一百米为紫宸殿，皇帝经常在这里接见群臣或外国使节。

紫宸殿以北是环绕在太液池周边的园林区和生活区。太液池分东池和西池，之间以沟渠连接。池中有蓬莱、瀛洲、方丈三岛，蓬莱岛上建有太液亭。太液池以北是玄武门和重玄门，即大明宫的北门。现在，大明宫遗址尚存，该遗址有 3.2 平方公里，包括九座宫门遗址和三十七座建筑遗址。

杜甫任职于大明宫，他有时会在早晨进入这座富丽的宫殿，当太阳升起时，那些建筑上的匾额就被照耀得金光闪闪，建筑前的旗帜也随风飘荡。宫殿之外到处绿草如茵，宫殿之内则是炉烟袅袅。杜甫任职于门下省，这里长着高大的梧桐和低矮的竹丛。他常在紫宸殿朝见皇帝，只见百官分成两行进入殿中，殿上香气飘荡，群臣庄严肃穆。杜甫有时在大明宫内值夜，他看到宫内暮色降临，群鸟归巢，月光皎洁，群星灿烂。他忠于职守，每每希望自己的谏言对朝廷政事有所帮助。①

至德二载（757）的冬天十分温暖，在腊月初八这天，柳树居然已经开始吐出嫩黄的叶子。杜甫这天在大明宫的紫宸殿上朝，和群臣一起获得了唐肃宗赏赐的口脂和面药，这让杜甫颇为高兴。②

到至德三载（758）的二月初五，肃宗登上大明宫的南门城楼明凤门，宣布大赦天下，改元乾元。这座明凤门原称丹凤门，至德二载正月二十七日改称明凤门。这年春天，中书舍人贾至写了一首《早朝大明宫》，杜甫、王维、岑参等都写了和诗。杜甫《奉和贾至舍人早朝大明宫》诗云：“五夜漏声催晓箭，九重春色醉仙桃。旌旗日暖龙蛇动，宫殿风微燕雀高。朝罢香烟携满袖，诗成珠玉在挥毫。欲知世掌丝纶美，池上于今有凤毛。”诗赞颂大明宫的景色及贾至的文采，用词雍容典雅。王维的和诗中有“九天阊阖开宫殿，万国衣冠拜冕旒”的佳句，也堪称绝唱。杜甫与岑参本来就是熟识的好友，现在同在大明宫为官，两人此时也有诗歌唱和。

尽管安史之乱尚未平息，但长安的生活似乎已经恢复平静。可

---

① 参见《奉和贾至舍人早朝大明宫》《宣政殿退朝晚出左掖》《春宿左省》。
② 参见《腊日》。

是，在平静的表象之下却潜藏着一股股暗流。随着两京收复，上皇还京，唐肃宗和唐玄宗之间的矛盾变得愈来愈明显。

至德二载（757）十一月二十二日，上皇回京行至凤翔，跟随他的士兵有六百余人。肃宗派精骑三千人前往迎接，并命令收缴了护卫上皇士卒的兵器甲仗。但此时，肃宗对上皇还保留了表面上的恭敬。十二月初三日，上皇至咸阳，肃宗到此地的望贤宫迎候。

肃宗惯会作表面文章，他假意脱下皇帝穿的黄袍，换上大臣的紫袍，恭敬地拜于楼下。上皇自望贤宫南楼下楼，抚肃宗而泣，肃宗也呜咽不止。上皇要来黄袍，亲自为肃宗穿上。十二月初四日，自咸阳还长安，肃宗亲自为上皇牵马。上皇说："吾为天子五十年，未为贵。今为天子父，乃贵耳。"上皇自开远门进入大明宫，御含

兴庆宫遗址

元殿，慰抚百官，但当天就被安排到兴庆宫居住。肃宗又假意上表请求避位，还东宫继续做太子，上皇自然不敢答应。

乾元元年（758）春正月初五日，上皇又到大明宫宣政殿为肃宗加尊号，肃宗也为上皇加尊号曰"太上至道圣皇天帝"。表面的尊重掩盖不了实质上的冷漠和隔阂，上皇已经失去了所有的权力。他坚持要处死担任安禄山伪职的张垍，但张垍最后还是在肃宗的保护下活了下来。上皇居住在南内兴庆宫，曾与梨园子弟夜登勤政楼，命歌贵妃所制《凉州词》，并亲用玉笛伴奏，曲罢掩泣。上皇的凄凉心境，表明他回京后没有得到善待。实际上，上皇此时已经处于严密的监视之中，其一举一动都在肃宗的监视之下。

朝廷政治影响着杜甫的心境，杜甫此时的心情实际上颇为压抑，经常到曲江附近消解愁闷。他有时坐在曲江边的小亭中，看花朵在春雨中摇曳。有时则在曲江边自斟自饮，一直坐到傍晚。"自知白发非春事，且进芳樽恋物华"，国事堪忧，官场失意，苦闷的杜甫只能在杯酒之间寻找解脱了。在此期间，杜甫曾作《曲江二首》云：

> 一片花飞减却春，风飘万点正愁人。
> 且看欲尽花经眼，莫厌伤多酒入唇。
> 江上小堂巢翡翠，苑边高冢卧麒麟。
> 细推物理须行乐，何用浮名绊此身。

> 朝回日日典春衣，每日江头尽醉归。
> 酒债寻常行处有，人生七十古来稀。
> 穿花蛱蝶深深见，点水蜻蜓款款飞。
> 传语风光共流转，暂时相赏莫相违。

曲江

在这首诗中，我们看到了一个百无聊赖的苦闷甚至是痛苦的杜甫。暮春时节，曲江边落花飘零，蝴蝶和蜻蜓在水边飞来飞去。杜甫经常到这里典衣沽酒、自斟自饮，试图摆脱深藏在心底的悲哀。因为心情苦闷，他常常喝到大醉才回家。这种颓唐而又无奈的情绪，使我们看到杜甫对朝廷政治的失望和其仕途的不顺与失意。杜甫这时有一位邻居名叫毕曜，他官职卑微，家境贫困，形貌衰老，杜甫经常与他谈论诗文、喝酒解忧。

乾元元年（758）四月十三日，肃宗亲享九庙，又到圆丘祭天，杜甫作为近臣参加了祭祀活动。五月初五日端午节，身为左拾遗的杜甫与诸多大臣一样得到了肃宗皇帝赏赐的衣服。端午赏赐大臣衣服器物，是初唐时期就已形成的惯例。杜甫得到的是一件细葛织成的衣服，又轻又薄，夏季穿上非常凉爽。他得到赐衣有点高兴，表示将终身感念肃宗的"圣情"，但他想不到的是，这是他最后一次得到皇帝赏赐的衣物了。[①]

这一年，肃宗与上皇之间子孝父慈的大戏还在不断上演，但肃宗此时已开始排斥玄宗旧臣。最早被排斥的当是贾至。贾至是洛阳人，其父贾曾在开元年间曾掌制诰。贾至在天宝年间明经擢第，天宝末年官起居舍人，知制诰。他跟随玄宗至四川，曾撰写传位肃宗的册文。玄宗说："先天诰命，乃父所为。今兹大册，尔又为之。两朝盛典，出卿家父子，可谓继美矣。"后充册礼使判官，与房琯等一起奉册文至灵武。肃宗认为他是玄宗旧臣，故在乾元元年（758）暮春将其贬为汝州刺史。杜甫伤心地为贾至送行，安慰他说刺史也是高官，千万不要为离开朝廷愁白了双鬓。[②]

这年六月，又贬房琯为邠州刺史，严武为巴州刺史，刘秩为阆州刺史。房琯在凤翔就已被肃宗疏远，罢免宰相。收京之后，肃宗对扈从大臣策勋行赏，房琯也加金紫光禄大夫，进封清河郡公。但房琯的确有其性格上的缺陷，他招纳宾客，结交朋党，自称有文武之才，应该被朝廷重用，但又称病不朝，旷于政事。所以，房琯之被贬斥，除因其为玄宗旧臣外，实有其自身的原因。

严武是中书侍郎严挺之之子，以门荫任太原府参军事，天宝六载（747），陇右节度使哥舒翰推荐其为判官，累迁侍御史。安史之乱爆发，他自河陇随玄宗入蜀，擢谏议大夫。后赴灵武，房琯以其为名臣之子，才略可称，荐为给事中。所以，严武亦属于房琯一党。两京收复后，严武任京兆少尹、兼御史中丞。他被贬为巴州刺史，

---

① 参见《端午日赐衣》。
② 参见《送贾阁老出汝州》。

是因为受到房琯的牵连。刘秩是刘知己的儿子，开元年间进士及第，后任左卫兵曹，转左监门卫录事参军、宪部员外郎等职。至德元载（756），迁太子右庶子、给事中。房琯对其非常信任，曾令其为参谋，辅助自己带兵出征。但刘秩本是书生，不知军旅之事，最终导致大败。收京后，刘秩任尚书右丞，转国子祭酒。因其属房琯一党，故亦被贬斥。

　　不幸的是，杜甫曾疏救房琯，所以也被认为是房琯一党，居然也在被贬斥之列。乾元元年（758）六月，杜甫被贬为华州司功参军。杜甫离开长安，赴华州上任，临行前到长安城西的金光门与亲友告别。杜甫回到长安任职大明宫是在至德二载（757）十一月，从那时到现在不过六七个月时间。杜甫投奔肃宗时曾由金光门逃出，那时是至德二载四月，当时这里还在被安禄山占领中，到处都是胡兵。从那时到现在，也不过一年零两个月的时间。杜甫想不到今天又出此门，到华州去上任。此时的杜甫已是满头白发，他在离别之际禁不住又一次勒马，回望长安。①

华州司功参军任上

　　华州距离长安约一百公里，地处渭河与秦岭之间，下辖郑县、华阴、下邽、栎阳四县，州治在郑县。杜甫担任的司功参军是州刺史的属吏，掌管官吏考课、祭祀、礼乐、学校、选举、表疏、医筮、考课、丧葬之事。

　　杜甫到任之后，为华州刺史郭某撰写了《灭残寇形势图状》，

---

①　参见《至德二载甫自京金光门出间道归凤翔乾元初从左拾遗移华州掾与亲故别因出此门有悲往事》。

提出了剿灭叛军的建议。稍后，杜甫又代郭刺史拟定了乾元元年
（758）华州试进士策问，共计五问。司功参军职责较多，每天公
事不断。这年夏天天气很热，一直到立秋过后十多天，天气依然酷
热难耐。杜甫的房间晚上有蝎子满地乱爬，初秋时节又出现了很多
四处乱飞的苍蝇。他穿衣束带办理公事，心情无比烦躁，而需要办
理的公文堆积如山，不知何时才能处理完毕。杜甫心情烦躁，盼望
着酷热的天气赶紧过去，希望冬天尽快到来，自己一定赤脚踩在冰
块上凉快一下。①

　　华州的州治郑县有一座郑县亭子，杜甫此间也曾前往游览。这
座亭子在涧水边上，四周花柳明媚，群鸟飞翔。杜甫在公务之余登
亭望远，颇有诗兴。②为纪念杜甫，后人曾在郑县故城东北三里建
游春亭，又称之为"杜基"。西岳华山在华州境内，杜甫公事烦躁，
就想去登一下华山。其《望岳》云：

> 西岳峻嶒竦处尊，诸峰罗立如儿孙。
> 安得仙人九节杖，拄到玉女洗头盆。
> 车箱入谷无归路，箭栝通天有一门。
> 稍待西风凉冷后，高寻白帝问真源。

这是杜甫创作的第二首《望岳》，诗中描写了华山的雄伟高峻。华
山向以奇险著称，分东、西、南、北、中五峰，东峰称朝阳峰，适
合观看日出。西峰称莲花峰，石如莲瓣。南峰为落雁峰，是华山之
巅。北峰称云台峰，云雾缥缈。中峰称玉女峰，传为弄玉与萧史归

---

① 参见《早秋苦热堆案相仍》。
② 参见《题郑县亭子》。

华岳庙

隐之地。华山是道教"十大洞天"之一，山上道观较多。现在的华
山依旧高耸入云，是人们喜欢的游览胜地。山下有华岳庙，规模宏
大，被称为"五岳第一庙"。其灏灵殿有大殿七间，周遭建有回廊，
是祭祀岳神的地方。又有汉代的《西岳华山庙碑》、唐玄宗《御制
华山碑铭》（明代重刻）、李攀龙撰《太华山记石幢》、明嘉靖《重
修西岳庙碑》、清康熙御书《露凝仙掌碑》等碑刻。杜甫仰望华山，

藍水遠從千澗落
玉山高並兩峰寒

［清］王时敏《杜甫诗意图册》

希望天气转凉之后能登上华山之巅。

　　这年秋天，杜甫到蓝田县访王维及其内兄崔季重，但没有遇到王维。他在蓝田崔氏庄度过了重阳节，作《九日蓝田崔氏庄》云：

老去悲秋强自宽，兴来今日尽君欢。
羞将短发还吹帽，笑倩旁人为正冠。
蓝水远从千涧落，玉山高并两峰寒。
明年此会知谁健？醉把茱萸子细看。

蓝田崔氏庄及王维的辋川别业在今陕西省蓝田县辋川镇，这里有山水之盛，又盛产美玉，山谷间蕴含着秀气。此时天气已经颇为凉爽，崔氏庄环境清幽，玉山高耸，蓝水奔流。杜甫在左拾遗任上时曾与

王维墓

王维有过交往，但此时王维未在辋川，其辋川别墅大门紧锁，只能隔墙看到里面的满庭松竹。崔季重热情好客，饭菜很丰盛，杜甫虽略有悲秋叹老之意，却又自宽自解，与主人尽情畅饮。杜甫欢饮的崔氏庄及辋川别业，遗址在今辋川镇白家坪村村南，这里也是王维墓和唐代鹿苑寺遗址。现在这里有一棵高大的银杏树，传为王维手植。

华州一带盛产鸬、乌鹊、茯苓、伏神、细辛等，每年以此进贡朝廷。杜甫赴华州时，曾答应给司勋员外郎杨绾寄一些茯苓。杨绾就是华州人，对这里的物产十分清楚。他同杜甫一样，也曾自长安奔赴行在，所以与杜甫熟识。但杜甫发现华州的茯苓居然颇难寻觅，遂托路过的杨少府带信给杨绾，说明年春天自己再到树林中挖掘试试，到时候还要为他寻找一条老藤做的拐杖，一并奉上。[①] 这位杨绾后来官至高位，曾任吏部侍郎、国子祭酒、太常卿等职，并曾担任宰相。

乾元元年（758）的十一月十三日这天是冬至，杜甫想到去年的今天自己还在长安参加朝廷举行的冬至大典，一大早就进入大明宫去朝拜皇帝。那时朝堂上香烟缭绕，羽扇徐开，自己得以亲见皇帝的尊颜。想不到今年冬至，自己已流落到华州，做了司功参军。思今追昔，真是无限感慨。[②] 杜甫徘徊到华州东郊，在这里看到一匹瘦弱的老马。这是一匹被官军遗弃的老马，鬃毛稀疏暗淡，浑身沾满污泥。刹那间，杜甫觉得自己与这匹老马极为相似。[③]

杜甫在华州，经常想起朝廷中的故人，也非常想念在外地任职的朋友。但他最想念的还是自己的几位弟弟以及洛阳的故宅，于是决定在这年冬天回洛阳探望亲人。

---

① 参见《路逢襄阳杨少府入城戏呈杨四员外绾》。
② 参见《至日遣兴奉寄北省旧阁老两院故人二首》。
③ 参见《瘦马行》。

探亲洛阳

　　这是乾元元年（758）寒冷的冬末，杜甫从华州出发，去往洛阳。黄河岸边，大风吹起滚滚沙尘，让人睁不开眼睛。好在路上遇到孟云卿、刘颢等朋友，寒夜之中对酒畅谈，使杜甫体会到人情的可贵。杜甫还遇到一位姜七少府，此人原是杜甫的同僚，又一向仰慕杜甫的诗才，他招待杜甫吃了一次美味的鲜鱼片，让杜甫记忆深刻。[①]

　　杜甫要去的故宅就是杜家在洛阳陆浑庄的宅第。陆浑庄在洛阳南部，与杜家在偃师附近的土娄旧庄、尸乡土室并非一处。陆浑县一带风光秀美，历来是官僚士人游赏之所。在唐代，很多人在这里建筑别业隐居，这种风气甚至一直延续到宋金时期。根据此地的地理推测，杜家的陆浑庄宅第或在今陆浑水库附近的伊河岸边。

　　杜甫在陆浑庄并没有见到家人。他得到消息，弟弟杜颖此时流落在济州（今属山东）一带。因为战乱，杜甫与诸弟音讯不通，对他们非常思念。[②]杜甫在洛阳还听到一个不幸的消息，他的一位聪颖可爱的堂弟已经在战乱中去世三年，这让杜甫非常伤心。[③]

　　杜甫在洛阳期间，看到讨伐叛军的官军从城内经过。这些官军都是安西四镇的精锐，军容非常整齐，杜甫对此颇觉欣慰。[④]原来，乾元元年（758）的十一月初八日，郭子仪收魏州（今河北大名东北）。十二月初五日，以河南节度崔光远为魏州刺史。此时，官军将安庆绪围困于相州（今河北临漳县一带），城中食尽，安庆绪向史思明

① 参见《湖城东遇孟云卿复归刘颢宅宿宴饮散因为醉歌》《阌乡姜七少府设脍戏赠长歌》。
② 参见《忆弟二首》。
③ 参见《不归》。
④ 参见《观兵》。

求救。史思明率众来援，十二月二十九日复陷魏州，刺史崔光远出奔。乾元二年（759）正月初一日，史思明于魏州自称"大圣燕王"，僭立年号。

自乾元元年冬至乾元二年春，郭子仪等九节度使围邺城（今河北临漳县西南）。官军筑垒引水，城中井泉皆溢。安庆绪坚守以待史思明，城中食尽，一鼠值四千钱。因邺城被围，人皆以为克在朝夕。杜甫亦深受鼓舞，作《洗兵马》云：

> 中兴诸将收山东，捷书夜报清昼同。
> 河广传闻一苇过，胡危命在破竹中。
> 只残邺城不日得，独任朔方无限功。
> 京师皆骑汗血马，回纥喂肉蒲萄宫。
> 已喜皇威清海岱，常思仙仗过崆峒。
> 三年笛里关山月，万国兵前草木风。
> 成王功大心转小，郭相谋深古来少。
> 司徒清鉴悬明镜，尚书气与秋天杳。
> 二三豪俊为时出，整顿乾坤济时了。
> 东走无复忆鲈鱼，南飞觉有安巢鸟。
> 青春复随冠冕入，紫禁正耐烟花绕。
> 鹤驾通宵凤辇备，鸡鸣问寝龙楼晓。
> 攀龙附凤势莫当，天下尽化为侯王。
> 汝等岂知蒙帝力，时来不得夸身强。
> 关中既留萧丞相，幕下复用张子房。
> 张公一生江海客，身长九尺须眉苍。
> 征起适遇风云会，扶颠始知筹策良。

青袍白马更何有，后汉今周喜再昌。

寸地尺天皆入贡，奇祥异瑞争来送。

不知何国致白环，复道诸山得银瓮。

隐士休歌紫芝曲，词人解撰河清颂。

田家望望惜雨干，布谷处处催春种。

淇上健儿归莫懒，城南思妇愁多梦。

安得壮士挽天河，净洗甲兵长不用。

所谓"洗兵马"，出自左思《魏都赋》中"洗兵海岛，刷马江州"之句，即平叛胜利、刀枪入库之意。在这首诗里，杜甫表达了迎接胜利的喜悦心情，也表达了自己对朝廷的隐忧。

在诗的第一部分，杜甫概述了官军在邺城即将取得胜利的局势。诗中说，官军现在已经把叛军围困在邺城，捷报频传，胜利指日可待。官军为此已做好准备，回纥的军队也已饱餐战饭，准备决战。自天宝十四载（755）十一月安史之乱爆发至乾元二年（759）春，时间已经过去了三年。三年当中士兵都在为国征战，而百姓在风声鹤唳中流离奔波，也饱受了战争之苦。天子的足迹曾远涉甘肃的灵武一带，如今终于要一雪前耻，肃清山东一带的叛军了。

接下来，杜甫歌颂了中兴诸将的功绩。此时的兵马大元帅为肃宗之子李俶，当时他被封为成王，被立为太子，更名李豫。他功绩卓著而居安思危，变得越来越小心谨慎。而已经拜相的郭子仪扫清强寇，收复两京，树立功勋，古来少有。司徒李光弼明镜高悬，早就看清了史思明诈降的阴谋，兵部尚书王思礼也屡立战功，气概高远。他们拯救了国家，再造了大唐的中兴伟业。杜甫特别指出，两京收复，皇帝又回到了长安的大明宫。上皇回銮，皇上和太子每天都要去上皇的居所问安。凤辇，指皇帝的车驾。鹤驾，指太子的车驾。此歌颂皇帝和太子的孝道，实际上是寓讽于劝，劝勉肃宗要善待上皇。

在第三部分，杜甫对朝廷滥封爵赏提出批评，并希望朝廷起用房琯、张镐等大臣。在收京之后，原来在灵武拥戴肃宗的人都得到封赏，仿佛天下到处都是侯王。这些人攀龙附凤，倚仗权势，气焰极度嚣张。杜甫提出，朝廷应该起用原来被贬出朝廷的房琯和张镐，则叛军灭亡、大唐中兴将指日可待。

诗歌的第四部分写祥瑞纷呈，胜利在望。诗中指出，全国各地都在向朝廷呈报祥瑞，国家的中兴即将来临。杜甫希望隐士出山为世所用，希望词人准备歌颂即将到来的太平。农民已在准备春耕，布谷鸟也在催人去田间耕种。杜甫希望围攻邺城的士兵尽快消灭叛军，以便取得胜利后回乡与家人团聚。他还希望有壮士能力挽天河之水，洗净甲兵，使天下永归太平。杜甫此诗高词伟义，笔力矫健，全诗虽是为大唐祝捷，歌颂大唐中兴将至，但也隐含着诗人深深的忧虑和对朝廷的讽喻。

可悲的是，杜甫"净洗甲兵长不用"的美好期望和"鸡鸣问寝龙楼晓"的深情劝勉都没能实现。邺城被围之后，史思明自魏州引兵而来。他派诸将去城各五十里为营，击鼓威胁官军，又每营选精骑五百，日于城下骚扰，致使官军人马皆疲。史思明又派人破坏了官军的运粮线路，官军乏食，人思自溃。乾元二年（759）三月初六日，官军步骑六十万陈于安阳河（今属河南）北，史思明自将精兵五万与之对峙。因官军之诸军互不统属，邺城不能下。正当两军开战之际，忽然大风刮来，吹沙拔木，霎时天昏地暗，咫尺之间不能相辨。两军大惊，官军溃而向南，叛军溃而向北。官军的战马逃逸，甲仗遗弃殆尽。诸节度在大风之中各溃归本镇，郭子仪以朔方军退至河阳（今河南孟州西），断河阳桥以保洛阳。此时，洛阳士民已散奔山谷，官吏亦大多逃亡。溃散的官军四处劫掠，吏不能止。至此，官军聚歼叛军的努力付诸流水。

杜甫在诗中讽喻肃宗和太子尽孝，但肃宗实际上未能善待上皇。上皇回京后，肃宗对其看守非常严密。上皇初在兴庆宫安置，上元元年（760）七月被移居西内太极宫。上皇在兴庆宫原有厩马三百匹，移仗前一日，宦官李辅国索其马匹，仅留下十匹。上皇叹息道："我儿不得终孝道。"上皇至大明宫，向肃宗请求依旧在兴庆宫居住。自大明宫出来，行至夹城之中，李辅国率领铁骑数百人逼近御马，斩从者一人，逼迫上皇移居太极宫，此皆出于肃宗指使。侍奉上皇的宫婢十数人取来上皇随身衣物，一时号泣。自此开始，上皇不再进肉食。有一次，肃宗抱小公主见山人李唐于便殿，他请李唐不要见怪，李唐意味深长地说："太上皇亦应思见陛下。"劝勉肃宗善待上皇是杜甫此诗隐含的深意之一，但这种劝勉似乎丝毫未起作用。

自洛阳至华州

乾元二年（759）春，也许是在三月初六日官军与叛军决战前后，杜甫离开洛阳，奔赴华州。他自洛阳至华州的具体路程为：洛阳—陕州—灵宝—湖州—潼关—华州，此间要经过新安县、石壕村和潼关等地。

杜甫自洛阳西行三十公里，抵达新安县（今河南省新安县）。新安县在唐代属洛州，今有黛眉山及汉代函谷关遗址。汉代函谷关遗址在今新安县以东五公里处，位于秦岭东段崤山山脉和涧河河谷之中，北靠陇海铁路，临近新安县东关村。该遗址现存城墙、关楼和古道等，是汉代的楼船将军杨仆上书汉武帝后所建。

杜甫经过新安县，看到此地在大肆征兵，遂作《新安吏》纪其事，诗云：

客行新安道，喧呼闻点兵。借问新安吏，县小更无丁。
府帖昨夜下，次选中男行。中男绝短小，何以守王城。
肥男有母送，瘦男独伶俜。白水暮东流，青山犹哭声。
莫自使眼枯，收汝泪纵横。眼枯即见骨，天地终无情。
我军取相州，日夕望其平。岂意贼难料，归军星散营。
就粮近故垒，练卒依旧京。掘壕不到水，牧马役亦轻。
况乃王师顺，抚养甚分明。送行勿泣血，仆射如父兄。

新安县汉函谷关遗址

在邺城之战后，洛阳一带形势危急。为补充兵员，朝廷在洛阳以西到处征兵，临近洛阳的新安一带首当其冲。所以，当杜甫走到这里时，他正好看到这里征兵。因为屡次征兵，那些二十二岁以上的青年人在此前已经全部从军了，现在朝廷开始征十八岁以上的"中男"去当兵。可这些"中男"的个子还很矮小，他们如何去守卫王城呢？这些被征的孩子有的有家人来送行，有的只有孤零零的一个人。看着自己的孩子出征，送行的人一片哭声。见此情景，杜甫安慰他们说，孩子出征不会太远，就在洛阳附近。他们在军中也就是挖挖战壕、放放军马，活儿一点也不重。官军对士兵待遇优厚，郭子仪将军更是爱护士卒，所以请送行的人千万不要过于悲伤。可以看出，杜甫一方面对这些"中男"及其家人寄予深切的同情，一方面又站在国家立场对其劝慰，勉励他们从军报国，以早日消灭叛军。

离开新安县，杜甫沿官道继续西行，不久抵达石壕村（今河南省三门峡市陕州区石壕村）。在石壕村，杜甫看到了官军深夜捉人的惨剧，遂作《石壕吏》云：

> 暮投石壕村，有吏夜捉人。老翁逾墙走，老妇出看门。
> 吏呼一何怒，妇啼一何苦。听妇前致词，三男邺城戍。
> 一男附书至，二男新战死。存者且偷生，死者长已矣。
> 室中更无人，惟有乳下孙。有孙母未去，出入无完裙。
> 老妪力虽衰，请从吏夜归。急应河阳役，犹得备晨炊。
> 夜久语声绝，如闻泣幽咽。天明登前途，独与老翁别。

石壕村位于长安至洛阳的官道旁，这里东距新安县约六十五公里，西距潼关约一百四十公里。准确地说，石壕村在崤函古道北侧，其

石壕村

间直线距离约有一两公里。古道和石壕村之间有一条山谷，石壕村
在山谷之北的山前坡地上，而崤函古道则在山谷之南的山腰或山顶。

　　杜甫在傍晚时分投宿石壕村，当晚就发生了差役捉人的惨剧。
当差役来敲门时，老翁跳墙逃跑，老妇人前去开门。那些差役态度
蛮横，老妇人对他们说：自己有三个儿子在邺城一带从军，其中两
个儿子已经战死，现在家里只有儿媳和吃奶的孙子。她说自己愿意
跟差役走，也许在河阳军中还可以为士卒做饭。差役见无人可抓，
最后竟然将老妇人抓走了。第二天早晨，当杜甫离开石壕村时，他
只能与那位老翁告别。

　　石壕村是崤函古道上的旅客投宿之地。*其地在洛阳至陕州之
间，具体说来则是在硖石驿和乾壕之间。正因为此地是旅客投宿之

处，石壕村村民在历史上多以开村店谋生，其收入远远超过种田。所以，杜甫的投宿之处当在石壕村的村店之中，而不是老翁的家里。**现在的石壕村是一个东西狭长的小村，有一二百户人家。石壕村附近有"崤函古道"遗址，是丝绸之路上现存唯一的古代道路遗迹。

杜甫离开石壕村，继续前行，西行一百四十公里，到达潼关。杜甫经过潼关，看到官军正在抓紧修筑关隘，遂作《潼关吏》云：

> 士卒何草草，筑城潼关道。大城铁不如，小城万丈余。
> 借问潼关吏，修关还备胡。要我下马行，为我指山隅。
> 连云列战格，飞鸟不能逾。胡来但自守，岂复忧西都。
> 丈人视要处，窄狭容单车。艰难奋长戟，万古用一夫。
> 哀哉桃林战，百万化为鱼。请嘱防关将，慎勿学哥舒。

潼关的历史非常悠久，其位置在历史上曾多次迁移。杜甫经过潼关，只见士卒们正在忙着修筑潼关的城堡。潼关的关楼坚固如钢铁，关楼以东的禁谷边上还有十二连城，与关楼组成有纵深的防御系统。潼关的守吏邀请杜甫下马观看，只见潼关关楼高耸在一片高地之上，简直连鸟儿也不能飞过。通往关楼的只有一条狭窄小路，真可谓一夫当关，万夫莫开。敌军来了只要在这里拒守，长安的安全就一点也不用担忧。杜甫观看了潼关的地形，又听了守吏的介绍，不由想起三年前发生在这里的那场大战。当时，哥舒翰以二十万众守潼关。天宝十五载（756）六月，安禄山进攻潼关，哥舒翰本拟固守，但被迫出战，几乎全军覆没。哥舒翰投降了安禄山，潼关失守。杜甫请守吏转告潼关守将，一定要严守潼关，千万不要蹈哥舒翰的覆辙。

潼关关楼

在从洛阳返回华州的途中，除以上《新安吏》《石壕吏》《潼关吏》外，杜甫还创作了《新婚别》《垂老别》《无家别》三首著名的诗歌。《新婚别》写一对夫妻刚刚结婚，新娘就要送新婚丈夫上前线打仗的故事。这位新婚丈夫是要去河阳抵抗叛军，而这位新娘因为身份尚未明确，所以还不能去拜见公婆。在离别之际，这对新婚夫妻痛断肝肠。但新娘还是鼓励新郎不要以新婚为念，要在军中努力杀敌。她当着新婚丈夫的面洗掉红妆，决心等待自己的丈夫胜利归来。新婚告别当然十分悲惨，但这位新娘深明大义，对其丈夫说的都是鼓励劝勉之词，真情流露，感人至深。

《垂老别》写一位"子孙阵亡尽"的老翁愤而从军的故事。因为战事发生，这位老人临近老年也不得安宁。他的子孙都已经在战场上战死，他自己也决心出门从军，穿上甲胄，慷慨走向战场。他的老伴在冬天还穿着单衣，在路边放声痛哭，舍不得他走。明知道此去必然战死，老伴还在劝他加餐。他安慰老伴说官军的军事堡垒很坚固，地形险要，叛军也难以占领。此时的形势已经不同于邺城之战，所以没那么容易在战场上送命。如今整个国家都处在战乱之中，士卒的鲜血染红了大地，哪里都不是平安的乐土，所以自己也不再留恋故乡。在与自己的家人和茅屋告别的时候，这位老人只觉得满怀的忧伤。可见，这是一位性格倔强的老人，他心怀忧愤，故能在战乱之中告别老妻，以老迈之身投身战场。

《无家别》是一位再次服役的老兵的独白。在安史之乱后，这位老兵的家乡一片荒芜，故乡的百户人家都已逃散。他们之中有的人已死于战乱，即使是活着的也没有消息。这位老兵在兵败后返回故里，但故里只剩下一两个老妇人，其余人都已逃亡。街巷空空，只有狐狸在游荡。这位老兵本想务农度过余生，但县吏又让他去军中敲鼓。这次是在本州服役，但离别家乡之际已经没有人可以告别。自己的母亲在五年之前已经去世，自己一个人到哪里服役还不是一样。这位老兵像上一次从军一样离开自己的家乡，但这一次却是无家可别，真让人痛彻心扉。

以上《新安吏》《石壕吏》《潼关吏》《新婚别》《垂老别》《无家别》六首诗均创作于由洛阳回华州途中，一般被称为"三吏""三别"。这是杜甫的刻意之作，集中描写了安史之乱中底层士兵和百姓的形象，也反映了杜甫既同情百姓又支持抗击叛军的矛盾心情。

在回华州的途中，无论是国事还是民情，都令杜甫感到失意。但有一件事让杜甫颇为高兴，那就是他在途中遇到了他的好友卫八处士。杜甫作《赠卫八处士》纪其事，诗云：

> 人生不相见，动如参与商。今夕复何夕，共此灯烛光。
> 少壮能几时，鬓发各已苍。访旧半为鬼，惊呼热中肠。
> 焉知二十载，重上君子堂。昔别君未婚，儿女忽成行。
> 怡然敬父执，问我来何方。问答未及已，驱儿罗酒浆。
> 夜雨剪春韭，新炊间黄粱。主称会面难，一举累十觞。
> 十觞亦不醉，感子故意长。明日隔山岳，世事两茫茫。

从诗中看，这位卫八是杜甫多年未见的老友，他居家不仕，故称处士。杜甫经历了战乱中的流离奔逃，在此忽然遇到老友，不禁抚今追昔，悲喜交加。人生在世与朋友总是聚少离多，正缘于此，这样烛光中的长谈才显得无比珍贵。年轻的时候离别，想不到再次见面两人都已鬓发如霜。连卫八的儿女也都已长大，他们高兴地过来问候父亲的朋友。卫八一家为杜甫准备了酒饭，招待远来的客人。两位老友举酒对饮，喝了很多酒。故交久别，忽而相见，何等欣喜。但杜甫想到明天就要和这位老友告别，乱世之中，沧海桑田，世事翻覆，不知道何时才能再次相见。

杜甫自潼关西行五十五公里，抵达华州。从上年冬末到今年春天，杜甫的洛阳之行用时三四个月的时间。自此次回乡之后，杜甫再也没有回到过故乡。到乾元二年（759）七月立秋之后，杜甫辞去华州司功参军职务，携家离开华州，去往秦州（今甘肃天水）。①

　　自天宝十四载（755）十一月安史之乱爆发，到乾元二年（759）七月杜甫辞职离开华州，这段时间共计三年八个月左右。在这段时间里，杜甫共创作了120余首诗歌。这些诗歌最突出的特征就是其纪实性，无论是在长安创作的《哀江头》《哀王孙》《悲陈陶》《悲青坂》，还是在羌村创作的《羌村三首》《北征》，或是在洛阳创作的《洗兵马》，以及在自洛阳至华州的路上创作的"三吏""三别"，都以叙事为主，并用细致的笔触记录了那个时代的社会实况和实际人生。其中《洗兵马》《北征》等篇，在宏阔的社会背景下展示了诗人的经历与忧国忧民的心态，将叙事与议论融为一体，并使用了夹叙夹议的写法，表现出沉郁顿挫的风格。杜甫的曲江诗和宫廷诗使用近体较多，其成就不及古体，杜诗近体的成就此时还未能充分展现。特别值得一提的是，杜甫在这个时期创作了"三吏""三别"等诗歌，被称为"新题乐府"。这些诗歌都有一个歌辞性或叙事性的题目，三字的诗题很接近汉乐府的题目，并且这样的题目又带有一定的叙事性。其语言通俗浅切，在写法上以叙事为主。诗歌所涉及的内容是当时的时事，反映的也是社会问题。杜甫的"三吏""三别"等诗歌对白居易、元稹等人的诗歌创作有很大的启示。

注释：＊辛德勇认为："杜甫'暮投石壕村'，并不是当时'安史之乱'兵荒马乱情势所迫随便投宿了一个小村，而是当时只能在这里投宿。渑池至陕县之间是崤山北道上最为险仄的地段，石壕地当两地之间，恰为东来西往一日行程所止。"（辛德勇：《崤山古道琐证》，李久昌主编《崤函古道研究》，三秦出版社2009年版，第131页）

---

① 　参见《立秋后题》。

** 南宋郑刚中《西征道里记》一文云："（高宗绍兴九年六月）十三日，东西土壕、乾壕，宿石壕镇。杜甫作《石壕》《新安吏》二诗，即其地。"可知此次"西征"曾宿石壕，证明石壕在宋代犹是官道上的住宿之地。石壕在明代还是住宿之处，居民靠开"村店"谋生，获利颇丰，远超种田所得。可见杜甫住宿之处当亦是"村店"，而非老翁之家。历代论杜诸家中，唯清代施鸿保论此最确。其《读杜诗说》卷七云："上云'暮投石壕村'，是投此村旅店，不必即此翁家。'有吏夜捉人'云云，亦在村中所闻。"

第五章　自陇右至蜀中

乾元二年（759）是一个大旱之年，从三四月份起，关中平原就一直干旱少雨。因为久旱，朝廷在四月二十七日举行了祈雨仪式，但并没有什么效果。杜甫所在的华州也处在大旱之中，太阳照射大地，天气闷热无比。有时天上稀疏地降下几个雨点，连地面也不能打湿。池塘干涸，鸟儿热死，田间翻动着滚滚黄尘，一片荒芜。关辅大旱，百姓饥馑，而河北的战事尚在继续，不知道何日才能平息。[①]

从长安传来的消息更令人失望。原来，此时宫中有一位张皇后，气焰甚盛。她在天宝年间被选入太子宫中为良娣，因其巧辩，颇得宠信。安史之乱爆发，太子在玄宗幸蜀途中分兵朔方，这位张良娣曾赞成其事。至灵武，又曾为战士缝补衣服。肃宗即位，册为淑妃，后又册为皇后。收京之后，她与宦官李辅国勾结在一起，持权禁中，干预政事。在武则天做皇后期间，曾有群臣命妇朝皇后之礼。武氏之后，此礼久废。到乾元元年，张皇后又恢复了这项礼仪，且仪注甚盛。她又构陷诸王，威胁太子。

此时，干预朝政、权倾朝野的还有宦官李辅国。这位李辅国相貌丑陋，粗知文字、筹算，原来侍奉高力士，掌厩中簿籍，后入东宫服侍太子。安史之乱爆发后，玄宗幸蜀，李辅国扈从太子，曾献计诛杨国忠及分兵朔方。至灵武，又劝太子即帝位。由是，李辅国深得肃宗信任，得以参与军政大事。收京之后，拜殿中监。至德二

---

① 参见《夏日叹》。

载（757）十二月，加开府仪同三司，进封郑国公。此时，李辅国掌禁兵，又掌握朝廷大权，宰臣百司奏事，三司制狱，皆决于此人。每出行则有甲士数百人卫从，宰臣见之都要执子弟之礼。李辅国参与三司判案，轻重随意，人不敢违。又派数十人到民间侦察细事，人心恐惧。

　　也许是因为大旱带来的饥馑使杜甫一家在华州生活困顿，也许是出于对朝廷政治的失望，杜甫于乾元二年（759）七月辞去了华州司功参军一职，携家去往秦州（今甘肃天水）。

自华州至秦州

　　杜甫有致君尧舜的理想，本想在政治上有所作为。现在弃官他往，自然心绪万端。他作《立秋后题》云："日月不相饶，节序昨夜隔。玄蝉无停号，秋燕已如客。平生独往愿，惆怅年半百。罢官亦由人，何事拘形役？"此诗作于立秋后，诗中又有"节序昨夜隔"之句，可见其创作时间为立秋之后一日。乾元二年（759）的立秋在七月初六日，则此诗当作于七月初七日。也就是说，在乾元二年的七月初七日，杜甫已经辞官并决意西行。从其"罢官亦由人，何事拘形役"之句看，杜甫虽是弃官，但其间毕竟流露出很多无奈和怅惘的情绪。

　　在唐代，自华州至秦州，可以走翻越陇山的官道，也可以走渭河河谷。杜甫选择的是官道，因为官道上有驿站可供休息和住宿，而渭河河谷虽路途较近，却只是一条小路。他去往秦州的具体行程是：自华州出发，经咸阳、兴平、武功、扶风、岐山，到达凤翔，再经汧阳到陇州，然后翻越陇山至张家川和清水县，再沿牛头河往

陇关古道

西南行至社棠，西行至秦州。在这条路上，翻越陇山是最艰险的路段。自关中翻越陇山至陇西的道路有南、中、北三条，杜甫选择的是南道，即"关陇道"，也称"安戎关道"。按照今天的地名，这条道路具体的行程是：自陇县出发，经过安戎关至分水岭，下山至甘肃天水市张家川县的马鹿镇和恭门镇，再转向南到今甘肃天水市清水县和秦州区。这条路在唐代是东西交通的官道。

陇山是六盘山余脉，古称陇坂、陇坻、陇头、关山。杜甫所行走的官道实际上在陇山中的一条东西走向的山谷之中。这条山谷一开始较为宽敞，两侧的山也颇为平缓。沿着山间道路前行，两侧高山变得极为陡峭，山谷变得越来越狭窄，道路也崎岖难行。山谷中有一条小河流过，此即著名的陇头水。南北向的陇山与东西向道路的交叉之处称为老爷岭，此处的河水东西分流，称"陇水分流处"。杜甫一家怀着畏惧的心情穿过陇关，又翻越了艰险的陇山。翻越陇山后就进入今甘肃省马鹿镇，继续前行二十五公里抵达今恭门镇，自此沿牛头河向南八十五公里就到达今天水市北道区社棠镇。再往西不足三十公里，即抵达秦州。从杜甫诗歌看，他在乾元二年（759）八月初八日白露时已经抵达秦州。[①]

陇头水

寓居秦州

秦州即今甘肃省天水市，这里东依陇山，西通河湟，北接宁夏，南通巴蜀，地理位置非常重要。因其位于秸河河谷之中，故这里地

---

① 参见《月夜忆舍弟》。

形东西狭长，与一般的城市不同。秦州是秦文化、三国文化和丝路文化的交汇之地。这里是秦人的发祥地，因为秦的祖先曾在此地牧马。这里是三国古战场，诸葛亮六出祁山等重大战役都发生在此地。秦州又是丝路之上的名城，丝绸之路给秦州带来了丰富多彩的佛教造像艺术。这里在历史上又是胡汉杂居的地区，戎族、羌族、氐族等民族曾在此生活，直到现在居住在这里的少数民族还有很多。

　　杜甫看到秦州少数民族居住的帐篷有上千座，汉人则有万家之多。那些胡人骑着骏马飞奔，斜戴着毡笠跳起舞蹈，有的胡人拉着骆驼四处游逛。羌族的儿童在渭水边玩耍，女孩则泼辣勇敢。边疆并不平安，报警的烽火经常点燃，大唐使者在城中来回穿梭，紧急公文在官道上迅速传递。此时已是秋天，因为雨水丰沛，这里的庄稼长得很好，茂盛的禾黍居然遮住了道路。秦州又盛产葡萄和苜蓿，葡萄园中的葡萄在秋季成熟，成片的苜蓿一直绵延到远方。①

　　杜甫到秦州之后，先是在城里觅屋以居。这年秋天，秦州一带雨水颇丰，屋檐上的雨帘就如同一幅幔帐。因为下雨，井里的水位上升，蚯蚓为了躲避潮湿居然爬到厅堂之中。②除了居住在城外的族侄杜佐之外，杜甫在这里几乎没有熟人，所以门前车马冷落，百草疯长。后来他结识了一位名叫阮昉的隐士，他头发斑白，房屋简陋，鄙弃荣华，但喜欢写诗，算是杜甫在诗歌上的知音。有一次，他冒雨来探访杜甫，希望与杜甫一起搬到更远的地方去。③

　　因为弃官之后没有了收入，杜甫生计困难，其生活多靠族侄杜佐接济。这年秋天谷子成熟之后，杜甫希望杜佐能接济自己一些小

---

① 参见《秦州杂诗二十首》其三等。
② 参见《秦州杂诗二十首》其十七。
③ 参见《贻阮隐居》。

米和蔬菜，他的要求应该得到了满足。还有那位新结识的阮昉隐士，他在院子里种了很多蔬菜，没等杜甫开口，就整筐整筐地送到杜甫家中，让杜甫非常感动。①

在秦州期间，杜甫曾到当地名胜隗嚣宫游览。隗嚣是东汉初年天水人，新莽时期曾割据天水一带。隗嚣宫即隗嚣宫殿，又称隗嚣连城。当杜甫来游时，隗嚣宫已经破败不堪，山门之前长满了苔藓，宫殿中的壁画已经残破不全。②

杜甫还游览了秦州的南郭寺。这座寺庙建于隋代，位于今天水市城南两公里的慧音山上。杜甫看到寺中有一股泉水汩汩而出，因其流向北方，故称为"北流泉"。寺中还有一棵老柏树，遮蔽了半个庭院。③ 如今，杜甫所见的泉水尚在，上面已经修建了一座小亭以为保护。那棵老柏树也在，它向北斜卧，树高 20 米，与一棵黑弹树生长在一起。这棵古柏非常有名，"南山古柏"是秦州八景之一。南郭寺内今有"老杜秦州杂诗碑"，该诗碑由秦州知府傅鼎于明成化十九年（1483）主持重刻，上录杜甫秦州诗 50 首及古今题咏。又有原刻于清代的"二妙轩碑"，集"二王"字迹，录杜甫陇右诗。清光绪年间还在南郭寺内建了一座杜少陵祠，祠中供奉杜甫及宗文、宗武像，至今尚存。

麦积山在州东南八十里，三面壁立，高入云表，形如麦积，为秦地林泉之冠，杜甫亦曾到此游览。④ 麦积山是红色砂砾岩，适合开凿石窟。在十六国时期，这里属鲜卑族政权管辖，已建有佛寺，

---

① 参见《佐还山后寄三首》。
② 参见《秦州杂诗二十首》其二。
③ 参见《秦州杂诗二十首》其十二。
④ 参见《山寺》（野寺残僧少）。

也可能已经开始开凿石窟。西魏时期曾"大修崖阁",估计那时石窟已有很多。此后的北周、隋、唐、五代时期,均曾开凿和修缮。唐开元二十二年(734),这里曾发生强烈地震,麦积山石窟所在的崖面部分损毁。但在杜甫来到麦积山时,石窟依旧保持了相当的规模。杜甫看到寺庙修在悬崖之上,寺中僧人却很少。他沿着栈道登上佛寺的重阁,百里之外的景物清晰可见。如今的麦积山石窟依然有相当的规模,其南侧悬崖上有石窟近二百个,造像七千余尊,壁画一千多平米。

也许因为城里生计艰难,杜甫一度想离开城内,到城外的东柯谷和西枝村一带居住。杜甫在秦州恰巧遇到流寓此地的长安大云寺住持赞公,遂与赞公一同前往。他们先是到了东柯谷一带,因为杜佐就住在这里。杜甫早就听说东柯谷是宜居之地,那里有几十户人家,

南郭寺

东柯草堂

东柯谷

住户的房屋上攀爬着青藤，竹林边还有清水流过。此次来到这里，发现此地果然崖谷幽静，风光绝胜。杜甫希望自己能在此采药隐居，度过一生。[①] 东柯谷在今天水市东偏南三十五公里处的麦积区甘泉镇柳家河村，此地有一座杜甫草堂，称"东柯草堂"。该草堂建于北宋绍圣年间，后多次重建。柳家河村村边有著名的"八股槐"，即八棵生长在一起的槐树，传说杜甫曾在树下写诗，今槐树已焚毁。柳家河附近的街亭村（也称街子村）有一座文昌阁，墙壁上有彩绘的杜甫画像。

---

① 参见《秦州杂诗二十首》其十三、其十六。

西枝村

　　稍后，杜甫与赞公又来到不远的西枝村（即今麦积区甘泉镇西枝村），这里岩窦玲珑，有杉漆之利。他们攀着藤萝来到山顶，想找一块向阳的坡地，可惜跑了一天也没找到合适的地方。天黑之后，杜甫就住在赞公的土室之中。这个夜晚，鸟儿归巢，明月初升，杜甫与赞公探讨佛理，度过了一个难忘的夜晚。今西枝村村边有两孔窑洞，传说是杜甫和赞公住过的窑洞，即"赞公土室"。[①] 杜甫在西枝村一带寻访时，曾到该村西北的太平寺游览。因寺内有甘泉，杜甫一度想在甘泉的下游结庐而居，甚至想用甘泉灌溉药材。今太平寺尚存，内有玉兰两株，并建有"双玉兰堂"。[②]

　　在秦州期间，杜甫经常思念的是自己的家人和朋友。杜甫有弟弟四人，只有小弟弟杜占在自己身边，其余分散在山东、河南一带。

①　参见《宿赞公房》。
②　参见《太平寺泉眼》。

在乾元二年（759）八月初八日白露这一天的夜晚，杜甫思念诸弟，
作《月夜忆舍弟》云：

> 戍鼓断人行，边秋一雁声。
>
> 露从今夜白，月是故乡明。
>
> 有弟皆分散，无家问死生。
>
> 寄书长不达，况乃未休兵。

这首诗写干戈衰病之中对弟弟的思念。首联写戍楼禁鼓响起，行人
断绝，边地凄清的夜空孤雁哀鸣，为全诗营造了凄清的气氛。二联
写白露时节，诗人面对秦州的月亮想起故乡的夜色，透出诗人思乡
和思亲之意。三联写诸弟在战乱中分散，生死不明，直接写对弟弟
的思念。尾联更进一层，写战乱之中寄书不达，音信难通，将思亲
与国事连接在一起。此诗写骨肉离散之苦，可谓字字血泪。

　　在朋友之中，杜甫最想念的是李白。至德二载（757），李白
因依附李璘获罪，次年被判流放夜郎。乾元二年，李白行至白帝城
时被赦免放还，但杜甫尚未得到这个消息。此年秋，杜甫在秦州多
次梦到李白，遂作《梦李白二首》：

> 死别已吞声，生别常恻恻。江南瘴疠地，逐客无消息。
>
> 故人入我梦，明我长相忆。恐非平生魂，路远不可测。
>
> 魂来枫林青，魂返关塞黑。君今在罗网，何以有羽翼？
>
> 落月满屋梁，犹疑照颜色。水深波浪阔，无使蛟龙得。
>
> 浮云终日行，游子久不至。三夜频梦君，情亲见君意。

告归常局促，苦道来不易。江湖多风波，舟楫恐失坠。

出门搔白首，若负平生志。冠盖满京华，斯人独憔悴。

孰云网恢恢？将老身反累。千秋万岁名，寂寞身后事。

第一首写杜甫梦到李白，李白在梦里对他讲述了思念之苦。李白此时正在流放途中，杜甫担心这是李白的魂魄来到自己梦中。梦醒之后，只见月光照进房间之中，杜甫的头脑中还依稀留着李白的形象。第二首写杜甫在三个夜晚连续梦到李白，李白在离别时候都愁眉不展，他搔着满头的白发走出门去，好像是平生的壮志都没有实现。杜甫感叹京城之中到处都是高官权贵，只有李白憔悴不遇。而天道竟是如此不公，李白居然在临老之际又陷身牢狱。以李白的诗才他必然会获得千秋万岁后的美名，只可惜那是李白的身后之事了。这两首诗，表达了杜甫对李白命运的关切和对其悲惨遭遇的同情，也透露出二人之间深厚的友谊。杜甫此间还写了《天末怀李白》《寄李十二白二十韵》等，均是怀念李白的篇章。

除李白外，杜甫此间在诗歌中还回忆起他与郑虔、高适、岑参、贾至、严武、薛据、毕曜等人的交谊。至德二载（757），郑虔被贬为台州（今浙江临海）司户参军。台州路途遥远，环境严酷，杜甫担心即使郑虔将来回来，年老多病的他恐怕连路也不认识了。杜甫想象郑虔在山涧旁耕种，在天涯海角养病，可惜自己流落秦州，无法搭救。[1]高适在乾元元年（758）出任彭州（今四川彭州）刺史，岑参在乾元二年四月出任虢州（今河南灵宝）长史，杜甫称赞他们的诗才，赞扬彭州和虢州的物产之美，并安慰他们说刺史和长史都

_____

[1]　参见《有怀台州郑十八司户》。

是很高的官职，将来叛乱平息，大家还可以相聚讨论诗文。①贾至
在乾元二年被贬为岳州（今湖南岳阳）司马，严武在乾元元年被贬
为巴州（今四川巴中）刺史，杜甫回忆了他们同在朝廷为官时的
交谊，又感叹自己丢弃功名，流落秦州。②薛据是杜甫的旧识，其
人为人骨鲠，有气魄，作诗往往追凌鲍谢，在长安时曾与杜甫同登
慈恩寺塔。乾元初任太子东宫之司议郎，掌侍从规谏，驳正启奏，
是正六品上的官职。毕曜是杜甫旧交，又善为小诗，他在乾元初任
监察御史，这是个正八品上的官职，掌分察百僚，巡按郡县，纠视
刑狱，肃整朝仪。杜甫在秦州看到薛据和毕曜在任用官吏的名单
之中，非常高兴，遂写诗向他们祝贺，同时也表达了自己漂泊秦
州的悲哀。③

　　因为远离朝廷，自己的政治理想不能实现，杜甫心情郁闷，情
绪低落，遂作《佳人》以寄意，诗云：

> 绝代有佳人，幽居在空谷。自云良家子，零落依草木。
> 关中昔丧乱，兄弟遭杀戮。官高何足论，不得收骨肉。
> 世情恶衰歇，万事随转烛。夫婿轻薄儿，新人美如玉。
> 合昏尚知时，鸳鸯不独宿。但见新人笑，那闻旧人哭！
> 在山泉水清，出山泉水浊。侍婢卖珠回，牵萝补茅屋。
> 摘花不插发，采柏动盈掬。天寒翠袖薄，日暮倚修竹。

---

① 参见《寄彭州高三十五使君适虢州岑二十七长史参三十韵》。
② 参见《寄岳州贾司马六丈巴州严八使君两阁老五十韵》。
③ 参见《秦州见敕目薛三据授司议郎毕四曜除监察与二子有故远喜迁官兼述
索居凡三十韵》。

在这首诗中，杜甫描写了一位弃妇的形象。这位弃妇本是一位绝代佳人，住在空寂的山谷之中。她是官宦家的女儿，因为长安陷落，只得逃出京城沦落山野。她的兄弟在叛乱中被杀，娘家从此家道中落。而其夫婿是"轻薄儿"，抛弃她之后新娶了一位美貌的夫人。这位弃妇变卖首饰，修筑了一座小小的茅屋。在日落时分，她身着单薄的衣服，独自冒着寒风站立在竹林之旁。诗中的佳人被丈夫抛弃，境遇悲惨，但她情怀高洁，坚贞自守，并未沉沦乞怜，随波逐流。杜甫显然是以佳人自喻，以弃妇的境遇与操守，写自己的境况与身世之感。杜甫在秦州期间写了很多写景和咏物的诗歌，所写之景多是边塞苦寒萧瑟之景，所咏之物则是病马、苦竹、废畦等衰败细微之物，以此来象征漂泊的境遇，寄托人生的感慨。这首《佳人》所写虽是人非物，其象征和托喻的手法其实并无不同。

在秦州期间，杜甫常在日暮时分徘徊在秦州城头，秋风吹来，笛声响起，只见暮云飞动，乌鹊翔集，孤鹤归林，落叶如雨，此情此景使人顿生漂泊之感。① 此时，他的疟疾复发，每隔一天就要剧烈发作一次，发作时浑身冰冷，如抱雪霜，痛苦难忍。② 到乾元二年（759）的十月，杜甫在秦州已经居住了三个月，时当岁暮，关塞冷落，杜甫一家无衣无食，饥寒交迫，生活陷于困顿。这时，杜甫忽然收到同谷县（今甘肃成县）一位"佳主人"的邀请，称那里物产丰饶，可以安居。杜甫又惊又喜，遂决定携家去往同谷。③ 临行之际，他与赞公依依不舍地告别，互道珍重。寒风吹动着杜甫的

---

① 参见《东楼》《野望》《秋笛》等。
② 参见《寄彭州高三十五使君适虢州岑二十七长史参三十韵》。
③ 参见《积草岭》。

赤谷

衣服，他即将携带家人走上一段新的旅程。①

自秦州至同谷

乾元二年（759）十月，杜甫携带家人离开秦州，去往同谷县。同谷在杜甫的想象中非常美好，那里田地肥沃，物产丰饶，既有可口的薯蓣和冬笋，也有甜蜜的崖蜜，一家人的生活应该没有问题。况且，那里山水清幽，自己还可以在池塘上泛舟游览。杜甫一家在夜半时分离开了秦州，此时星月磊落，云雾苍茫，想到自己无家可归，四处奔走，杜甫的心头不禁有几分伤感。②

① 参见《别赞上人》。
② 参见《发秦州》。

铁堂峡

　　自秦州沿着今南沟河河谷向南行走约三公里，河沟东侧出现了连绵不断的红色小山，这里就是赤谷。小山上的石头风化严重，已接近沙土。天寒霜冷，寒风砭人肌骨。前面的村镇还很遥远，几个孩子已饥饿难耐。到处都是乱石，道路艰险难行。杜甫想到越往前走离故乡越远，不知道什么时候才能回来。①

　　杜甫一家自赤谷南行四十公里，来到铁堂峡。铁堂峡在今天水市秦州区平南镇和天水镇之间，平南镇在其东北，天水镇在其西南，谷口狭窄，峡内则非常宽阔。这里四山环抱，有石笋青翠，长者至丈余，小者可以为砺。峡谷中有一条小河，河上覆盖着寒冰。杜甫看到这里的石壁犹如精铁铸成，峡内长满竹子，有一条小路蜿蜒通

────────────

① 参见《赤谷》。

向远方。路上的行人都面色惨淡，在这样的乱世中漂泊，有谁能高兴得起来呢？①

　　杜甫一家继续南行，自铁堂峡前行三十公里，来到今甘肃省礼县盐官镇。此地有盐井之利，君子性质直，小人乐田亩，民风淳厚浑朴。盐官镇所在的礼县，是秦帝国的发祥地。在西周和春秋早期，秦人居西垂之地，与诸戎杂居，主要活动在渭河和西汉水流域。后秦人非子因为养马有功，被周天子封为西垂大夫。1992年至1993年，礼县大堡子山秦公大墓被发现，证明这里就是秦代早期的都城。在东西长约250米，南北宽约140米的墓葬区内，发现了大墓两座，车马坑两座，中小型墓葬二百座以上，出土了大量精美的青铜器，如编钟、铜虎等。大堡子山位于礼县永坪乡赵坪村附近的西汉水北岸，东距盐官镇只有二十多公里。可见，盐官镇正处在秦人发祥地的中心区域。在古代，这里曾经是西北地区的骡马交易市场。

　　盐官镇有盐井，杜甫在这里看到了汲水煮盐的热闹场面。这里的盐井在秦汉年间就已经存在，井中水与岸齐，所产井盐味道与海盐相同。汉代政府曾在这里设置盐官。这里的盐井一直使用到唐代，所以当杜甫经过时，这里远烟徐上，商贾喧阗，非常热闹。盐民煮盐非常辛苦，而盐商却在井盐贩卖中获得了丰厚的利润。虽然盐商趋利是其本性，但杜甫还是发出一声深深的叹息。②杜甫看到的盐井现在位于一座盐神庙内，此庙不知建于何年，内供奉盐神，称"盐婆婆"。庙内还有立于民国十三年（1924）的《建修盐关盐神庙记碑》，以及立于1992年的《重立明嘉靖盐井碑记序碑》。

---

① 参见《铁堂峡》。
② 参见《盐井》。

盐神庙

寒峡

法镜寺石窟

青羊村关帝庙

杜甫一家自盐官镇南行二十公里，抵达寒峡。寒峡是一条山谷，即今甘肃省西和县长道乡祁家山的漾水河谷，其两侧均是高山。山谷中的河今称为漾水河。当杜甫一家来到这里时，北风吹来，河上泛起波澜。一家人饥寒交迫，遂在水边休息吃饭。[①]

穿过寒峡，继续南行十五公里，杜甫来到今甘肃省西和县北的石堡村附近，这里有一座小山，今称五台山，山上有一座法镜寺。杜甫看到山上长满古松，云雾环绕。山脚下泉水流淌，苔藓洁净。寺院的梁柱映着霞光，门窗清晰可数。这是杜甫去往同谷途中经过的第一座寺庙，寺内还有佛事活动。他在此流连观赏，不觉盘桓了半日。[②] 现在这座法镜寺已不见踪迹，只存留了洞窟二十四个，造像十余个。这些造像风化严重，面目难识，略有氐羌风格。

---

① 参见《寒峡》。
② 参见《法镜寺》。

自法镜寺南行十二公里，抵达西和县城。继续南行二十公里，抵达青阳峡。这里高山相对如门，地形险要，山高地险仿佛超越了陇坂。峡谷中寒风凄厉，霜雪弥漫，送来阵阵寒意。[①] 现在这里有一个村庄称青羊村，村口原有青羊观，现在被改造成一座关帝庙。

杜甫一家自青阳峡南行七公里，到达龙门镇，即今西和县坦土村（又称坛土村）。龙门镇又称石峡关，峡谷中有小河流过，两侧高山矗立，地势非常险要。坦土村很小，只有几十户人家。这里在唐代是一座军事重镇，杜甫经过此地时看到河面已经结冰，栈道上泥泞难行。又看到这里有士卒把守，军营之中旗帜飘扬。杜甫想道，叛军现在正在洛阳一带，防守这里有什么用呢？[②]

继续前行约六公里，来到今西和县石峡镇。小镇处在一块山间平地上，其西有八峰山，上有石龛，今称八峰崖石窟。这里的地形非常险峻，道路难行。杜甫看到有人在这里采伐竹子为官军作箭杆，经过多年的采伐，这里的竹子已采伐殆尽。安史之乱，也为百姓带来徭役和灾难。因为八峰崖石窟在八峰山接近顶部的地方，山路狭窄，山崖万仞，所以杜甫一家从八峰山下经过时并没有登到崖顶，也没有看到这座石龛。[③] 该石龛现存石窟十四个，造像九十余尊。它可能是吉祥寺的一部分，但今吉祥寺已不存。

石龛可能是仇池国王室的礼佛之处，此地距离仇池山仅三十公里。杜甫此前早就对仇池国和仇池山非常向往，行在八峰山下，他终于看到了这座仇池国的名山。仇池国是以仇池山为中心建立的地方性割据政权，自西晋末年一直持续到南北朝后期，断续存在了

---

① 参见《青阳峡》。
② 参见《龙门镇》。
③ 参见《石龛》。

龙门镇

仇池山顶远眺

仇池山上的伏羲庙

二百八十余年。这个政权以氐族人为主体。氐族的发源地在河南、河北一带，周代迁至陇西。两汉魏晋时期，氐族继续在仇池一带居住繁衍，使这里成为氐族人的聚居区。仇池国的中心仇池山是一座巍峨孤峙的高山，此山四面壁立，峭绝险固，壁立千仞。西北险峻难登，东有土路，盘旋七里，羊肠屈曲三十六回。人家数百，一人守道，万夫莫前。近顶路傍石上有小穴，出水不竭不盈，名无根泉。上有池，古号仇池。山顶有地百顷，自成溪壑，泉十九，其土可煮成盐，又可炼铜、冶铁，自给自足，向称"福地"。行至此地，杜甫一定对这座大山眺望良久。现在的仇池山物产丰富，风光秀美，约有一千二百人生活在山上。山上有"仇池国遗址"，附近建有坛形建筑，旁有石廊柱。其最高处为伏羲崖，海拔1700多米，传为伏羲出生处。这里新建有伏羲庙一座，内有"人文始祖"匾额。仇池山下原有建于南宋的杜甫仇池草堂，今已不存。

自石龛一带继续前行，杜甫来到积草岭。只见山峰连绵，山石怪异，这里处在同谷之西，西和之南，已是同谷界内。虽然这里距离目的地仅有百里之遥，但因为多日赶路，杜甫此时已身心疲惫。翻过积草岭，即是泥公山。此山在成县西北四十里二郎乡境内，山路多有黑泥，故行路艰难。杜甫一家一整天都行进在泥泞之中，白马变成了黑马，孩子满脸泥巴仿佛变成了老头。走出泥公山，杜甫一家终于来到了同谷县。①

流落同谷县

同谷县位于今甘肃省东南部，南临四川，东近陕西。境内有一江三河，气候湿润。这里处在群山之中，鸡峰耸翠，栈阁凌空，物产亦称丰饶。乾元二年（759）十一月，杜甫一家满怀希望来到同谷，但在这里却似乎并没有得到那位"佳主人"的帮助，一家人无依无靠，顿时陷入困顿之中。流落同谷，竟成为杜甫一生中最艰难的时刻。

在此期间，杜甫作《乾元中寓居同谷县作歌七首》，记述了他悲惨的境遇和沉郁的心情。诗云：

> 有客有客字子美，白头乱发垂过耳。
> 岁拾橡栗随狙公，天寒日暮山谷里。
> 中原无书归不得，手脚冻皱皮肉死。

---

① 参见《积草岭》《泥公山》。

成县西峡颂石刻

呜呼一歌兮歌已哀，悲风为我从天来。

长镵长镵白木柄，我生托子以为命。
黄独无苗山雪盛，短衣数挽不掩胫。
此时与子空归来，男呻女吟四壁静。
呜呼二歌兮歌始放，邻里为我色惆怅。

有弟有弟在远方，三人各瘦何人强？
生别展转不相见，胡尘暗天道路长。
东飞鸳鹅后鹜鸧，安得送我置汝旁。
呜呼三歌兮歌三发，汝归何处收兄骨。

有妹有妹在钟离，良人早殁诸孤痴。
长淮浪高蛟龙怒，十年不见来何时。
扁舟欲往箭满眼，杳杳南国多旌旗。
呜呼四歌兮歌四奏，林猿为我啼清昼。

四山多风溪水急，寒雨飒飒枯树湿。
黄蒿古城云不开，白狐跳梁黄狐立。
我生何为在穷谷，中夜起坐万感集。
呜呼五歌兮歌正长，魂招不来归故乡。

南有龙兮在山湫，古木巃嵸枝相樛。
木叶黄落龙正蛰，蝮蛇东来水上游。
我行怪此安敢出，拔剑欲斩且复休。
呜呼六歌兮歌思迟，溪壑为我回春姿。

男儿生不成名身已老，三年饥走荒山道。
长安卿相多少年，富贵应须致身早。
山中儒生旧相识，但话宿昔伤怀抱。
呜呼七歌兮悄终曲，仰视皇天白日速。

　　这组七言歌行体诗，豪宕奇崛，真有长歌当哭之意。其前两首，写自己流落同谷的惨状。此时的杜甫已是满头白发，因为一家人没有饭吃，他不得不冒着严寒到山谷中捡拾坚果，弄得手脚冻皴，皮肉坏死。杜甫手持长镵，到雪地中去挖一种称作"黄独"的野生土芋。他的衣服短窄，竟然遮不住小腿。杜甫在雪地里挖了一天毫无收获，只好扛着长镵空手回家，到家就听到儿女饥饿的呼叫之声。看到一家人的悲惨境遇，就连邻居也满脸忧伤。

第三首和第四首写对家人的思念。杜甫有四个弟弟，其中三个流落远方。因为战争爆发，自己与这三位弟弟辗转不能相见。他希望自己能飞到弟弟身旁，但自己流落他乡，就是死了弟弟们也不知道到哪里来收敛自己的尸骨。杜甫的妹妹远嫁钟离（今安徽凤阳），丈夫去世，儿女年幼。因为山川阻隔，他与妹妹已经十年未能见面。现在国有叛乱，处处旌旗，见到妹妹更属无望。

第五首和第六首是写自己在同谷的生活。同谷处在群山之中，空谷孤危，风多水急，野草遍地，狐狸出没，远没有自己想象的那样美好。杜甫中夜起坐，百感交集，感叹自己居然流落到这个荒僻之地。同谷县的城南有一个深潭，周围环绕着树木。在这寒冷的冬季，水上居然有一条蝮蛇在游动。蝮蛇从冬眠中苏醒，也许表示春天就要到来了吧。

最后一首是对整组诗的总结，写对自己年老无成、年华虚度的

万丈潭

成县杜公祠

感叹。杜甫自至德元载（756）五月自长安至羌村，到创作此诗的乾元二年（759）十一月，奔波已近三年有余。此间自己从任职到被贬，最后又弃官出走，穷老流离，功名无成，遭遇可谓悲惨，而在长安却有很多年轻人官居高位。杜甫在同谷县遇到了旧时的好友李衔，二人一起回忆过去的时光，难免心中悲伤。时光飞逝，自己的政治理想不知道何日才能实现。

　　这七首诗烦音促节，呜咽悱恻，感慨悲歌，堪称千古绝唱，杜甫在同谷的环境、生活、境遇、思想，皆于此组诗中可见。

　　杜甫在同谷的住地是凤凰村，其地在今成县东南三公里飞龙峡口的凤凰山下。此山不甚高，两峰相连恰似凤凰展翅。山上有凤凰台，传说秦始皇宫娥有善玉箫者曾在此吹箫引凤，至汉代又有凤凰栖其上。[①]凤凰山下有青泥河缓缓流过，河水积而成潭，称万丈潭，洪涛苍石，其深莫测。但现在水位下降，已经变成一条小溪。凤凰

---

① 　参见《凤凰台》。

山下有一座杜公祠，该祠依山傍水，建于北宋宣和年间。

由于在同谷生活困顿，杜甫决定带领全家离开同谷，去往成都。

自同谷赴成都

乾元二年（759）十二月一日，杜甫一家离开同谷县，去往成都。一个月前，当杜甫来到同谷时，他很喜欢这里幽僻的环境，打算在这里住上一段时间。想不到生计艰难，一家人不得不继续远行寻找安居之地。这一年中，杜甫似乎始终在四处奔走，他自洛阳至华州，自华州至秦州，自秦州至同谷，现在居然又要离开同谷去往成都。离开同谷之际，杜甫与这里新结识的几位朋友洒泪告别，走上了一段新的旅程。①

"首路栗亭西，尚想凤凰村。"杜甫自同谷县向东三十公里，来到栗亭，即今甘肃省徽县栗川乡。杜甫对此地并不陌生，因为他寓居同谷期间曾在此小住。栗亭一带是平原，土地平旷，杜甫在这里不停地回首遥望自己曾经居住的同谷县凤凰村。今栗川乡杜公村，就是杜甫曾经居住的地方。明代有一位潘姓的御史经过这里时曾梦到杜甫，遂在此建了一座杜公祠，后又多次修葺。乾隆九年（1744）重修时，还曾置祀田十亩。现杜公祠已不存，附近仅留下刻于光绪年间的《重修杜少陵先生祠堂记碑》和民国时期的《县治西三十里杜公祠为创修乐楼并历述建祠始末记碑》。另外，杜公村附近的元观峡有"杜甫钓台"，其崖壁上有"宛在中央，少陵钓台"八个大字。

杜甫自栗亭南行九公里，到达木皮岭，即徽县柳树崖北的龙洞

---

① 参见《发同谷县》。

栗亭杜公祠残碑

山。木皮岭又称"木莲花掌"，是黄巢之乱时王铎设关之地。这里
群山高峻，山路崎岖，杜甫感慨原来在五岳之外还有这样的高山。
山上的栈道有的已经损坏，杜甫走在崎岖的山路上出了一身大汗。
木皮岭的景色也很幽美，尤其是山的西崖，简直焕若紫芝。尽管如
此，杜甫以垂老之身走在山路上，也禁不住黯然神伤。[①]

　　自木皮岭沿白水峡前行十公里，杜甫一家抵达白沙渡，即今徽
县洛河中游的官桥坝渡口。此地山高水急，流沙为白色。日暮时分，
天气寒冷，杜甫一家在这个渡口登船过河，只见江面宽广，流水清
澈，沙滩分外洁白，杜甫心中的愁闷也为之消散。[②]

　　杜甫一家经过白沙渡，自此转向东北，去往青泥道。在唐代，

① 参见《木皮岭》。
② 参见《白沙渡》。

因白水道未开，杜甫一家必须走青泥道入蜀。宋代至和二年（1055），"白水道"开工。因为由白水道入蜀更为便利，故此道开通后青泥道渐废。从白沙渡去往青泥岭，按现在的地理区划，其具体行程应是从小河厂村附近向东南经曹家河到大河店乡；转向东北，经黑沟门、石家岩、上庄里、上黑沟、杜家沟、大石窑，到达青泥村。青泥岭一带悬崖万仞，因为特殊的地理条件，经常下雨，雨后道路呈青色，故名青泥。青泥村靠近青泥岭，是唐代青泥驿旧址。现村口有"青泥古井"及李白、杜甫塑像，街道边的墙壁上则绘有《蜀道难图》《青泥古驿图》和《青泥秋色图》。在青泥村可仰望青泥岭的主峰，其山色如铁，宋代之后称铁山。

杜甫一家经青泥路翻越铁山，下山后进入嘉陵江河谷，向西南方继续前行，抵达虞关。此地是永宁河与嘉陵江会合处，原有驿站，也是杜甫经过的"水会渡"。蜀道艰险，一路多是高山大河，所以经常要坐船经过渡口，或走在江边的栈道之上。因为急着赶路，杜甫一家夜晚仍在奔走。行至水会渡时，只见微月沉没，山路崎岖难行，一条大江横在眼前，波涛汹涌，宽阔如海。一家人登上渡船，心怀忧惧，但船工开船渡江，视为常事。在船工的歌笑声中，杜甫一家平安到达对岸。①

嘉陵江是杜甫翻越青泥岭后见到的大江，这条大江上游不足百里处，就是位于两当县嘉陵江边的吴郁宅。杜甫在凤翔期间曾与吴郁同在行在任职，后吴郁为被冤屈的良民伸冤得罪上官而被贬谪。时杜甫在左拾遗任上，正因房琯事件被三司推问，自顾不暇，未能为吴郁辩白，故颇为自责。在嘉陵江边，行至长举县城、槃头城、

---

① 参见《水会渡》。

青泥村的《青泥古驿图》

虞关一带的杜甫临江北望，不由想起这位故人，遂作《两当县吴十侍御江上宅》一诗以为怀念。诗中的"阴风千里来，吹汝江上宅。鹍鸡号枉渚，日色傍阡陌"都是杜甫的想象之词，并非所亲见。*

　　杜甫自虞关一带南行约七十公里，抵达兴州（今陕西汉中市略阳县）。兴州东十五公里处有飞仙岭，上有飞仙阁，杜甫当年曾从此经过。穿过飞仙岭要走过长长的栈道，非常艰险。杜甫一家小心翼翼地行走在栈道上，山上树木茂盛，山谷中水声轰鸣。从栈道下来，一家人疲惫不堪。回头望去，杜甫发现自己走过的栈道是那样高峻。[1]杜甫一家走过飞仙阁危险的栈道后，继续南行即进入蜀地。

———————————

① 参见《飞仙阁》。

皇泽寺

广元市

　　自飞仙阁南行一百一十公里，抵达五盘岭。五盘岭属今四川省广元市，上有七盘关，昔为秦蜀分界处。这里是杜甫入蜀所经历的第一关，栈道盘旋，险峻难行。但这里水清鱼多，鸟鸣山静，民风淳朴，给杜甫留下了很好的印象。①现七盘关已毁弃。自五盘岭向西南方行十五公里，抵达龙门阁，其地在今广元市朝天区的龙门山上。龙门阁当年栈道萦回，绝壁千尺，下临嘉陵江，但现在栈道已不存。杜甫经过这里时遇到凄风苦雨，其路途之艰险，令人心惊。②

　　继续向西南行约四十公里，到达利州（今四川省广元市）。这里不仅是川北重镇，还是武则天故里，传说武则天就诞生于此地。这里的皇泽寺是武则天在全国的唯一祀庙。寺内有六个较大的石窟和诸多石龛，有佛像1200多个。杜甫在利州曾参观嘉陵江边千佛崖南侧的石柜阁。千佛崖山高80米，南北长380米，位于嘉陵江边。崖壁上现存石窟五十多个，佛龛八百多个，造像七千余尊。其主窟大云洞开凿于唐开元三年（715），内有大佛及菩萨。杜甫经

────────────

① 参见《五盘》。
② 参见《龙门阁》。

过此地时，看到石柜阁位于嘉陵江边的大山上，可惜由于体弱多病，又兼劳累饥寒，杜甫未能登山仔细观看。[1] 千佛崖下有金牛道，乃是杜甫入蜀行走的道路。金牛道又名石牛道，是关中通往巴蜀的必由之路。传说周显王时，蜀王打猎与秦惠王在褒谷相遇，秦王赠送蜀王黄金，蜀王却以泥土回赠。秦王愤怒，乃造五牛，称能粪金，以赠蜀王。蜀王派五丁开山修路以运五牛，秦军随后，终灭蜀国。传说中五丁开凿的道路，被称为金牛道。

金牛道遗址

自广元南行二十公里，抵达桔柏渡。桔柏渡是一个渡口，但杜甫经过时这里已经用竹竿架起长桥。杜甫看到此地江水流急，直奔东海。[2] 自此南行约六十公里，即为剑门。

剑门，亦称剑门山、大剑山，古称梁山。此山东西绵延数百里，石壁间有一峡谷，两边崖壁相对如门，故称剑门。剑门关最早建于三国时期，是蜀道上的重要关隘。杜

剑门关

---

①　参见《石柜阁》。
②　参见《桔柏渡》。

甫看到剑门奇险，两崖如墙，感叹这里一夫当关，万夫莫开。剑门关是蜀中屏障，历史上很多人凭借天险，割据蜀中。为防止蜀中依靠关隘背叛朝廷，杜甫想让上天将这座大山铲除。想到割据的事情还会发生，杜甫禁不住临风惆怅。① 现在以剑门关为中心，已建成剑门关景区。景区内树木繁茂，流水轰鸣，游人如织。关楼是景区的中心，高十九米，是 1992 年按照明代关楼的样式在原址重建的。剑山之巅的舍身崖边有一座梁山寺，这里古树环绕，环境幽静，相传梁武帝曾在此修行。剑门关曾建有李杜祠，今已不存。

自剑门关南行二百公里，抵达四川省德阳市。德阳市北十五公里处有鹿头山，即是鹿头关所在地。行至此地，连绵的群山逐渐消失，成都平原的沃野出现在眼前。杜甫一家历尽艰险，终于走出群山，来到这里。鹿头关是入蜀的最后关隘，穿过此关，前面就是成都了。②

自同谷至成都的旅程约六百公里，途中经过了栗亭、木皮岭、白沙渡、水会渡、飞仙阁、五盘、龙门阁、石柜阁、桔柏渡、剑门、鹿头山等地。自秦州至同谷，杜甫有《发秦州》等十二首纪行诗。自同谷至成都，杜甫又有《发同谷县》等十二首纪行诗。这两组纪行诗详细记述了杜甫的行踪，生动描绘了途中的山水景色，其中也夹杂着杜甫的声声咏叹，普遍具有怪伟超拔的风格和特征，成为纪行诗的典范。杜甫自同谷出发时是十二月一日，抵达成都时已是岁末，他历尽艰辛，终于在这里找到一块安身之地。

注释: * 本书认为杜甫并未到过两当县吴郁江上宅。无论是秦州还是同谷、栗亭，均距离两当县很远，此诗创作于乾元二年（759）十二月初，杜甫在嘉陵江边临近虞关附近的一座小城，于艰难苦寒之中不可能去探访一座江上空宅。杜甫自同谷经栗亭入蜀，此路并不经过两当县，一家人绕路去两当县，亦于理不合。

① 参见《剑门》。
② 参见《鹿头山》。

第六章　蜀中岁月

　　乾元二年（759）十二月底，杜甫一家抵达成都。成都原称益州、蜀郡，在至德二载（757）升为成都府。由于经济发达，人口众多，唐代有"扬一益二"之称。杜甫看到成都府非常繁华，城墙高大，屋宇华丽，街市热闹，这里气候温暖，在季冬时节居然树木苍翠。冬日的阳光让杜甫体会到异乡的温暖，但这里毕竟不是家乡，转眼之间太阳下山，鸟雀归巢，一丝思乡之念又悄悄涌上杜甫心头。

定居草堂

　　初来成都，杜甫寓居在西郊浣花溪畔的草堂寺。此时高适任彭州刺史、裴冕任成都尹、剑南西川节度使，都给了杜甫一定的帮助。高适是杜甫的老朋友，曾与杜甫同游梁宋，在长安同登慈恩寺塔，他是在乾元二年（759）五月出为彭州刺史。裴冕是河东人，以门荫入仕，守职通明，悉心奉公，果于临事，肃宗在灵武时有劝进之功。两京平，以功封冀国公，寻加御史大夫、成都尹，充剑南西川节度使。杜甫在入蜀途中所作的《鹿头山》中有"冀公柱石姿，论道邦国活"之句，其中的"冀公"指的就是裴冕。因为有这些故人帮助，杜甫在草堂寺有时听僧人说法，有时作诗作赋，日子过得还算平稳安闲。

　　次年，即上元元年（760）春，杜甫需要一个自己的居所，遂开始在浣花溪畔营建草堂。杜甫作《卜居》云：

　　　　浣花溪水水西头，主人为卜林塘幽。

　　　　已知出郭少尘事，更有澄江销客愁。

　　　　无数蜻蜓齐上下，一双鸂鶒对沉浮。

　　　　东行万里堪乘兴，须向山阴上小舟。

由诗中可见，裴冕帮助杜甫在成都西郭外的浣花溪西畔选择了一处房址，筹建茅屋。这里地处市郊，非常安静，且风光幽美，无数的蜻蜓飞来飞去，江中还有水鸟在游动。杜甫有一位姓王的表弟在成都府任司马，他听说杜甫营建草堂，亲自送来一笔钱资助杜甫，让杜甫非常感动。

　　营建草堂期间，杜甫向附近的一位萧实县令索要桃树苗，向一位韦续县令索要绵竹，向绵谷的县尉何邕索要桤木的树苗，向涪江县尉韦班索要松树苗，又向一位姓徐的朋友要了一些果树苗，这显然都是为了美化草堂周围的环境。在草堂生活离不开锅碗瓢盆，杜甫又向涪江县尉韦班索要大邑瓷碗，请他抓紧送到草堂。①

　　经过一番忙碌，草堂的主体部分终于建成。杜甫作《堂成》云：

　　　　背郭堂成荫白茅，缘江路熟俯青郊。

　　　　桤林碍日吟风叶，笼竹和烟滴露梢。

　　　　暂止飞乌将数子，频来语燕定新巢。

　　　　旁人错比扬雄宅，懒惰无心作《解嘲》。

草堂在成都西南三里处，背靠城郭，屋顶遮盖着茅草，江边有一条

---

① 　参见《萧八明府实处觅桃栽》《从韦二明府续处觅绵竹》《凭何十一少府邕觅桤木栽》《凭韦少府班觅松树子栽》《诣徐卿觅果栽》《又于韦处乞大邑瓷碗》。

行人踩出来的小路通向这里。草堂环境幽美，四周包围着树木和竹林，各种鸟儿在草堂边飞来飞去。因为杜甫有文名，而西汉辞赋家扬雄也曾在附近居住，所以就有人将杜甫比成扬雄，杜甫自然颇为得意。从这首诗中，可以看出草堂初成时杜甫愉悦的心情。

杜甫所营建的草堂只是几间茅屋，占地1亩左右。杜甫去蜀之后，这座草堂逐渐荒芜颓败。到五代时，诗人韦庄任职前蜀，找到草堂遗址，重修了杜甫草堂。北宋元丰年间，成都知府吕大防再次重修草堂，此后又重修过多次。明清时期重修扩建杜甫草堂，使草堂面积扩大，并逐步形成了依中轴线修建主体建筑的格局，又广植竹木，使草堂成为一处园林式建筑。现杜甫草堂内有大廨、诗史堂、柴门、工部祠、草堂书院等建筑，工部祠前有清代书法家何绍基撰写的对联："锦水春风公占却，草堂人日我归来。"清咸丰四年（1854），时任四川学政的何绍基由果州（今四川南充）回成都，

杜甫草堂

杜甫草堂中的杜甫像

恰逢"人日"，他在杜甫草堂撰写了这副对联，其中暗含踵武诗圣之意。工部祠内有杜甫彩塑小像，祠的侧后方有茅草碑亭，内有"少陵草堂"石碑。工部祠和少陵碑亭之后是根据四川民居而建的"杜甫茅屋"，其后是唐代民居遗址。现在的杜甫草堂内，竹林苍翠，梅花如海，古木参天，环境幽静，其规模已远大于杜甫当年所营建的草堂。

杜甫一家在草堂的生活是安闲惬意的。这里远离城市，江边的小村只有八九户人家。初夏时节，水塘中长出荷叶，田间长满麦子，柳条青青，果园飘香。夏季则风吹翠竹，雨裛红蕖，江水上涨，鸥鸟飞翔，渔人驾船在江水中出没。妻子在纸上画出棋盘要与杜甫对弈，小儿子则用针做成鱼钩到江边钓鱼。有时有客人来草堂拜访，杜甫就到自己种的菜地里采摘蔬菜，招待客人，主客对谈终日。送客人走时，杜甫还会邀请客人再来草堂作客。①

杜甫的北邻是一位退休的县令，为人风雅，又能写诗，喜欢喝酒。他在宅院的旁边栽种了很多野竹，常常头戴白色头巾在江边游玩。他时常来拜访杜甫，谈论诗文。杜甫的南邻住的是一位锦里先生，他在园中种了一些芋栗。江水上涨，他邀请杜甫登上小船到江上游玩，一直到月亮升起才高兴地回来。②

有一天，一位名叫韦偃的画家来拜访杜甫，他看杜甫喜欢自己的画，就在杜甫草堂的东壁画了两匹马，一匹在低头吃草，一匹在引颈长鸣，神态毕现。这位画家又擅长画松树和人物，杜甫手头恰有一匹素绢，他希望韦偃在上面放笔挥毫。③杜甫此时还结识了一位名叫王宰的画家，这位画家擅画山水，他画的昆仑方壶图精妙无

---

① 参见《为农》《狂夫》《江村》《宾至》。
② 参见《北邻》《南邻》。
③ 参见《题壁画马歌》。

比，咫尺画幅就能展现万里江山。

在远途奔波之后，终于有了这样一个安居之所，杜甫感觉自己简直可以在这里归隐终老。

成都游踪

杜甫抵达成都之后，开始在成都及其周边参观游览。上元元年（760）春，杜甫游览了成都的武侯祠，并作《蜀相》云：

> 丞相祠堂何处寻？锦官城外柏森森。
> 映阶碧草自春色，隔叶黄鹂空好音。
> 三顾频烦天下计，两朝开济老臣心。
> 出师未捷身先死，长使英雄泪满襟。

蜀相即诸葛亮，刘备在成都称帝时曾任丞相，因其曾被封为武乡侯，故其祠堂又称武侯祠。杜甫去成都寻找武侯祠，这座著名的祠堂就坐落在成都南郊长满柏树的地方。杜甫怀着崇敬的心情走进祠堂，只见祠堂内的台阶旁长满碧草，又听到黄鹂在树上发出好听的鸟鸣。杜甫不由想起诸葛亮的丰功伟绩，当年先主刘备三顾茅庐，诸葛亮为其制定了联吴抗曹、西取刘璋的大计，后来又辅佐后主刘禅，贡献了老臣的忠心。诸葛亮曾多次北伐，最终出师未捷，病死军中，使人感怀痛惜。想到诸葛亮壮志未酬，而自己致君尧舜的理想亦未能实现，此与诸葛亮何其相似。想到这里，杜甫不禁流下泪来。

武侯祠由成都王李雄建于西晋末年，原与昭烈庙相邻。明代将祠庙合并，清代重修时保留了这种君臣合祀的格局。现在，武侯祠

白沙翠竹江村暮
相送柴門月色新

[清] 王时敏《杜甫诗意图册》

依旧是成都的著名景点，祠内有"蜀丞相诸葛武侯祠堂碑"，刻于唐宪宗元和四年（809），是剑南节度使武元衡所立，由裴度撰文，柳公权之弟柳公绰书丹，名匠鲁建镌刻，称"三绝碑"。二门内有刘备殿，后为诸葛亮殿，有清末光绪年间任四川盐茶使的赵藩所撰对联云："能攻心则反侧自消，从古知兵非好战；不审势即宽严皆误，后来治蜀要深思。"正殿之西为刘备惠陵，建兴元年（223）八月刘备葬于此陵。

武侯祠中的诸葛亮像

杜甫还曾在成都的碧鸡坊一带游览。成都之坊百有二十，第四曰碧鸡坊，其位置在城之西南。杜甫《西郊》诗云："时出碧鸡坊，西郊向草堂。市桥官柳细，江路野梅香。"可见杜甫似乎经常在这里游玩。唐代的碧鸡坊在今成都市望江楼公园一带，位于成都东门外九眼桥下的锦江边上。锦江是唐宋时期重要的交通枢纽，成都的蜀锦、生丝、茶叶、药材、漆器等，都要通过锦江运往全国各地。而九眼桥一带当时是锦江的水码头，进出成都必须从此经过。后来，唐代女诗人薛涛曾在此居住。薛涛字洪度，生于唐代宗大历五年（770）。她聪慧能诗，又擅长书法，在成都一带颇有声名，被称为"巴蜀才女"。韦皋镇蜀，曾召令侍酒赋诗。她与多任西川节度使都有诗酒交谊，也与当时诗人有广泛

薛涛墓

古琴台遗址

交往，白居易、元稹、杜牧、刘禹锡等皆曾与之唱和。晚年，她还曾在碧鸡坊建吟诗楼。今望江楼公园竹林四合，有望江楼、吟诗楼、薛涛墓、薛涛井等建筑和古迹。

杜甫《琴台》诗云："茂陵多病后，尚爱卓文君。酒肆人间世，琴台日暮云。野花留宝靥，蔓草见罗裙。归凤求皇意，寥寥不复闻。"可见，杜甫曾到琴台游览。琴台在成都西南五里处，相传为汉代辞赋家司马相如与其妻子卓文君当垆卖酒处，有司马相如宅。杜甫游览此地，看到琴台旁边开着野花，就仿佛是卓文君美丽的酒窝，那些绿草就仿佛是卓文君翠绿的罗裙。当年，司马相如曾为卓文君弹奏《凤求凰》，可惜这样美好的曲子再也不能听到。今成都百花潭公园北门外有琴台路，即是唐代的古琴台遗址。

此外，杜甫还参观了成都的石镜、石笋和石犀。据《华阳国志》，蜀中武都有一丈夫化为女子，美而艳，实为山精。蜀王纳其为妃，不习水土，后死去。蜀王哀念之，乃遣五丁之武都担土为妃作冢，盖地数亩，高七丈，上有石镜。杜甫游览此地，作《石镜》云："蜀王将此镜，送死置空山。冥寞怜香骨，提携近玉颜。众妃无复叹，千骑亦虚还。独有伤心石，埋轮月宇间。"此诗叙述了蜀王与该女子的爱情故事，缠绵而哀婉。古蜀国有立石为墓表的葬俗，杜甫见到的石镜原在四川成都旧城内之武担山，当属墓表，今已不存。

石笋在成都城的西门外，是两个巨大的石柱，相传石笋之下即是海眼，石笋则是海眼的镇物。杜甫游览此地，认为石笋可能只是前朝卿相坟墓前的墓表。石犀原在成都南三十五里处，共五件，乃战国时期蜀郡太守李冰为镇压水精而雕刻。据《华阳国志》，李冰作石犀五头以厌水精，穿石犀溪于江南，命曰犀牛里。后转置犀牛二头：一在府市市桥门，今所谓石牛门是也；一在渊中。杜甫参观

都江堰　　　　　　　　　　　　　　　　都江堰玉磊关

石犀后作《石犀行》，歌颂了李冰治水的功绩。石犀旧在成都新西门将军衙门内，清代尚存，现已不知所踪。今四川阆中城南门外有石犀，或与其类似。

　　上元二年（761）秋，杜甫去往蜀州青城县（今四川都江堰市）一带游览，并游览了附近的丈人山（今青城山）。[①] 都江堰在成都西北六十公里处，公元前256年兴建的水利工程都江堰就在这里。杜甫来到这里，只见岷江滚滚，玉垒巍巍，景色壮观。现都江堰依旧是著名景区，内有堰功道、伏龙观、碑亭、飞沙堰、宝瓶口、鱼嘴、二王庙、李冰纪念馆和禹王宫等景点。这里的玉垒山上有著名的松茂古道。该古道是古代成都平原与松潘和茂县之间的通道，起点在都江堰，终点在现在的阿坝地区。古道最晚在三国时期就已开通，曾是一条经济大动脉，被称为"南方丝绸之路"。杜甫到此地游览，很可能就曾走在这条古道上。都江堰附近有灌县古城，城边有一座

————————————

① 参见《丈人山》。

南桥横跨在岷江之上，颇为古雅。

自都江堰南行十五公里，抵达丈人山。丈人山即青城山，据说黄帝曾封此山为"五岳丈人"，故有此称。这里是道教的祖庭之一，前号青城峰，后名大面山。《仙经》云此是第五洞天，上有流泉悬澍，一日三时洒落，谓之潮泉。杜甫《丈人山》云："自为青城客，不唾青城地。为爱丈人山，丹梯近幽意。"又云："丈人祠西佳气浓，绿云拟住最高峰。"可见，杜甫对此地颇为喜爱，他甚至觉得自己可以在这里返老还童。现在这里风光秀丽，极为幽静。山上绿树成林，竹树婆娑，有玉清宫、圆明宫、上清宫、老君阁等建筑。

青城山山门

生活与交游

四川是天府之国，杜甫在富足安闲的成都过上了相对平稳的生活。在多年的饥寒和奔波之后，这样的生活显得尤为可贵。他有时泛舟于浣花溪上，看儿童在溪水两岸戏耍，有时则独自读书喝酒或与隐士对谈,悠然自得。上元二年(761)春天的一个夜晚,春雨飘洒,滋润万物,杜甫作《春夜喜雨》云:"好雨知时节,当春乃发生。随风潜入夜,润物细无声。野径云俱黑,江船火独明。晓看红湿处,花重锦官城。"从这首诗中,可以看出杜甫在春雨降临时喜悦的心情。

　　也许是缘于春雨的滋润,草堂附近的花朵在这年春天开得格外艳丽,杜甫出门赏花,感到非常适意和愉快,其《江畔独步寻花七绝句》云:

> 江上被花恼不彻,无处告诉只颠狂。
> 走觅南邻爱酒伴,经旬出饮独空床。
>
> 稠花乱蕊裹江滨,行步欹危实怕春。
> 诗酒尚堪驱使在,未须料理白头人。
>
> 江深竹静两三家,多事红花映白花。
> 报答春光知有处,应须美酒送生涯。
>
> 东望少城花满烟,百花高楼更可怜。
> 谁能载酒开金盏,唤取佳人舞绣筵。
>
> 黄师塔前江水东,春光懒困倚微风。
> 桃花一簇开无主,可爱深红爱浅红?
>
> 黄四娘家花满蹊,千朵万朵压枝低。

留连戏蝶时时舞，自在娇莺恰恰啼。

不是爱花即欲死，只恐花尽老相催。
繁枝容易纷纷落，嫩蕊商量细细开。

杜甫的这组绝句，描写了浣花溪畔鲜花竞放、春意盎然的美好景色。绝句的第一首，写的是寻花之始。杜甫被江边的春花所引逗，急切地想去赏花。他有一位邻居叫斛斯融，是自己的酒友，杜甫跑去邀请这位朋友一同去江边赏花，却发现他出外饮酒，离家已经十多天了。第二首写初至江边所见。杜甫来到江边，只见整个江岸已经被繁花所包裹。杜甫想：别看我已垂垂老矣，可我依旧能够饮酒赋诗，并不服老，春光啊，还是不要欺侮我这个白头的老人吧。第三首写临江人家的景色。江岸边的竹林中住着两三户人家，他们家里也开着撩人的红花白花。面对这样的美景，杜甫想或许只有痛饮美酒，才能不辜负这美好的春光。第四首写回望少城所见所想。少城指成都西面的小城，杜甫东望少城，只见鲜花盛开，百花簇拥着高楼，风景分外可爱。面对如此美景，真应该载酒痛饮，并唤来歌妓歌舞佐欢。第五首写黄师塔一带的风光。黄师塔前江水东流，春风和煦，春光无限。那里有一簇桃花开得正盛，惹人怜爱。第六首写黄四娘家的景色。黄四娘家也是鲜花盛开，鲜花把花枝都压得低垂下来。这里蝴蝶飞舞、鸟儿啼叫，一片春意。第七首写惜花之情。杜甫觉得，并不是自己是多么喜欢这些花朵，而是自己害怕花朵凋零所预示的年光流逝和老境逼来。毕竟花到盛开就要凋落，所以他希望这些花朵能慢慢开放。这组诗写出了杜甫的寻花和爱花之情，也写出了杜甫当时愉悦的心情。

浣花溪

　　依旧是在上元二年（761）的春天，春雨之后浣花溪水大涨，居然宛如大海。杜甫颇有兴致，他在水边新建了栏杆，以供自己在此垂钓，又特意编了个木筏子，以便乘着它在江中游览。面对如海的春水，杜甫希望有一个才思如同陶渊明、谢灵运一样的写诗的高手与自己一起作诗，一起出游。[①]

　　在这个美好的春天，杜甫居住的草堂一带花开鸟语，春色逼人。杨花飞舞，地上仿佛铺上了一层白毡，荷叶生长，水面如同堆叠着无数的青钱。桑叶柔嫩，麦苗生长，杨柳依依，无限美好。在春光之中，杜甫或寻春于江畔，或小饮于草堂。江水奔流，杜甫的心此

———————————

① 　参见《江上值水如海势聊短述》。

时却很宁静，白云飘浮，诗人的心仿佛与之同样安闲。①

但是，在安闲与适意中，杜甫还是时时关注国事，思念亲人。上元元年（760）秋，杜甫在草堂闲居，作《野老》云："野老篱边江岸回，柴门不正逐江开。渔人网集澄潭下，估客船随返照来。长路关心悲剑阁，片云何意傍琴台？王师未报收东郡，城阙秋生画角哀。"诗中所写是杜甫在草堂的生活，他观看渔民在江中撒网捕鱼，又看到商贩的船只在江中来来往往。杜甫心中一直担忧国事，他想到京东诸郡此时尚未收复，不禁伤怀。忽然一阵凄厉悲凉的角声从城楼上远远传来，像极了杜甫此时的心情。杜甫还时时想念自己的弟弟妹妹，经常步月中庭，夜不能寐，担心自己的衰病之身活不到与他们见面的那一天。

中原一带尚在叛军控制之下，蜀中也时有边警，并不安稳。而此时杜甫一家人的生计全靠朋友接济，时时有柴米之忧，这也让杜甫颇为挂怀。杜甫到成都后，在生活上得到了成都尹、剑南西川节度使裴冕的帮助。上元元年二月，裴冕回京，任尚书右仆射。裴冕离开成都后，接替其镇蜀的是李国贞。李国贞本名若幽，他是李唐宗室，也是杜甫的表亲，曾任绵州参军、殿中侍御史、房陵太守、河南尹、京兆尹等职。上元元年三月为成都尹、兼御史大夫、充剑南节度使。上元二年春，杜甫曾作《奉酬李都督表丈早春作》与之唱和。

到上元二年二月，崔光远兼任成都尹，充剑南节度营田观察处置使。崔光远是滑州灵昌（今河南滑县）人，少历仕州县，与杨国忠以博徒相得，累迁至左赞善大夫、长安令、京兆少尹。玄宗幸蜀

---

① 参见《绝句漫兴九首》其七。

时，诏留光远为京兆尹、兼御史中丞，充西京留守采访使，曾伪降安禄山。肃宗即位，崔光远奔赴行在，任御史大夫，曾于渭北召集人吏之归顺者，杜甫可能与其相识于此时。后杜甫上疏救房琯，触怒肃宗，诏三司推问，时任御史大夫的崔光远曾参与其事。杜甫与这位崔光远虽然相识于凤翔，却并无深交，杜甫得到的帮助也十分有限，生活往往陷于困顿。上元二年（761），杜甫已经五十岁，虽然已渐入老境，为了生计却不得不强颜欢笑，与这位新任的成都尹勉强应酬，这使杜甫心中充满悲凉。回到家中，依然是家徒四壁，而痴儿啼饥索饭，则更添忧愁。①

上元二年（761）四月二十八日，梓州副使段子璋反。段子璋素来骁勇，曾从玄宗在蜀有功，后东川节度使李奂奏替之，段子璋遂举兵袭李奂于绵州。李奂战败，奔成都。段子璋又袭破遂州，刺史虢王李巨苍黄修属郡礼迎之，子璋杀之。段子璋遂自称梁王，改元黄龙，以绵州为龙安府，置百官，又陷剑州。五月十一日，成都尹、西川节度使崔光远率牙将花敬定及李奂、高适等攻绵州，十六日击败段子璋，平息叛乱，擒子璋杀之。平息叛乱后，诸将置酒庆功，杜甫在宴会上作《戏作花卿歌》，称赞花敬定是成都猛将，连学语小儿也知其姓名，又称赞他身手矫捷，作战勇敢，亲手斩杀段子璋，立下大功。庆功宴上音乐响起，丝管纷纷，杜甫又作《赠花卿》云：

> 锦城丝管日纷纷，半入江风半入云。
> 此曲只应天上有，人间能得几回闻？

---

① 参见《百忧集行》。

此诗风华流丽，顿挫抑扬，其主旨是写宴会上音乐出神入化，悦耳动听。但因为这位花敬定在平叛后曾恃功大掠东蜀，后人遂以为此诗语含讥讽，是讥讽花敬定僭用天子礼乐。但花敬定平叛有功，杜甫不当对其语含讥讽。从唐代宫廷音乐的状况看，花敬定更无使用朝廷礼乐的可能。所以，讥讽僭用天子礼乐之说并不成立。在这样的宴会上，杜甫不是主角，他只是一位"强将笑语供主人"的满含辛酸、贫病潦倒的流寓者而已。

上元二年（761）八月，一场大风吹掉了杜甫草堂上的茅草，更让杜甫心焦，其《茅屋为秋风所破歌》云：

> 八月秋高风怒号，卷我屋上三重茅。茅飞渡江洒江郊，高者挂罥长林梢，下者飘转沉塘坳。南村群童欺我老无力，忍能对面为盗贼。公然抱茅入竹去，唇焦口燥呼不得，归来倚杖自叹息。俄顷风定云墨色，秋天漠漠向昏黑。布衾多年冷似铁，骄儿恶卧踏里裂。床头屋漏无干处，雨脚如麻未断绝。自经丧乱少睡眠，长夜沾湿何由彻。安得广厦千万间，大庇天下寒士俱欢颜，风雨不动安如山。呜呼，何时眼前突兀见此屋，吾庐独破受冻死亦足。

由诗中可见，这场狂风很大，将杜甫草堂上的茅草吹得到处都是，南村的儿童公然抱起茅草跑到竹林之中。风停之后，乌云聚集，一会儿就下起雨来。茅屋漏雨，雨脚如麻，杜甫在这样的长夜中彻夜难眠。杜甫有着仁者情怀与宽阔胸襟，他因为自己的遭遇而思及天下穷人，希望眼前出现千万间广厦让天下穷人居住，如果这个愿望能够实现，他自己宁愿房屋破漏，受冻而死。

茅屋為秋風所破歌

八月秋高風怒號，卷我屋上三重茅。茅飛渡江灑江郊，高者挂罥長林梢，下者飄轉沈塘坳。南村群童欺我老無力，忍能對面為盜賊。公然抱茅入竹去，唇焦口燥呼不得，歸來倚杖自歎息。俄頃風定雲墨色，秋天漠漠向昏黑。布衾多年冷似鐵，嬌兒惡臥踏裏裂。床頭屋漏無乾處，雨腳如麻未斷絕。自經喪亂少睡眠，長夜沾濕何由徹！安得廣廈千萬間，大庇天下寒士俱歡顏，風雨不動安如山。嗚呼！何時眼前突兀見此屋，吾廬獨破受凍死亦足！

乙未九秋 謝无量書

谢无量书杜甫《茅屋为秋风所破歌》

也许正是因为家庭贫困，生计艰难，杜甫此间不停地同当地官吏交往，这一方面是出于友谊，一方面显然是乞求帮助。在此期间，杜甫联系较多的是好朋友高适。高适在安史乱后任谏议大夫，至德二载（757）任扬州大都督府长史、淮南节度使，参与了平息永王李璘的军事活动。乾元元年（758）授太子少詹事，兼御史中丞，分司东都，杜甫曾有《寄高三十五詹事》诗，其中有"时来知宦达，岁晚莫情疏"之句。乾元二年五月，高适出任彭州刺史。此年年底，杜甫抵达成都，寓居草堂寺，其间高适有《赠杜二拾遗》诗，杜甫有《酬高使君相赠》诗。可见，二人一直保持着较为紧密的联系，高适对杜甫也多有帮助。

上元元年（760）秋，有一位崔五侍御去往彭州，杜甫作诗向高适求救，请他捎给高适，诗云："百年已过半，秋至转饥寒。为问彭州牧，何时救急难？"这年九月，高适转任蜀州刺史，杜甫当

杜甫草堂

即前往探望，其《奉简高三十五使君》云："当代论才子，如公复几人。骅骝开道路，鹰隼出风尘。行色秋将晚，交情老更亲。天涯喜相见，披豁对吾真。"杜甫真诚地赞颂了高适的才能，重述了两人之间深厚的友谊，其中当然也包含了祈求帮助之意。

蜀州在成都西五十公里处，即今四川省崇州市。杜甫到蜀州探望高适期间，遇到同乡韩十四将去往江东探亲，杜甫在蜀州的白马江送其登船，并作《送韩十四江东省觐》云：

> 兵戈不见老莱衣，叹息人间万事非。
>
> 我已无家寻弟妹，君今何处访庭闱。
>
> 黄牛峡静滩声转，白马江寒树影稀。
>
> 此别应须各努力，故乡犹恐未同归。

白马江在崇州市东部约8公里处，今称白马河。自此乘船原可至新津，但现在江水极浅，已经不能行船。白马江边有一座白河村，推测是因临近白马江而得名。

这位韩十四的父母，当是在安史之乱爆发后避乱江东，而韩十四也同自己一样流落蜀中。战乱之中，物是人非，亲人离散成为常事，杜甫自己的弟弟妹妹也流落各地，不得团圆。杜甫站在白马江边送这位同乡登船远去，想象他自此进入长江，得与亲人团聚。杜甫对韩十四说要各自保重，期待两人将来都能回到故乡，但那不知道是在何日了。杜甫此诗写得深情悲慨、凄怆悱恻，充满了动荡岁月中亲人离散、故友分别的哀愁。

上元二年（761）正月七日，高适作《人日寄杜二拾遗》，表达了对杜甫的思念之情，其中有"龙钟还忝二千石，愧尔东西南北人"之句。这首诗杜甫非常珍视，一直带在身边。十年之后的大历五年（770）正月二十一日，杜甫又取出此诗，当时高适已经去世，杜甫读罢思念故人，泪洒行间。因为杜甫和高适的人日唱和，现在的成都杜甫草堂和崇州市在正月初七人日这天都要举办"人日游园"活动。到这年冬天，高适和一位王抢侍御携酒一起到草堂看望杜甫，几位老朋友忘形痛饮，度过了快乐的一天。

在此期间，杜甫与裴迪交往颇多。裴迪是关中（今陕西）人，开元末曾为张九龄从事，与王维兄弟友善。王维得宋之问蓝田别墅，裴迪与其浮舟往来，弹琴赋诗，啸咏终日。王维被安禄山拘于洛阳菩提寺时，裴迪曾前往探望。上元元年（760），王维之弟王缙为蜀州刺史，属其为从事。此年秋，杜甫去往蜀州新津（今四川新津），拜会了裴迪，并同游了新津寺。裴迪作《登新津寺》，杜甫作《和裴迪登新津寺寄王侍郎》与之唱和，诗题中的王侍郎即王缙。此时，寺中的树叶已经变黄，古寺中飘来凄凉的蝉声，寺前的水面上有水鸟在飞翔。当天晚上，杜甫就宿于寺中。

岁末，裴迪作《登蜀州东亭送客逢早梅相忆》一诗，寄给杜甫。杜甫作《和裴迪登蜀州东亭送客逢早梅相忆见寄》与之唱和，诗云："东阁官梅动诗兴，还如何逊在扬州。此时对雪遥相忆，送客逢春可自由。幸不折来伤岁暮，若为看去乱乡愁。江边一树垂垂发，朝夕催人自白头。"此诗写对老友的思念，也写了思乡之情和暮年之悲。二人诗中的东亭，即今崇州市的罨画池，原是唐代的衙署园林。现在的罨画池内包括了文庙、陆游祠、罨画池三个部分。罨画池内的文庙始建于明代，现存建筑主要建于清康熙年间，其棂星门的如意斗拱为国内所仅见。陆游祠则是一座拥有两进院落的四合院，院内遍植梅花。罨画池有水面十余亩，中有小岛，罨画亭在其上，附

新津修觉山

近有风送花香入酒卮、琴鹤堂、问梅山馆、瞑琴待鹤之轩、半潭秋水一房山等建筑。

到上元二年（761），杜甫又去新津，有《暮登四安寺钟楼寄裴十迪》寄与裴迪，又有《题新津北桥楼得郊字》《游修觉寺》《后游》等诗。新津县在成都南五十公里处，县城南侧有修觉山，山上有修觉寺遗址。据称修觉山为神秀结庐之处，唐玄宗曾在此驻跸，并题"修觉寺"三字。山上有杜甫诗碑，高约一米，上有杜甫在新

［清］王时敏《杜甫诗意图册》

津创作的《游修觉寺》《后游》《题新津北桥楼》等三首诗歌。山顶有平台，草木茂盛，可能是唐代修觉寺或四安寺的遗址。

上元二年（761），杜甫还曾到过唐兴县，并与王潜县令有过交往。杜甫为王潜县令撰写了一篇《唐兴县客馆记》，后有《敬简王明府》《重简王明府》两首诗写给他，希望得到对方接济。唐兴县的县治所在地即今崇州市江源镇，该镇很小，已没有唐兴县的任何遗迹。

与严武的交往

上元二年（761）十二月，杜甫的好朋友严武由东川节度使改任成都尹兼剑南节度使，来到成都。严武的到来，让杜甫非常高兴。

严武是华州华阴（今属陕西）人，幼有成人之风，读书不究精义，其父是中书侍郎严挺之。他弱冠即以门荫入仕，陇右节度使哥舒翰奏充判官，累迁至殿中侍御史。曾在安史乱中从玄宗入蜀，肃宗即位后奔赴行在，宰相房琯重而荐之，累迁给事中。收京后，任京兆少尹、兼御史中丞。严武与杜甫同属"房党"，是政治上的同盟。乾元元年（758）六月，当房琯被贬为邠州刺史时，严武也被贬为巴州刺史。乾元二年年底，杜甫抵达成都，次年严武任东川节度使，其治所在梓州（今四川三台）。上元二年（761）十二月，朝廷以东西两川合为一道，拜严武为成都尹、兼御史中丞，充剑南节度使。

在成都，杜甫与严武过从甚密，诗文酬唱颇多。宝应元年（762）春，严武作《寄题杜二锦江野亭》，邀请杜甫到成都相见。杜甫作《奉酬严公寄题野亭之作》云："拾遗曾奏数行书，懒性从来水竹

百年地僻柴門迥

五月江深草閣寒

[清]王时敏《杜甫诗意图册》

居。奉引滥骑沙苑马，幽栖真钓锦江鱼。谢安不倦登临费，阮籍焉知礼法疏？枉沐旌麾出城府，草茅无径欲教锄。"杜甫自谓生性懒惰，只在担任左拾遗时曾上书皇帝，现在则愿意住在乡野之中，在锦江边垂钓度日。既然你愿意登山临水，我希望你到草堂来做客。杜甫此诗写得随意而亲切，可以看出两人之间的密切关系。过了不久，严武果真应邀来到了杜甫草堂。他带着随从，一路问柳寻花，来看望杜甫这位昔日的好友。此时严武是两川的节度使，而杜甫不过是如浮萍一般漂泊南北的弃官归隐者。杜甫觉得，也许只有好友严武还记挂着自己。

这年二月，杜甫为好友严武写了一篇《说旱》。原来，自上年十月以来，蜀中大旱，冬麦黄枯，春种不入，致使田家愁痛，行路皆菜色。杜甫认为这是狱吏只知禁系而不知疏决，致使"怨气积，冤气盛"，从而导致大旱。杜甫建议严武亲问囚徒，除合死者之外，要下笔尽放，使囹圄一空，这样必甘雨大降。杜甫还建议严武要轻赋敬老，关心百姓生计。

此间，杜甫与严武诗歌唱和颇多。如杜甫《中丞严公雨中垂寄见忆一绝奉答二绝》云："雨映行宫辱赠诗，元戎肯赴野人期。江边老病虽无力，强拟晴天理钓丝。""何日雨晴云出溪，白沙青石洗无泥。只须伐竹开荒径，倚仗穿花听马嘶。"两首诗为酬答严武赠诗而作，第一首向严武造访草堂致谢，并告知严武自己虽年老无力，但尚计划在晴天出去钓鱼。第二首则是希望严武再次做客草堂。这两首绝句写得客气而亲密，可见二人交往之频繁、友谊之深厚。在此期间，严武对杜甫的生活多有照顾。有一次严武派人给杜甫送来一瓶乳酒，乳酒是青城山道士所酿，气味浓香。杜甫非常高兴，当下就开瓶品尝。严武此时是四川的军政长官，蜀地物产丰饶，严武又生活奢靡，杜甫此时的生活应该没有问题。

严武治理四川为政宽简，颇有成绩，百姓得其便利，吐蕃不敢犯境，此深为杜甫所称赞。宝应元年（762）春，杜甫在散步中遇到一位相识的农夫，被邀请到农家喝酒，并由农夫的境遇得知严武的善政。杜甫作《遭田父泥饮美严中丞》云：

> 步屧随春风，村村自花柳。田翁逼社日，邀我尝春酒。
> 酒酣夸新尹，畜眼未见有。回头指大男，渠是弓弩手。
> 名在飞骑籍，长番岁时久。前日放营农，辛苦救衰朽。
> 差科死则已，誓不举家走。今年大作社，拾遗能住否？
> 叫妇开大瓶，盆中为吾取。感此气扬扬，须知风化首。
> 语多虽杂乱，说尹终在口。朝来偶然出，自卯将及酉。
> 久客惜人情，如何拒邻叟。高声索果栗，欲起时被肘。
> 指挥过无礼，未觉村野丑。月出遮我留，仍嗔问升斗。

此诗中洋溢着对严武的赞美。杜甫被老农邀请到家里品尝春酒，酒酣之际，老农开始夸奖新来的成都尹严武，说这样的好官自己从未见过。老农回头指着自己的大儿子说，他在军中担任弓弩手，服役已经多年。前几天放假回家，在农忙时帮助家里务农。老农感激成都尹的善政，说自己一定缴纳赋税，绝不会做逃户。老农又对杜甫说，今年大办春社，非常热闹，希望杜甫能在这里多住几天。他喊老伴打开大酒瓶，为杜甫从盆中夹菜，又让老伴在饭桌上摆上果栗。这顿酒从上午一直喝到下午，杜甫几次起身告辞都被老农按住，只喝到月亮升起才放杜甫回家。此诗写农夫率真淳朴的性格，主旨在赞美严武的善政，看来杜甫对严武治理蜀中的政策和成绩是十分赞许的。

这年暮春，严武与杜甫一起登上成都西城楼。严武写了《西城晚眺》一诗。杜甫作《奉和严中丞西城晚眺十韵》与之唱和，诗中有"汲黯匡君切，廉颇出将频。直词才不世，雄略动如神。政简移风速，诗清立意新"之句，赞美严武忠于朝廷，严于治军，言辞直切，才干出群，而且执政简明，诗意清新。此时的严武深得朝廷信任，担任着蜀中的军政长官，负有治理和保卫两川的重任，杜甫希望他能忠心为国，建立不世的功业。

宝应元年（762）五月，严武又一次携带酒食访问草堂。他的马队停在花丛之旁，杜甫在竹林里准备宴席招待这位老友。严武多次来到草堂看望杜甫，可见宽于礼数，重视友情。而杜甫觉得自己住处偏僻，草堂简陋，实在愧对老友。两人在草堂附近看渔民荡舟打鱼，又分韵赋诗，度过了愉快的一天。[1] 杜甫有时也到成都去看望严武，有一次二人在严武官署喝酒，见堂壁上悬挂着蜀道地图，遂以此为题，分韵作诗，杜甫抽到的是"空"韵，并写出了"剑阁星桥北，松州雪岭东。华夷山不断，吴蜀水相通"的诗句。[2]

流浪川北

上元二年（761）九月十五日，肃宗生病。百官到佛寺斋僧，为其祈福。上元三年四月初三日，楚州刺史崔侁献定国宝玉十三枚，置于日中，皆"白气连天"。崔侁称楚州寺尼真如恍惚见天帝，天帝以此十三宝授之。上元三年建巳月（四月）初三，唐玄宗去世。

---

[1]　参见《严公仲夏枉驾草堂兼携酒馔》。
[2]　参见《严公厅宴同咏蜀道画图》。

此月十四日，肃宗大渐，诏皇太子监国。十六日，改元宝应。宝应元年（762）四月十八日，肃宗崩于长生殿。

　　当玄宗与肃宗先后去世之时，朝政极为混乱。最初，张皇后与宦官李辅国互相勾结，专权用事。后二人有隙，当肃宗病危之际，张皇后联络太子，拟诛杀李辅国，被太子拒绝。张皇后又联络越王李系，命内谒者监段恒俊选宦官有勇力者二百余人，授甲藏于长生殿后，再以肃宗之命召太子进宫，拟加以谋害，以图废立。宦官李辅国、程元振侦知此谋，乃勒兵于凌霄门，俟太子至，即卫从太子入飞龙厩，以甲卒守之。是夜，勒兵三殿，收捕越王李系、段恒俊及知内侍省事朱光辉等百余人，幽张皇后于别殿。李辅国等杀张皇后及越王李系等，拥戴太子即位，是为代宗。代宗以李辅国有功，进号"尚父"，后任司空兼中书令。李辅国恃功骄横，竟对代宗说："大家但居禁中，外事听老奴处分。"程元振任为右监门将军，宦官朱光辉等二十余人则流于黔中。

　　到宝应元年（762）六月，朝廷以兵部侍郎严武为西川节度使，并招严武入朝。七月，严武启程，杜甫一直相送到绵州（今四川绵阳）奉济驿。黄昏时分，二人共同登上了绵州杜刺史的江楼，只见雾气漂浮于沙渚之上，微风吹动着登楼者的衣襟，大船在涪江上来回穿梭，鸟儿在楼边飞来飞去。不久，夜幕降临，月亮升起，群星闪烁。想到严武就要离开，杜甫不知道何日才能与其再次见面。这位绵州杜刺史就是杜甫的从孙杜济，他也是严武的莫逆之交，周旋吴蜀，备历艰危，严武再次镇蜀时曾任命其为行军司马。[①] 杜甫认为代宗即位，战乱未平，朝廷需要严武这样的旧臣支撑局面，对其将有重

---

①　参见《送严侍郎到绵州同登杜使君江楼》。

要任命。他希望严武若登台辅，千万不要临危自保。二人举杯告别，内心充满不舍。[1]

严武离开成都后，剑南兵马使徐知道于宝应元年（762）七月十六日纠集蛮夷造反，叛乱者在半夜斩杀白马，歃血为盟，联络羌兵，杜塞剑道，倾竭府库，涂炭黎民。在这种情况下，严武亦不得出川。由于争权夺利，叛军内部开始争斗。徐知道曾遣裨将曹怀信招降杜济，反被杜济执以归朝。直到八月十三日徐知道为其部将李忠勇所杀，叛乱才逐渐平息。

因为成都兵乱，杜甫只能滞留绵州。他住在绵州公馆中，百无聊赖，常到涪江边上去观看渔民打鱼。只见渔民投下大网，一网上来就是数百条大鱼，可见捕获甚易。[2]

太宗的儿子越王李贞在任绵州刺史时，曾用时三载在涪

越王楼

绵阳李杜祠

---

① 参见《奉送严公入朝十韵》。
② 参见《观打鱼歌》《又观打鱼》。

江之滨建了一座越王楼。这座高楼矗立在绵州西北部，高盈百尺，非常壮丽。在绵州期间，杜甫曾登上这座高楼，观览怀古。[①] 这座越王楼曾多次重建，后又被毁。1990年，绵阳市开始重建越王楼，十年后完工。重建的越王楼占地84亩，主楼高99米，建筑面积两万多平米。登越王楼，可眺望绵阳和涪江景色。

绵阳是杜甫曾游之地，又距李白的家乡江油很近，所以这里建有一座李杜祠，以纪念李白、杜甫二人。李杜祠建于清光绪二十六年（1900），位于富乐山侧，由当时的绵州教谕吴朝品等地方官主持修建。现祠内有仙圣堂、问鱼舫、问津楼、春酤亭、东津门坊等建筑。祠内藏有《李杜祠记》和《古春酤亭记》等历代碑刻十余通。

杜甫在绵州时，汉中王李瑀正在梓州（今四川三台）。因为杜甫生计没有着落，遂去往梓州投奔李瑀。李瑀是睿宗之孙、让皇帝李宪之子、汝阳王李琎之弟，早有才望，仪表伟岸，通晓音律，杜甫在长安时就游于其门下，与之相识。天宝十五载（756），李瑀跟随玄宗入蜀，封汉中王。乾元初，曾送宁国公主至回纥和亲，充册立使。在去往梓州之前，杜甫作《戏题寄上汉中王三首》以为联络，其中有"尚怜诗警策，犹记酒颠狂"之句，回忆昔日交游。诗中又说"蜀酒浓无敌，江鱼美可求。终思一酩酊，净扫雁池头"，提出与汉中王李瑀相见之意。稍后，杜甫应当是得到了回信，遂来到梓州投奔李瑀。

杜甫在梓州受到汉中王李瑀及其下属严二别驾等人的照顾，但实际上依旧过着寄人篱下的生活。他无衣无食，处境艰难，只能靠亲朋好友接济才能生活下去，飘零奔波已经把他变成了一个衰病的

---

① 参见《越王楼歌》。

老翁。此时安史之乱尚未平息，加之吐蕃入寇，蜀中内乱，国事堪忧。杜甫在漫长的秋夜难以入睡，想念着草堂的家人，心中充满悲凉。他给家人写了信，告诉他们自己的近况。这个时候杜甫已经萌生了出三峡转两京的念头，只是他不知道何时才能筹够盘缠走上回乡之路。①

宝应元年（762）的重阳节杜甫是在梓州度过的。这天，他想到自己的好朋友严武，想着他应该正走在出川赴京的路上。杜甫登上梓州城楼，作《九日登梓州城》云：

> 伊昔黄花酒，如今白发翁。
> 追欢筋力异，望远岁时同。
> 弟妹悲歌里，乾坤醉眼中。
> 兵戈与关塞，此日意无穷。

在重阳节，古人要登高、饮酒、赏菊。杜甫此时依旧像往年一样喝着菊花酒，但他现在已经变成了一个白发老翁。虽然依然是登高望远，但自己年老体衰，已经没有当年的体力。而战乱不息，亲人离散，关塞阻绝，回乡无期，此日登高使杜甫悲慨万端。

杜甫在梓州期间，曾居住在草堂寺，今三台中学就是原草堂寺旧址。草堂寺在清代建有杜甫祠，还曾建有一座草堂书院。现三台中学内建有"拾遗廊"，是纪念杜甫的建筑。杜甫还曾到惠义寺游览，该寺位于梓州城北的长平山上，始建于北周时期，原名安昌寺，唐代改称惠义寺。李白最初师从赵蕤，曾在此修炼。惠义寺在清代

---

① 参见《客夜》。

三台中学的拾遗廊

梓州杜甫草堂

改称琴泉寺，名称沿用至今。寺内现存观音殿、甘露阁等建筑，寺下山崖上有十个洞窟，内有造像一千余尊。杜甫在梓州期间，还曾游览城南的兜率寺及城北涪城坝西南的香积山。

现三台县城西牛头山上有一座杜甫草堂，是纪念杜甫的建筑。牛头山是唐牛头寺故址，杜甫曾到此游览，并作《上牛头寺》《望牛头寺》《登牛头山亭子》等诗作。明代这里就建有"工部祠"，后毁于兵乱。1980年，当地政府在此建了杜甫草堂，后又以杜甫草堂为中心扩建为梓州公园。2007年又在公园内新建了诗圣广场和梓州阁。梓州杜甫草堂规模较大，内有诗史堂、少陵亭等建筑。

严武去蜀之后，蜀州刺史高适代严武为成都尹、剑南西川节度使。杜甫作《寄高适》云："楚隔乾坤远，难招病客魂。诗名惟我共，世事与谁论。北阙更新主，南星落故园。定知相见日，烂漫倒芳尊。"诗中预期二人相见，举酒畅饮。但高适上任不久，徐知道即反于成都，故杜甫尚不能回归草堂。

这年秋天的某一天是次子宗武的生日，杜甫思念儿子，作《宗武生日》云："小子何时见，高秋此日生。自从都邑语，已伴老夫名。诗是吾家事，人传世上情。熟精《文选》理，休觅彩衣轻。"杜甫勉励宗武读书学诗，继承家学，不要追求富贵生活。大约是梓州的生活尚好于成都，到这年秋末，杜甫回到成都将家人接到了梓州。

一家人在梓州安住下来之后，杜甫有时间到四周游览。射洪县（今属四川）是初唐诗人陈子昂的故里，有陈子昂读书堂等遗迹，又距梓州不远，杜甫遂于这年十一月去往射洪游览。在涪水西岸的群山之中有一座金华山，杜甫将船停在绝壁之下，拄着拐杖走上了弯曲的山路。他登上山顶四处顾盼，居然可以看到西面的雪岭。杜甫在金华山玉京观看到很多人在烧香祈福，他找到陈子昂读书堂遗

陈子昂读书台上的拾遗亭

迹，只见石柱倾斜，青苔遍地，读书堂内一片破败萧瑟。此时鸿雁
哀鸣，悲风吹过，仿佛与他一起共同哀悼这位伟大的诗人。在此之后，
杜甫又来到县内的东武山下参观了陈子昂故宅。他认为陈子昂是初
唐的伟大诗人，其诗歌堪继骚雅，其地位可与扬雄、司马相如比肩，
其忠义之气可彪炳青史，诗篇也将万古流传。①

　　金华山是道教圣地，因其山贵重而华美，故名。金华山道观始
建于梁天监年间（502—519），在唐代称九华观，宋代称玉京观。
清代是四川省四大道观之一，亦曾经地方官多次维修。现金华山道
观的建筑较为完好，自前山进入金华山，可见其门柱上有对联云：

---

① 　参见《冬到金华山观因得故拾遗陈公学堂遗迹》《陈拾遗故宅》。

"千山景色此间有，万古书台别地无。"盖以陈子昂读书台相标榜。进入大门，有建造华美的百尺桥。过百尺桥，登"青云梯"，抵达南山门，依次有灵官殿、吴士殿、东岳殿、约士殿、财神殿、三清殿、祖师殿、玉皇楼、纯阳阁等建筑。

陈子昂读书台遗址在今玉皇楼附近。读书台原名读书堂，也称陈公学堂，原为唐代的射洪乡学，与道观相邻。唐大历年间，曾在读书堂为陈子昂立"旌德碑"。宋嘉祐年间曾在读书堂建拾遗亭，明代又在此建明远亭和感遇亭。到清代初年，这些建筑都已坍塌倾废。康熙五十一年（1712），知县唐麟翔在此建方亭，命名为"读书台"。道光十年（1830），读书台被移到岭后的梧冈山上，在此建起玉皇楼。从玉皇楼向北进入后山，可见清道光十年（1830）移建的陈子昂读书台。此"古读书台"内建有拾遗亭，以陈子昂曾任右拾遗而得名。亭内有彩塑陈子昂坐像，塑像左右木刻陈子昂的《座右铭》《修竹篇序》等文章，亭后有文同的《拾遗亭记》。此外，这里还有留云仙馆、感遇厅等建筑。

在此期间，杜甫还曾到通泉县（今四川射洪县东南）访郭元振故居。郭元振即郭震，魏州贵乡（今河北大名）人。年十八举进士，曾任通泉县尉。曾上武后《宝剑篇》，迁主客郎中、凉州都督。因助玄宗平太平公主，进封代国公。杜甫参观的是郭元振在通泉县的住宅，并认为他不愧是一代名臣。杜甫还在通泉县庆善寺观看了薛稷的书画。薛稷是唐代著名的书画家，曾任太子太保、礼部尚书。杜甫看到他书写的匾额以及在寺庙中的绘画，又于县署壁后观看了他所画的十一只鹤，深为其技艺所折服。此外，他还曾与监察御史王某、通泉县令姚某等共同出游。

宝应二年（763）春，忽然有一个好消息传到蜀中，安史叛军的首领史朝义被部将杀死，安史之乱平息。原来，安禄山起兵后在至德二年（757）被安庆绪所杀，到乾元二年（759）安庆绪又被史思明所杀。史思明本是营州胡人，身材瘦小，深目鸢肩，性情刚急。他与安禄山原来都在节度使张守珪手下任捉生将，擅长骑马，作战骁勇，累拜大将军。安史乱中，他为安禄山攻劫郡县，所向无敌。安庆绪杀安禄山后，史思明曾投降朝廷，被封为归义王、范阳节度使。次年，史思明复反，自立为燕王，出兵解安庆绪相州之围。当九节度使引退之时，安庆绪至，被史思明所杀，并其众。史思明回至蓟城，立宗庙社稷，以长子史朝义为怀王，令其妻行亲蚕之礼于东郊。后又引兵南来，攻陷洛阳。史思明与其子史朝义在征战中反目，史朝义派部将擒史思明，并缢杀之。

史朝义自立为帝，号显圣。宝应元年（762），葬思明于良乡东北冈。是年冬十月二十七日，官军次洛阳北郊。二十九日，战于横水，史朝义大败，渡河奔冀州。三十日，官军收东京、河阳、汴、郑、滑、相、魏等州。十一月二十二日，伪恒州节度使张忠志以赵、定、深、恒、易五州归顺。史朝义取道北走，将投奚。十二月，被部将李怀仙诱杀于范阳城东，函其首，献于阙下。

自天宝十四载（755）十一月安史叛乱爆发，至宝应元年（762）十二月史朝义被李怀仙所杀，持续八年的安史之乱终告平息，河南、河北诸州郡尽为唐军收复。消息传到梓州，是次年春天，杜甫欣喜若狂，作《闻官军收河南河北》：

剑外忽传收蓟北，初闻涕泪满衣裳。

却看妻子愁何在，漫卷诗书喜欲狂。

白日放歌须纵酒，青春作伴好还乡。

即从巴峡穿巫峡，便下襄阳向洛阳。

这首诗被称为杜甫的"生平第一首快诗"。当叛乱平息的消息传到剑门关以南的梓州，杜甫听到这个消息后禁不住激动地流下泪来。再看自己的妻子儿女，她们脸上的愁容也一扫而光。杜甫漫卷诗书，高兴得几乎要发狂。他纵酒放歌，想趁着明媚的春光，乘船过三峡，再北上经过襄阳直奔洛阳。此诗一气贯注，流利晓畅，气脉蝉联，写出了杜甫的一片喜悦之情。

这年春天，杜甫游览了梓州的牛头寺、兜率寺、惠义寺等名寺，纵情漫游，自是快慰，而年老思家，又使杜甫伤怀。[①] 杜甫有一位童年好友路六在梓州任梓州从事兼监察御史，他在此时被召入朝，杜甫作《送路六侍御入朝》诗云："童稚情亲四十年，中间消息两茫然。更为后会知何地，忽漫相逢是别筵。不分桃花红似锦，生憎柳絮白于绵。剑南春色还无赖，触忤愁人到酒边。"此诗写自己与路六忽而相逢，又忽而相别，沉郁苍凉，境界浑成，数语之间含无限悲伤。而好友入朝，自己却只能继续滞留在梓州。

这年春天，杜甫还曾到涪城县香积寺游览，并作《涪城县香积寺官阁》一首。唐代的涪城县治在今三台县花园镇，其位置约在今绵阳市和三台县中间。现在，这里是一个非常普通的川北小镇，周边的农田中种着一种叫作麦冬的中药材。杜甫当年曾经游览的香积寺已难寻踪迹，三台县刘营镇菩提村附近有一座菩提寺，或是其旧址。

杜甫还曾到盐亭县（今属四川）游览。杜甫有《行次盐亭县聊

---

① 参见《上牛头寺》《望牛头寺》《上兜率寺》《望兜率寺》《陪李梓州王阆州苏遂州李果州四使君登惠义寺》。

含風翠壁孤煙細
背日丹楓萬木稠

［清］王時敏《杜甫詩意圖冊》

题四韵奉简严遂州蓬州两使君咨议诸昆季》诗云："马首见盐亭，高山拥县青。云溪花淡淡，春郭水泠泠。全蜀多名士，严家聚德星。长歌意无极，好为老夫听。"杜甫诗题中的"严遂州蓬州两使君"可能是盐亭的两位退休刺史，"咨议诸昆季"则指严震兄弟。严震世为田家，却是当地巨富，他屡出家财以助边军，授州长史、王府咨议参军。东川节度判官韦收荐于严武，遂授合州长史等职，为政清严，兴利除害，远近称美。盐亭县在三台县东北五十公里处，这里高山深谷，沟壑纵横。今盐亭县政府位于云溪镇上，杜甫诗中提到的"高山"就在云溪镇西，现已建为公园，上有县云庵、智慧亭、春郭亭、春晓亭等亭台。从盐亭县城（即云溪镇）中流过的鹅溪，就是杜甫诗中提到的云溪。

春末，杜甫还曾前往汉州（今四川广汉市）游房公西湖，即所谓"房池"。杜甫游房池时，汉州刺史将房琯养在湖上的一群鹅送给杜甫。杜甫作《得房公池鹅》云："房相西亭鹅一群，眠沙泛浦白于云。凤凰池上应回首，为报笼随王右军。"此诗写得诙谐洒脱，透露出杜甫当时愉快的心情。杜甫游览的房公西湖，即今广汉市内的房湖公园，原为房琯任汉州刺史时所建。现园内有房湖，水面不甚大。湖边有一座琯园，由留琴馆、清怀轩、信可居、冰光阁等建筑组成，内有房琯塑像。

这年夏天，杜甫返回梓州，此间与梓州刺史、东川节度使留后章彝多有交往。章彝是吴兴（今浙江湖州）人，曾任剑南节度使严武判官、梓州刺史、东川节度使留后。杜甫与这位章留后多次在梓州登楼宴饮，又陪其到惠义寺送别嘉州崔都督。[①]到这年秋天，杜

---

① 参见《陪章留后惠义寺饯嘉州崔都督赴州》。

广汉市房湖

　　甫又与章彝、汉中王李瑀、梓州肃明观道士席谦到一座水亭宴饮，宾主相得，非常快乐。有一位成都府的窦少尹要到成都赴任，杜甫又陪章彝到橘亭为其送行。看来杜甫与章彝关系颇为密切，故交往十分频繁。可惜这位章留后在严武重来镇蜀时因小事触怒严武而被严武杖杀。

　　广德元年（763）八月四日，房琯卒于阆州僧舍。九月，杜甫从梓州赶到阆州（今四川阆中）吊祭好友房琯，直到十二月初才回到梓州。阆州是巴蜀要冲，战国时期曾是巴国别都。这里三面临江，山水相依。在唐代，嘉陵江水道是交通要道，可与金牛道媲美。唐人入蜀可以走嘉陵江水道至阆州，然后经陆路过梓州到成都。在阆州，杜甫受到王刺史的招待，并代其拟《进论巴蜀安危表》一文，上奏代宗。此文谈到了巴蜀一带的重要地位及内忧外患，建议朝廷选派亲王和干臣能吏坐镇巴蜀，还建议撤销东川节度使，以加强西川的防御力量。此间，杜甫的舅氏崔二十四自长安赴青城县任县令，经过阆州，杜甫写诗相送，对其际遇表示同情。秋冬之际，杜甫的一位"十一舅"经过阆州，王刺史设宴相送，杜甫参加了宴会，写诗表达了惜别之情。

自广德元年秋季开始，吐蕃不断入寇，边患频发。七月，吐蕃入大震关，尽取河西、陇右之地。自武德以来，大唐不断开拓边境，在西域一带皆置都督、府、州、县。开元中，又设置朔方、陇右、河西、安西、北庭诸节度使，广征戍卒，屯田聚粮，畜养马牛，以统辖西域一带。但安史之乱爆发后，边兵精锐者皆征发入援，所留兵多为老弱，致使吐蕃不断入侵，数年之间西北数十州相继沦没，自凤翔以西、邠州以北，皆被吐蕃占领。

最初，当吐蕃入寇时，宦官程元振皆不上奏。广德元年（763）冬十月，吐蕃入寇泾州，刺史高晖投降，引吐蕃深入。直到占领邠州后，代宗才得到消息。十月初二日，吐蕃帅吐谷浑、党项、氐、羌二十余万众入寇奉天、武功，将士弥漫数十里，京师震骇。当代宗还在召集兵马时，吐蕃军已经逼近长安。十月初七日，惊慌失措的代宗逃出长安，奔往陕州。

杜甫在阆州得此消息，非常焦急，作《遣忧》云："乱离知又甚，消息苦难真。受谏无今日，临危忆古人。纷纷乘白马，攘攘着黄巾。隋氏留宫室，焚烧何太频。"此诗伤时念乱，悲愤沉痛，表现了杜甫的忧国之心。阆中古城是现在四川规模最大的明清时期古建筑群。

四川省阆中市

阆中古城南门外的石犀

古城中有华光楼，始建于唐代，重修于明代，复建于清代，登楼可俯瞰整个古城。张飞于建安二十六年（221）被害于阆中，后主刘禅追封其为桓侯。阆中古城西街有桓侯祠，又称张飞庙，张飞墓亦在其中。阆中在清代称保宁府，清代初年曾在这里开科取士，至今城中还有贡院存焉。唐代的滕王李元婴任阆中刺史时，曾在玉台山上建滕王阁，现已复建。今阆中锦屏山上有一座"杜少陵祠堂"，位于嘉陵江岸边的草木深处，祠堂门口有对联云："此地是蜀道名州，看玉台积翠，伞盖凌云，岭秀蟠龙，亭幽夺锦，佳日共登临，倚剑停琴抒远志；屡朝有嘉陵贤士，忆范目定秦，长公改历，玄称博学，宪著精忠，高山同仰止，扬帆鼓枻继雄风。"祠堂内有杜甫像，墙壁上写有杜甫的《阆山歌》《阆水歌》。

广德元年（763）的初冬，杜甫在阆州接到夫人来信，称女儿患病，这使杜甫非常着急。他急匆匆地离开阆州，一路艰辛，赶往梓州。[①] 在梓州，杜甫除照顾生病的女儿外，还观看了梓州刺史章彝的狩猎活动。时章彝以梓州刺史摄行节度使事，他所指挥的狩猎队伍有三千之众，这些骁勇的士卒连夜出发，到清晨已将猎物包围。狩猎的范围长宽均有百里，随着包围圈的缩小，很多禽兽被杀死。狩猎活动直到黄昏才结束，猎获颇丰。指挥者章彝号令严明，颇有大将雄风。杜甫想如果用这支队伍去抵御吐蕃一定会取得胜利，如此天子蒙尘的事就再也不会发生了。[②]

这年冬天，杜甫陪章彝到一座荒野中的山寺去游览，只见山寺坐落在悬崖之上，佛龛中的佛像已经面目模糊，长满苔藓，僧人也衣衫褴褛，生计困难。章彝听说后，给寺庙施舍了一些钱财。[③] 在梓州期间，章彝送给杜甫两根桃竹杖。桃竹又名棕榈竹，是一种常绿丛生灌木，因其干细而坚韧，故特别适合做手杖。杜甫拄着桃竹杖走路，脚步坚实，铿然有声。他非常高兴，想着自己可以靠此杖走过白帝城，一直走到洞庭湖的君山之上，他甚至担心桃竹杖会遇水化为蛟龙游走。[④]

广德元年（763）十一月，吐蕃入寇长安，蜀中与吐蕃接壤，亦颇不太平。杜甫作《岁暮》云："岁暮远为客，边隅还用兵。烟

---

① 参见《发阆中》。
② 参见《冬狩行》。
③ 参见《山寺》（野寺根石壁）。
④ 参见《桃竹杖引赠章留后》。

尘犯雪岭，鼓角动江城。天地日流血，朝廷谁请缨？济时敢爱死？寂寞壮心惊。"可见蜀中兵乱未停，颇不安稳。而杜甫在川北奔波流浪，寄人篱下，也感觉生活没有着落，遂决定离开蜀中，自阆州乘船沿嘉陵江南下，去往吴楚。临行之前，他派弟弟杜占回成都草堂料理家务，嘱咐他清点鹅鸭，锁闭柴门。

　　杜甫此行需要离开梓州，到阆州乘船。在离开梓州之际，梓州刺史章彝为他置酒送行，侍从和宾朋来了很多，还有健儿摇动红旗表演。杜甫感叹入蜀几年来子女的个子长高了，自己却随着年龄增长变得又老又丑。他性格直率，常常担心酒后失言惹出祸端。杜甫在蜀中四处流浪，居无定所，如同丧家之犬，现在他终于决定离开这里。因为吐蕃入侵，代宗幸陕，长安、洛阳一带已不安全，中原消息断绝，连皇帝是否平安都一无所知。所以，杜甫决定离开蜀中，去往相对安全的吴楚，他将驾上小舟，直奔洞庭湖之南的青草湖。送别宴会持续的时间很长，直到太阳西沉，倦鸟归巢，宴会还没有结束。杜甫说，如果遇到使者，他一定会写信回来。[1] 由此可见，杜甫离开蜀中，一方面是因为生计艰难，另一方面是因为蜀中也被吐蕃威胁，时有战乱，已经不太安全。而他并不想回到故乡，是因为长安和洛阳一带正经历战乱，连皇帝也在逃亡之中。杜甫要去的地方是吴楚一带，青草湖即在洞庭湖之南，可以看出此时杜甫似已有南下荆湘之意。而他之所以去往荆湘，另一方面是因为那里比较安全，另一方面则是那里有亲友可以投奔。

　　广德元年（763）十二月，杜甫一家从梓州赶到阆州，计划由此沿嘉陵江出川。约在此时，朝廷任命杜甫为"京兆功曹"，即京

---

① 　参见《将适吴楚留别章使君留后兼幕府诸公得柳字》。

兆功曹参军。杜甫《奉寄别马巴州》诗题下有自注云："时甫除京兆功曹，在东川。"在唐代，京兆府设功曹参军事二人，正七品下，掌武官选举、兵甲器仗、门户管钥、烽候传驿之事。这个官职显然不适合杜甫，故杜甫并未赴任。

在阆州，杜甫时时关注着朝廷和皇帝的安危。此时已是岁末年初，阆州城边的野草已经萌发，嘉陵江水一片碧绿，杜甫想到周穆王出行时驾着八匹骏马是何等威风，汉武帝出行时也有群臣陪伴，气势逼人。而代宗狼狈逃至陕州却是被吐蕃逼迫，想来令人伤感。皇帝蒙尘，受尽苦难，不知晚上有没有住处。皇帝身边可能缺少大将保护，连皇帝的安危恐怕都有问题。[①]

吐蕃占领长安后，劫宫闱，焚陵寝，又欲大肆抢劫财物和士女、百工。郭子仪聚拢士卒，设为疑兵，吐蕃惶骇，到广德元年（763）十月二十一日，才悉数遁去。十二月十九日，代宗车驾发陕州，二十六日回到长安。但直到广德二年的春天，身在阆州的杜甫还没有得到车驾还京的准确消息。各种消息不断传来，一会儿说代宗在洛阳，一会儿又说已派使者去往长安。杜甫还听说皇帝出逃时公主们抢夺马匹，贵妃登车离开时也泪洒衣襟。又听说皇帝出逃之初大臣和宫廷侍卫就多已逃散，吐蕃的士卒则进入了大明宫，居然坐在皇帝的床榻之上。不久，代宗还京的准确消息传到了蜀中，直到这时杜甫才松了一口气。他痛定思痛，作《释闷》云：

> 四海十年不解兵，犬戎也复临咸京。
> 失道非关出襄野，扬鞭忽是过湖城。

---

① 参见《城上》《伤春五首》。

豺狼塞路人断绝，烽火照夜尸纵横。

天子亦应厌奔走，群公固合思升平。

但恐诛求不改辙，闻道鞭鞾能全生。

江边老翁错料事，眼暗不见风尘清。

在这首诗中，杜甫感叹十年来天下未安，兵祸连连，吐蕃居然占领了长安，连皇帝也仓皇出逃。长安一带烽火照夜，尸骨纵横，豺狼当道，国家陷于危机之中。凡斯种种，都是大臣失职、宦官专权和横征暴敛所致。安史之乱平息后，杜甫以为国家已走向平稳，想不到直到现在依旧是国无宁日。此诗虽出语含蓄，却颇为沉痛。

在离开阆州之前，杜甫游览了当地的滕王亭子、玉台观、南池等名胜，感觉美丽的阆山阆水天下稀有。[①] 广德二年（764）正月三十日，杜甫又陪王刺史在嘉陵江上泛舟散愁，只见江水东岸山脉连绵，江中水流平缓。船行很慢，船头有鸥鸟在飞翔，船中有歌妓在歌唱。江风吹来，蛱蝶飞舞，鸳鸯成对，舞衣生香。此时主客举酒，畅叙别情。泛舟在嘉陵江上，杜甫想到自己的家乡也有渭水流过，如今渭水两岸也许已经鲜花盛开。他想，在乱离和漂泊中还是不要演奏那动听的音乐吧，自己这垂老之人听后会过于悲伤。[②]

按照杜甫的计划，他在阆州与故旧告别之后，即在嘉陵江乘船离开蜀中，去往荆湘一带。但在这年正月，他的好朋友严武以黄门侍郎拜成都尹充剑南节度使，又回到了成都。此前，在宝应元年（761），朝廷以兵部侍郎招严武入朝。广德元年（763），严武任京兆尹，兼御史大夫，又以严武为二圣山陵桥道使。后改任吏部侍

---

① 参见《滕王亭子》《玉台观三首》《南池》。
② 参见《陪王使君晦日泛江就黄家亭子二首》《泛江》。

郎，十月迁黄门侍郎。到广德二年正月，因蜀中形势未稳，严武请求外任，朝廷遂派其再次镇蜀。

　　严武上任后，几次与信希望杜甫回到成都。杜甫闻此消息非常兴奋，想到蜀中安稳毕竟要依靠严武这样的济世之才，而成都又是酒美鱼肥的宜居之地，遂带领全家离开阆州，去往成都。[①]

再回成都

　　杜甫怀着兴奋的心情返回成都，沿途江水清澈，和风吹拂，风景宜人。他想到回到草堂，春天还不会过去，美好的浣花溪畔竹林掩映，树木丛生，藤条缠绕，是非常适宜居住的。离开草堂几年，也许草堂周围已经荒芜。杜甫打算回去就把草堂打扫干净，把那些疯长的竹子砍掉，让小松树快快长大。有好朋友严武坐镇蜀州，杜甫愿意在草堂做一个隐士。[②]

　　约在广德二年（764）三月，杜甫回到成都的草堂，只见燕子飞翔，远鸥浮水，草堂附近的景色依旧美好。他原来栽的四棵小松树已有一人多高，五棵桃树也枝叶茂盛，只是当年修的水槛已经倾颓，原来买的那只小船也沉埋于泥沙之中。杜甫穿着草鞋，高兴地在竹林中散步。邻居见杜甫回来都非常高兴，给他送来了葫芦盛的美酒。只是杜甫的南邻酒伴斛斯融此时已经去世，令杜甫颇为伤感。人们惊叹杜甫变得又黑又瘦，杜甫则为他们讲述了流浪川北的不易与艰辛。严武也派人送来了不少生活用品，对杜甫颇为照顾。[③]

---

① 参见《将赴成都草堂途中有作先寄严郑公五首》。
② 参见《将赴成都草堂途中有作先寄严郑公五首》。
③ 参见《四松》《题桃树》《草堂》。

沙暖睡鸳鸯　写杜工部诗意

一九五四年冬雪窗陈之佛

之佛《杜甫绝句诗意》

在严武回朝期间，高适曾代严武任成都尹、剑南西川节度使。代宗即位后，吐蕃攻陷陇右，渐逼京畿。高适练兵于蜀，临吐蕃南境以牵制之，但帅出无功，而松、维等川为蕃兵所陷。因此，朝廷用严武接替高适，高适则于广德二年三月回京任刑部侍郎，转散骑常侍。杜甫在广德二年春回到成都时，高适已经回京，未及相见。杜甫作《奉寄高常侍》云"总戎楚蜀应全未，方驾曹刘不啻过"，对高适有很高的评价。

重回成都的杜甫兴致颇高，与朋友一起游览了先主庙和武侯祠，又参观了石镜、琴台等名胜，或在林下饮酒，或在水边垂钓，有时在朋友家一住就是十来天，有时又邀请朋友来草堂喝酒。看起来杜甫仿佛又回到了初来成都时的生活状态，他用轻快的笔调写道："迟日江山丽，春风花草香。泥融飞燕子，沙暖睡鸳鸯。""江碧鸟逾白，山青花欲燃。今春看又过，何日是归年。""堂西长笋别开门，堑北行椒却背村。梅熟许同朱老吃，松高拟对阮生论。""两个黄鹂鸣翠柳，一行白鹭上青天。窗含西岭千秋雪，门泊东吴万里船。"这年春天，杜甫登楼望远，作《登楼》云：

> 花近高楼伤客心，万方多难此登临。
> 锦江春色来天地，玉垒浮云变古今。
> 北极朝廷终不改，西山寇盗莫相侵。
> 可怜后主还祠庙，日暮聊为梁甫吟。

花近高楼，春光美好，但杜甫是在万方多难之际登高望远，故未觉春光之宜人，反而感到春光使人伤心。他看到锦江从眼前流过，带来了无限的春意，玉垒山浮云飘荡，恰如古今世事之变化无常。代宗逃亡陕州后已经回京，所以杜甫相信大唐的政权会永恒不变，吐蕃入侵大唐也永远不会成功。杜甫又看到远方的后主庙，想到像后主刘禅这样昏庸无能的君主至今还享受着人们的祭祀，当今皇帝远胜后主，朝廷自然充满希望。但杜甫想到自己空怀壮志，难以实现，当暮色笼罩高楼时，他不由唱起诸葛亮曾经唱过的《梁甫吟》。此诗发端悲壮，写景壮阔，可谓气象雄丽，笼盖宇宙。

任职严武幕府

广德二年（764）六月，严武表荐杜甫为节度参谋、检校尚书工部员外郎，赐绯鱼袋。节度参谋属于幕职，是严武自行辟置的职务。尚书省本设有"工部员外郎"一职，其品级为从六品上。但杜甫所任的"检校尚书工部员外郎"属于严武为其向朝廷奏请的幕职所带检校官。可见这个时期不仅方镇重任可兼台省长官，外府僚佐也可带台省衔。但这个"检校尚书工部员外郎"只是一个表明品级的虚衔，并不是尚书省工部的正式官员。

杜甫刚刚入职幕府，就参与了严武"试新旗"的活动。这是六月的一天，严武置酒公堂之上，召集宾客，观骑士试新旗。只见将士们身着戎装，站立在广庭之上，稍后就有六名骑兵手执新的旗帜入场，战马飞奔，旗帜回旋，十分壮观。[1]上一年十二月，成都之西的松、维、保三州及云山新筑二城被吐蕃攻占，当时的西川节度使高适不能救，致使剑南西山诸州入于吐蕃。现在严武重镇蜀中，训练士卒，杜甫认为蜀中安全当可保证。

---

[1]　参见《扬旗》。

　　因蜀中与吐蕃接壤，吐蕃时时威胁着成都一带的安全。入幕蜀中之后，杜甫作《东西两川说》，向严武提出安定两川的建议。杜甫认为，西山汉兵皆天辅山东劲卒，惯于战守，加上羌族的堪战了弟二万人，本可抵御吐蕃进犯。所以松、维、保三州失守，实非兵之过。现兵马使缺人，军需不足，应尽快选拔裨将统领羌汉之兵，明其号令，一其刑罚，申其哀恤，且八州兵马不宜让部落酋长统领。还应招谕獠人，安抚流民，均亩薄敛，罢免权摄县令刺史，选用贤良，改用正授。看来杜甫对东西两川的形势有清晰认识，其《东西两川说》亦颇有见地。蜀中的动荡使杜甫非常怀念开元年间的全盛岁月，当时人口众多，粮食丰足，社会安定，可惜那时的荣光已经一去不复返了。

　　严武在蜀中训练士卒，决心抗击吐蕃。广德二年（764）七月，他巡视西山前线，作《军城早秋》云："昨夜秋风入汉关，朔云边雪满西山。更催飞将追骄虏，莫遣沙场匹马还。"杜甫作《奉和严郑公军城早秋》诗与之唱和，诗云："秋风袅袅动高旌，玉帐分弓射虏营。已收滴博云间戍，欲夺蓬婆雪外城。"此诗盛赞严武收复失地的雄心。从诗中看，此时严武已经收复了位于滴博岭（又作"的博岭"）的云间城堡，正计划夺取位于蓬婆（即大雪山）之西的城池。

　　大约两个月之后，在广德二年九月二十五日，严武攻占了吐蕃当狗城，破蕃军七万。到这年十月初二日，仆固怀恩引吐蕃二万人入寇邠州、奉天一带，京师戒严。郭子仪屯泾阳，与吐蕃军对峙。在京城危急之际，严武却又一次取得胜利，他于十月二十日攻破了吐蕃的盐川城，又战于西山，取其众八万。《旧唐书》称严武镇蜀后"蕃虏亦不敢犯境"，看来实有其事。到这年十一月，怀恩与蕃军自溃，京师解严。

此间，杜甫遇到了流落成都的画家曹霸。曹霸是曹操的后代，擅长画马和人物。他曾任左武卫将军，因在玄宗末年得罪，被削职为民。在初唐时期最有名的画家是阎立本，李世民为秦王时，曾让阎立本画秦府学士杜如晦等一十八人像，后又画太原幕府功臣长孙无忌等二十四人像于凌烟阁。玄宗时，以图画岁久，恐其颜色暗淡，命曹霸将这些画像摹饰一新，又命其为御马作画，可见曹霸画艺之高超。杜甫为曹霸作《丹青引》云：

> 将军魏武之子孙，于今为庶为清门。
> 英雄割据虽已矣，文采风流今尚存。
> 学书初学卫夫人，但恨无过王右军。
> 丹青不知老将至，富贵于我如浮云。
> 开元之中常引见，承恩数上南薰殿。
> 凌烟功臣少颜色，将军下笔开生面。
> 良相头上进贤冠，猛将腰间大羽箭。
> 褒公鄂公毛发动，英姿飒爽犹酣战。
> 先帝御马玉花骢，画工如山貌不同。
> 是日牵来赤墀下，迥立阊阖生长风。
> 诏谓将军拂绢素，意匠惨澹经营中。
> 斯须九重真龙出，一洗万古凡马空。
> 玉花却在御榻上，榻上庭前屹相向。
> 至尊含笑催赐金，圉人太仆皆惆怅。
> 弟子韩幹早入室，亦能画马穷殊相。
> 幹惟画肉不画骨，忍使骅骝气凋丧。
> 将军画善盖有神，偶逢佳士亦写真。

　　即今飘泊干戈际，屡貌寻常行路人。

　　途穷反遭俗眼白，世上未有如公贫。

　　但看古来盛名下，终日坎壈缠其身。

　　这首诗一开始就叙述了曹霸的家世和画艺渊源，称他是曹操的后人，继承了先祖的文采风流。接下来就叙述曹霸在南薰殿和凌烟阁为功臣润饰画像事，赞颂他高超的画艺。然后又写曹霸为玄宗的御马玉花骢画像，突显其画马的技艺之高。最后则写曹霸当前的生活状况，言其英雄末路，生活贫苦，反被世俗所欺。此诗是为曹霸作传，层次清晰，跌宕纵横，对比强烈，感慨淋漓。诗写曹霸之贫贱沦落，实有自伤之意。后来，杜甫又在阆州录事韦讽的宅中看到了曹霸所画的九匹骏马，亦叹为神作。

　　在幕府期间，与杜甫有交往的还有一位旧识，那就是诗人任华。任华是青州乐安（今山东博兴）人，曾任秘书省校书郎、监察御史，后弃官归隐。他为人狂狷傲岸，好作大言，当其隐居绵州涪城时，曾作《寄杜拾遗》寄给杜甫。

　　广德二年（764）秋，杜甫的弟弟杜颖来成都探望兄长，兄弟相见分外感动。在离别之时，杜甫不知何时才能再次与兄弟见面，不由落泪。

　　因为杜甫担任幕府职务，他需要经常住在严武的衙署之中。这年秋天，一阵疏雨之后，衙署院中的青苔又长出了很多，树上的红果不时坠落院中。夜晚，杜甫在衙署中值守，想到平生遭际，生出无限感慨，遂作《宿府》云：

　　清秋幕府井梧寒，独宿江城蜡炬残。

永夜角声悲自语，中天月色好谁看。

风尘荏苒音书绝，关塞萧条行路难。

已忍伶俜十年事，强移栖息一枝安。

这是清秋时节的夜晚，杜甫独自在严武的衙署之中值守，梧桐凄冷，蜡炬将残。长夜之中角声悲鸣，呜呜咽咽，如泣如诉。皓月当空，月光如水，杜甫却无心观赏。在动荡的时局中，自己与家乡的联系已经切断，漂泊异乡，回家的路是如此遥远。多年以来，自己经受了无限的困苦，现在为了生计进入幕府，只不过是找到了一个暂时的安身之所。此诗通篇都是伤叹之意，沉郁而悲凉，抒发了杜甫的孤身飘零之感和寂寥落寞之情。

杜甫在供职幕府期间，也会请假回草堂探望。秋季的一天，杜甫骑马冒雨回到草堂，看到院中的松树和菊花被雨水冲洗得干干净净，他觉得草堂才是他休憩身心之所。但到了晚上，杜甫在草堂中依然难以入睡，想到国家的动荡和自身的漂泊，不由得自悲自叹。[1]

秋末冬初，因为在与吐蕃的战争中取得胜利，严武非常高兴，就与杜甫等人一起游览北池。严武命人池中采藕，又让厨师将藕做成佳肴，与杜甫等人举酒痛饮，庆祝战胜吐蕃的胜利。[2] 稍后，杜甫又陪严武到成都的摩诃池饮酒泛舟，两人又曾分韵赋诗。[3] 有一次严武请人画了一幅《岷山沱江图》，邀请杜甫观赏，杜甫看画中景物描摹得分外逼真，失声赞叹。[4]

---

[1]　参见《村雨》。

[2]　参见《陪郑公秋晚北池临眺》。

[3]　参见《晚秋陪严郑公摩诃池泛舟》。

[4]　参见《奉观严郑公厅事岷山沱江画图十韵》。

　　表面看起来杜甫在严武幕府十分如意，与严武也颇为相得。但实际上杜甫在幕府之中感觉颇不自在。他每天身穿戎装在幕府按部就班地工作，公文均有期限，考核也非常严格，这使杜甫颇不愉快。严武虽然抵抗吐蕃有功，但他在蜀中肆志逞欲，恣行猛政，为政多率胸臆，梓州刺史章彝即是因为触怒严武而被杖杀。严武又好征敛，穷极奢靡，赏赐无度，所以杜甫与他虽有私谊，在心中对其行事方式并不全部认同。而幕府之中人员众多，关系复杂，杜甫也受到年轻人的嘲笑。杜甫《莫相疑行》云："晚将末契托年少，当面输心背面笑。寄谢悠悠世上儿，不争好恶莫相疑。"可见幕府之中的确有嘲笑杜甫的轻薄少年。其《赤霄行》云："孔雀未知牛有角，渴饮寒泉逢牴触。赤霄玄圃须往来，翠尾金花不辞辱。"此正是以孔雀之受辱，暗喻自己在幕府中所受的排挤。杜甫《三韵三篇》云："高马勿唾面，长鱼无损鳞。辱马马毛焦，困鱼鱼有神。"如此比兴讽喻，反复致意，他一定是受到了较大的屈辱和挫折。

　　正是基于以上原因，杜甫在永泰元年（765）辞去严武幕职，回到草堂。自广德二年（764）六月至此时，杜甫任职幕府约半年左右。他作《正月三日归溪上有作简院内诸公》一诗给幕府中的同僚，其中有"白头趋幕府，深觉负平生"之句，表达了对任职幕府的失望之情。

去　蜀

　　杜甫辞去严武幕职后回到草堂，又过上了自在适意的生活。他看到草堂的茅屋需要修整，就开始砍伐养护了六年的竹林，准备营建茅屋的材料。杜甫雇人一个早上就砍伐了竹子上千竿，可见营建茅屋的工程很大，也说明杜甫此时还想在这里长久生活下去。[①] 修整茅屋之后，杜甫又带领孩子们在草堂四周除草，从早晨一直干到太阳落山。[②]

杜甫觉得茅屋就像是桃花源，是自己的归隐之所。这里有松树、有桃树，有竹林，群鸥乱飞，官桥柳翠，环境是如此美好。邻居又热情好客，经常送来些吃食。他在这里自由地生活，不修边幅任凭衣服打结，四处游览常把鞋底磨穿。杜甫有时乘船去先主庙，有时在浣花溪边清洗药材。有一天大风刮起，不仅吹落了枝头的花朵，还吹翻了杜甫的小船。摆脱了幕府的束缚，杜甫觉得仿佛卸掉了枷锁，感觉自己可以恣意游赏、认真写诗了。[③] 此时，杜甫和严武还继续往来，他作《敝庐遣兴奉寄严公》，邀请严武到草堂做客。

此前，杜甫的好友台州司户参军郑虔和秘书少监苏源明都已去世，杜甫曾作《怀旧》《哭台州郑司户苏少监》表达哀悼之情。永泰元年（763）正月，杜甫的好友高适又忽然去世，杜甫非常伤感，作《闻高常侍亡》云："归朝不相见，蜀使忽传亡。虚历金华省，何殊地下郎？致君丹槛折，哭友白云长。独步诗名在，只令故旧伤。"此诗称赞高适的正直品格和高妙诗才，表达了对老友的悼念之情。

永泰元年四月二十九日，年仅四十岁的严武病逝。严武卒后，杜济为西川行军司马，权知军府事。此时都知兵马使为郭英干，都虞侯为郭嘉琳，二人商议请郭英干之兄郭英义为剑南节度使，并上报朝廷。郭英义是将门子，少以父业，习知武艺，时任尚书右仆射、定襄郡王。但时任西山都知兵马使的崔旰则拟请大将王崇俊为剑南

---

① 参见《营屋》。
② 参见《除草》。
③ 参见《春日江村五首》。

节度使，亦已上报朝廷。五月二十二日，朝廷任命郭英乂为成都尹、御史大夫，充剑南节度使。

郭英乂坐成都担任节度使后，军政苛酷，肆行不轨，无所忌惮。他在成都聚女人骑驴击球，制钿驴鞍及诸服用，皆侈靡装饰，日费数万，以为笑乐。在得知了崔旰推荐王崇俊后，数日之间就借故杀掉了王崇俊，又命崔旰回成都，拟杀之。崔旰大恐，未赴成都，郭英乂遂发兵袭之。崔旰转入深山，郭英乂亲自率师攻击，值天大雪，人马冻死者数百人。崔旰出兵拒敌，郭英乂军大败而还。

崔旰为儒家子，然喜纵横之术，能得众心。他因蜀人之怨，率麾下五千余众袭成都，郭英乂出兵抵御，其众皆叛，大败。这年闰十月二十日，郭英乂单骑逃奔简州，为普州刺史韩澄所杀。邛州柏茂林、泸州杨子琳、剑南李昌巙皆起兵讨崔旰，蜀中大乱。

严武去世之后，杜甫在蜀中失去了依靠。及至郭英乂与王崇俊争夺剑南节度使，他更预感到蜀中将有大乱。永泰元年（763）五月，杜甫携家乘舟南下，离开了成都。临行之际，作《去蜀》云："五载客蜀郡，一年居梓州。如何关塞阻，转作潇湘游。世事已黄发，残生随白鸥。安危大臣在，不必泪长流。"在这首诗中，杜甫回忆了寓居成都和流浪川北的生活，称因为关塞阻隔，他将要买舟东下，以迟暮之年，作潇湘之游。这首诗可称是杜甫六年蜀中生活的总结。

由以上可见，杜甫在成都的生活实可分为两段。在第一段，杜甫主要生活在成都，其间共创作了170多首诗，从内容上看主要是写景和咏物之作，从形式上看主要是近体。成都的自然环境和较为平安悠闲的生活，对杜甫诗歌的内容和形式都产生了影响。如杜甫在上元元年（760）夏所作的《江村》，描写了草堂附近清幽恬静

［清］王时敏《杜甫诗意图册》

的自然环境以及杜甫一家轻松悠闲的生活，写江村闲居之趣清真有味。又如上元二年春杜甫所作《客至》，写崔明府到访草堂，朴实欢快，语语真切，淡然有味且亢满亲情。其余如《江亭》写独坐江边的悠闲，《江畔独步寻花七绝句》写独自在江边赏花的快意，《江上值水如海势聊短述》写江上水涨的奇景等，均写得安闲轻快，萧淡婉丽。此种内容与风格，自然是成都安闲的生活和美丽的风景所赐。此外，杜甫在动荡奔波中多作古体，在轻松适意时多作近体，此期杜甫创作了大量的近体诗，也可视为成都幽美的地理环境和相对平稳的生活对杜甫诗歌体裁的影响。

　　杜甫在流浪川北期间生活较为动荡，诗歌的内容和风格也随之发生了变化。在流浪川北及后来回归草堂期间，杜甫创作了二百多首诗，在体裁上依然以近体为主。但从其内容看，表现社会时事的内容大为增加。杜甫以近体写时事，简洁凝练，情景交融，沉郁顿挫而雄浑悲壮。如广德二年（764）春杜甫作《登楼》，写在万方多难之际登楼而忧怀国事，感情沉郁而气象雄浑。又如杜甫在广德二年秋所作《宿府》，写独宿幕府的感怀，字字沉郁而雄壮工致，无限心事均于百无聊赖中透出。杜甫这种以近体纪实的写法，是在川北流浪期间形成的新笔法，其以近体为主的特点主要延续了闲居草堂时期在体裁上的特征，而纪实笔法则主要是因为在川北一带（包括回归成都后）的流离奔波打破了杜甫平静的生活，使其开始重新关注国事。这种以近体纪实的写法在蜀中仅是开端，在此后则得到发扬光大。

第七章　夔府悲歌

　　约在永泰元年（765）五月，在一场大雨之后，杜甫带领全家离开成都，乘舟进入岷江。杜甫此次去蜀的具体路线是自成都出发，经嘉州（今四川乐山）、犍为（今属四川）、戎州（今四川宜宾）进入长江，再经泸州（今属四川）、渝州（今重庆）、忠州（今重庆忠县）、万州（今重庆万州区）、云安（今重庆云阳县），抵达夔州（今重庆奉节）。结束了草堂生活之后，杜甫一家又进入漂泊之中。

自成都至戎州

　　杜甫一家离开成都，在岷江上乘船南行，不久就来到嘉州（今四川乐山），著名的乐山大佛就在这里。

　　乐山大佛的开凿始于唐玄宗开元年间，完成于唐德宗时期。发起开凿大佛的是凌云寺的僧人海通，他想借助大佛的法力永镇风涛，减少水患，普度众生。为建造大佛，海通和尚走遍中原四方，募化银钱。嘉州一带临近成都平原，社会稳定，经济发达，为建造大佛奠定了经济基础。资金筹集完成后，海通和尚先在城西石像山作小像，然后再依照小像在凌云山栖鸾峰西壁断崖上开凿大像，即乐山大佛。大佛建造中曾遇到贪官污吏的勒索，海通和尚云"自目可剜，佛财难得"，乃"自抉其目，捧盘致之"，保住了大佛建造的资金。海通和尚去世后，工程中断。开元二十七年（739），章仇兼琼任剑南节度使，颇有政绩，他捐献俸钱二十万，继续修建大佛。唐玄

乐山大佛

宗又"诏赐麻盐之税",予以资助。但章仇兼琼在天宝五载（746）
五月离任，大佛修建又陷于停顿。到唐德宗贞元初年，韦皋任剑南
西川节度使。因为笃信佛教，他又捐献俸钱五十万，继续修建大佛，
最终在贞元十九年（803）完成了全部工程。

　　乐山大佛高达71米，背靠大山，面朝大江，脚踏江流。这是
世界上最大的石刻坐佛，佛之后背与山体连结为一体，非常牢固。
大佛庄严慈悲，秀美沉静，面容饱满，比例匀称，神态肃穆。大佛

两侧的崖壁上有唐代佛龛数十个，又刻有威武的武士护卫。大佛在建造之初有彩绘，头上有楼阁，现楼阁毁坏，彩绘脱落，所幸大佛基本保存完好。杜甫经过此地时，乐山大佛正在建造之中，不知道他是否注意到这个未完工的巨大佛像。

在嘉州，杜甫遇到了他的一位从兄杜某。这位从兄被杜甫称作"四兄"，只比杜甫年长一岁。这位"四兄"视富贵如浮云，当年在长安时，别人在为名利奔走时他却在呼呼大睡，根本不以为意。如今在嘉州相见，两人登楼饮酒，又作诗酬唱。此时适逢端午，这位四兄又把家人叫来与杜甫一家相见。这位四兄性格率真，对人真诚，杜甫很是喜欢。[①]

离开嘉州，杜甫一家继续前行。在经过犍为时，曾在这里的青溪驿夜宿。青溪驿在今犍为县青溪镇（也有学者认为在平羌峡南口

清溪镇

---

① 参见《狂歌行赠四兄》。

的板桥溪）。岷江的支流马边河在青溪镇旁边经过，毫无声息。李白可能也曾来过这里，其《峨眉山月歌》中有"夜发清溪向三峡，思君不见卜渝州"之句，句中的"清溪"，或以为指资州清溪县，或以为指嘉州龙游县之板桥溪，或以为指嘉州犍为县之清溪驿。

杜甫夜宿清溪驿，在月光下忽然想起好朋友张之绪。因为李辅国窃弄威权，很多大臣不死则流，张之绪亦由金部员外郎被贬黔中道。由于山河阻隔，杜甫不能与这位老朋友见面，今夜忽然想起，不禁充满了对朋友的思念之情。①

离开清溪驿，杜甫一家继续前行，于永泰元年（765）六月抵达戎州（今四川宜宾）。戎州东跨泸水，西控嘉阳，负山滨江，是水陆要冲。金沙江与岷江在此交汇后称为长江，所以这里是万里长江的起点。在戎州，杜甫受到刺史杨某的接待。杨刺史举行酒宴招待杜甫，又请来歌妓唱歌跳舞。②

戎州是"酒都"，早在战国时期，当地人就已开始酿酒。到汉代，这里的酿酒技术提高，规模扩大。这里出土的汉代画像砖上，多有"酿酒""酒舍"等字样。在唐代，戎州的酿酒业非常发达，喜欢喝酒的杜甫很有兴致地品尝了此地的春酒。杜甫过此，正是荔枝成熟的季节，他也品尝了这里的荔枝。③到宋代，在诗歌创作上学习杜甫的黄庭坚于宋哲宗元符元年（1098）被贬谪至戎州安置。他在此地讲学授徒，生活了三年。黄庭坚是江西诗派领袖，又是"一祖三宗"之一，他当时经常到此地的涪翁谷与朋友饮酒赋诗。涪翁谷是天柱山下的一个天然峡谷，内有流杯池，是黄庭坚与朋友曲水流觞之地。

---

① 　参见《宿青溪驿奉怀张员外十五兄之绪》。
② 　参见《宴戎州杨使君东楼》。
③ 　参见《解闷十二首》（之十）。

今涪翁谷石壁上有摩崖石刻上百处，其中以《培修流杯池碑》《涪翁楼培修募捐功德碑》较为著名。后来，陆游、范成大、杨慎等都曾到此游览。

自泸州至万州

杜甫离开戎州进入长江，经泸州（今属四川）、渝州（今重庆）、忠州（今重庆忠县）、万州（今重庆万州区），抵达云安（今重庆云阳县），此间的路程约七百公里。

杜甫一家首先来到的是泸州，自戎州至泸州，船行约一百一十公里。泸州位于四川省东南部，古称江阳。这里在历史上是著名港

泸州沱江长江交汇处

口，船舶往来，商贾云集，是川南一带的经济中心。除杜甫外，李白、元稹、苏轼、黄庭坚、陆游等诗人都在此留下美好的诗篇。泸州的馆驿嘴，是沱江与长江的交汇处，过去曾是繁华之地，现建为公园，颇为幽静。泸州有着极长的酿酒史，是浓香型白酒的发源地，也是川南酒文化中心。

泸州所产荔枝极佳，杜甫《解闷十二首》（之十）云："忆过泸戎摘荔枝，青枫隐映石逶迤。京中旧见无颜色，红颗酸甜只自知。"可见，这里的荔枝给杜甫留下了深刻印象。

永泰元年（765）六七月间，杜甫离开泸州，沿江行约一百八十公里，到达渝州（今重庆）。这里现在是长江上游的直辖市，但在

重庆

重庆大足石刻

唐代只是普通一州。南宋淳熙十六年（1189）正月和二月，宋孝宗之子赵惇先封恭王，又即皇帝位，有所谓"双重喜庆"，重庆由此而得名。渝州周围多高山，地形以丘陵、山地、坡地为主，气候湿润，雨量丰沛，草木茂盛。附近有开凿于唐宋时期的大足石刻，共有石刻造像七十余处，五万多个，保存完好，多有精品。

　　杜甫与一位严六侍御原来约好在此相见后一起下峡，但他在渝州等候许久，也不见这位严六侍御到来，只好先行下峡。他留诗代简，约严六侍御在荆州一柱观见面。①

————————

① 　参见《渝州候严六侍御不到先下峡》。

忠县

离开渝州，杜甫一家乘船在长江上行约二百五十公里，抵达忠州（今重庆市忠县）。忠州位于长江南岸，背靠巴山、面向长江，这里盛产柑橘，有"橘城"之称。后来白居易于元和十四年（819）三月任忠州刺史，在忠州生活了大约一年半，故此地有一座白公祠。

此时的忠州刺史正好是杜甫的族侄，他设宴招待了杜甫一家。[①]在此期间，杜甫参观了忠州的禹庙。禹庙坐落在忠州附近的山中，

———————————

①　参见《宴忠州使君侄宅》。

荒凉的大殿里画着龙蛇的彩绘，庭院中长着橘柚，树上结满果实。[①]
杜甫一家在忠州时，曾寓居龙兴寺内。忠州城小，百姓常常抢购粮
食，傍晚时刻城门会早早关闭。[②] 杜甫那位担任刺史的族侄在招待
杜甫一餐后就不见了踪影，杜甫深知世态炎凉，遂乘舟离开忠州。

　　自忠州东下，行约一百公里，即抵达万州（今重庆市万州区）。
这里属长江上游，是巴蜀与荆楚的交会之地，因"万川毕汇""万
商毕集"而得名，在历史上商业非常发达。直到现在，这里也是重
要的交通枢纽和物资集散地。万州西北一公里处有一座天生城，该
城位于高山之上，四面峭立如堵，唯西北一径可登，地势极为险要。
这里是宋元战争遗址，相传刘备也曾在此屯兵。

　　在万州一带，杜甫听说云安（今重庆市云阳县）出产美酒，只
饮一杯就能使人醉倒，遂离开万州，去往云安。听说云安有美酒，
连船夫也精神抖擞，想早点前往品尝。[③] 船行在长江之中，只见两
岸的市镇在傍晚的烟气中隐现，江边的树林上空有鸟儿飞过。夜幕
逐渐降临，杜甫泊船江边，感慨江流万古而身世孤微，遂作《旅夜
书怀》云：

> 细草微风岸，危樯独夜舟。
>
> 星垂平野阔，月涌大江流。
>
> 名岂文章著，官应老病休。
>
> 飘飘何所似，天地一沙鸥。

---

① 参见《禹庙》。
② 参见《题忠州龙兴寺所居院壁》。
③ 参见《拔闷》。

这是杜甫在长江岸边经过的不眠之夜，微风吹拂，细草摇摆，杜甫的小船孤独地停在江边。江岸辽阔，星星挂在天边，大江奔涌，月光在水面上飘动。联想到自己的身世，杜甫觉得自己飘飘荡荡，就像飞翔在天地之间的一只小小的沙鸥。

卧病云安

自万州前行约五十公里，即抵达云安（今重庆市云阳县）。云

云阳县

安位于渝州东北部，西临万州，东接夔州，地形以丘陵和山地为主。云安一带处在长江经济带上，古代的文物遗存也很丰富。在今云安新县城的东北部有一座"三峡文物园"。

永泰元年（765）的重阳节，杜甫是在云安度过的。有一位郑贲，是一位谦和博学的青年，他因为不肯走"捷径"而在这里担任小官。杜甫流寓此地，与其相识。杜甫与郑贲等人在重阳节登高饮酒，杜甫作诗云："寒花开已尽，菊蕊独盈枝。旧摘人频异，轻香酒暂随。地偏初衣夹，山拥更登危。万国皆戎马，酣歌泪欲垂。"稍前，仆固怀恩诱回纥、吐蕃、吐谷浑、党项、奴剌数十万众入寇，令吐蕃自北道趣奉天，党项自东道趣同州，吐谷浑、奴剌自西道趣鳌屋，回纥继吐蕃之后，仆固怀恩又以朔方兵继之。虏皆骑兵，其来如飞，京城危急，故杜甫诗中有"万国皆戎马"之句。但仆固怀恩已因暴疾于九月初八日死于鸣沙，只是杜甫此时还没有得到消息，所以杜甫在诗中奉劝仆固怀恩及早投降朝廷，否则将会被大唐的官军击败，落个粉身碎骨的下场。

仆固怀恩死后，其属下大乱，自相残杀。九月十五日，吐蕃十万众至奉天，京城震恐。十六日，朝廷召郭子仪于河中，使屯泾阳。稍后，代宗下制亲征，鱼朝恩请括士民私马，令城中男子皆衣皂，团结为兵，士民大骇，逾垣凿窦而逃者甚众，吏不能禁。但因此时大雨，故虏不能进。这年十月，回纥与吐蕃听说仆固怀恩已死，遂不相睦，分营而居。子仪知之，单人独骑赴营说服回纥，与之共击吐蕃。十月十五日，战于灵台西原，大破吐蕃，斩首五万级，俘获人畜凡三百里不绝，得所掠士女四千人。十八日，又破之于泾州东。此后，回纥将官二百人要求朝廷封赏，使朝廷府藏为之空竭。消息传到云安，杜甫既愤且忧，深为朝廷担心。同时，渝州（今重庆）、

开州（今重庆开州区）一带又群盗蜂起，竟至斩杀刺史，而官军在
捕盗的同时又抢掠妇女，杀害无辜百姓，这使杜甫更增忧虑。

　　杜甫卧病云安，时常徘徊在长江岸边，他想到这滚滚江水也是
来自四川，不由得想起成都，想起万里桥西、百花潭北的草堂。锦
城成都是个山川形胜之地，身在云安，遥望成都，眼前一片苍茫。①
约在此时，严武的灵柩沿水路运回故乡华阴县安葬，护送灵柩的是
严武的老母。杜甫登船致祭，想起严武对自己的深情，不禁放声痛
哭。不久，杜甫又听说好友房琯的灵榇已自阆州启殡，归葬东都，
消息传来，杜甫亦悲痛万分。

　　永泰元年（765）冬天，云安下了小雪。因南国气暖，雪花还
没有落到地上就已经融化，只在山崖上有一点点留存。② 到这年
十二月一日，虽是冬天，但杜甫感觉此地春意已经萌动。云安一带
有许多盐井，杜甫看到当地的女子在盐井背盐出来贩卖，又看到当
地的少年在江中击鼓划船。春天将至，杜甫想象春来之后这里桃花
盛开、柳絮飞舞的样子，那时一定也会有燕子和黄鹂在江边飞舞吧？③

　　春节过后，马上到了永泰二年的正月初八。立春刚过，天上飘
着细雨，但南方的天气已经热起来，仿佛催人换上夏天的衣服。江
边野草萌生，蜜蜂飞舞，鸟儿鸣叫，一派生机。④ 杜甫一家此时住
在江边的水阁之中，前临大江，背靠岩石。因为上年蜀中大乱，长
江上的货物运输到现在还不顺畅。杜甫卧病水阁，每天的生活不过
是借酒浇愁，或是督促儿子阅读《文选》。有时他到江边散步，怅

---

①　参见《怀锦水居止二首》。
②　参见《又雪》。
③　参见《十二月一日三首》。
④　参见《雨》。

张飞庙

然眺望远方，有时又思念家乡，感叹不能回到故园。① 此时，他结
交了云安的严县令，时有往还。杜甫还结识了一位"常征君"，此
人可能曾被征入朝，后又被放还，他在开州寄居，曾来云安看望杜
甫。②

　　云安一带常有杜鹃哀鸣，这让杜甫想起成都草堂也常有杜鹃鸣
叫。据说杜鹃是古代蜀王杜宇死后的灵魂所化，所以杜甫见到杜鹃
总是拜了又拜，以表示尊敬。如今在云安又听到杜鹃的鸣叫，自己
却因为生病不能再拜，他非常伤感，遂作《杜鹃》一首以抒怀。今
云安有一座张飞庙，始建于蜀汉末年，原位于云阳老县城对岸的飞
凤山麓，今整体搬迁至云阳新城对岸的狮子岩下，新址距原址三十
公里。庙前有张飞像，又有"江上风清"四个大字。庙中有结义楼，

① 　参见《水阁朝霁奉简云安严明府》。
② 　参见《寄常征君》。

登楼远眺，长江及云阳城尽在眼前。正殿中有张飞坐像，殿前有歌颂张飞事迹的诗碑。庙中有一座杜鹃亭，是纪念杜甫的建筑。亭内有杜甫立像，像后上方即是杜甫的《杜鹃》诗。

杜鹃又名子规，杜甫经常听到云安山中子规鸟的叫声，凄凉的鸟鸣在夜里听来让人倍感凄楚。子规的鸣叫似乎在呼唤游人"归去"，杜甫遂在疾病初愈时离开云安，去往夔州。自唐代宗永泰元年（765）八月至大历元年（766）春末，杜甫在云安生活了约半年多的时间。

夔府孤城

大历元年（766）的暮春时节，杜甫离开云安，去往夔州。此时江水碧绿，柳色青青，农民已开始在田中劳作，鸟儿也欢快地跳上枝头鸣叫。船行九十公里，杜甫一家抵达夔州（今重庆市奉节县）。[①] 夔州古称鱼复，王莽时期公孙述据蜀，称此为白帝城。三国时期，刘备兵败，曾退守于此，托孤永安宫，改此为永安。隋为巴东郡，唐武德三年（620）改为夔州，其后或为云安郡。夔州文化昌明，经济发达，是川东的政治、经济、文化中心，也是兵家必争之地。这里古迹众多，风光瑰丽，歌咏此地的诗人和诗歌极多，故又称"诗城"，杜甫一家在这里生活了将近两年。

一

在夔州，杜甫一家先是住在山中的客堂之中。暮春时节，客堂附近的石缝里长出紫色的蕨菜芽，洲渚之上长出芦笋，田间的小麦

---

① 参见《移居夔州作》。

已接近成熟。太阳照耀着碧绿的江水，林间传来黄莺动听的叫声。杜甫去年还在成都草堂，此前还在云安卧病，今年的暮春居然已经到了夔州。他想起自己的故乡，离家多年，连儿女都已经长大，可回乡的愿望还是未能实现。他又想到自己曾任检校工部员外郎，还曾戴着绯鱼袋在严武幕府中任职，但自己实在不适合官场的生活，只是喜欢饮酒和幽居。现在身在远方，更不能报效朝廷了。①

夔州没有水井，全靠用竹筒引山上的山泉水入宅饮用。杜甫想到在云安时还要买水饮用，再雇人将水背到家里，颇为不便，现在用竹筒饮水真是方便多了。夔州一带的山上到处都是引水的竹筒，竹筒中传出水流的声音。②有一次本地人争夺水源，居然把杜甫家的竹筒弄断了，杜甫就派仆人阿段顺着竹筒去修理。夜半时分，竹筒修好，泉水又流进家里，杜甫不禁对阿段大加夸奖。③

杜甫在夔州见识了当地的风俗。这里的风俗很奇特，居然是男子操持家务，女子出外劳动。这些女子要到山上砍柴，再背到集市上去出售。或者去出售井盐，赚钱缴纳赋税，养家糊口。她们衣服破烂，面带泪痕，有的四五十岁还没有出嫁。这里的男子也不喜欢读书，喜欢驾船在江上冒死牟利。④

大历元年（766）夏天，夔州一带大旱。天上有时乌云密布，却不会下雨。当地人举行隆重的祭祀活动，向龙王求雨，求雨不成，就放火烧山。人们认为烧山可以惊动蛟龙，蛟龙一动就会下雨。山上的大火烧了一个月，火光冲天，山林化为灰烬，火中的猛兽发出

---

① 参见《客堂》。
② 参见《引水》。
③ 参见《示獠奴阿段》。
④ 参见《负薪行》。

吼声。杜甫热得浑身是汗，只希望秋天早点到来。[1] 大暑之中，引水的竹筒又坏了，杜甫只得派仆人信行去修理，好在信行办事麻利，很快就修好了水筒。[2]

杜甫听说乌鸡肉能治疗风痹，就养了五十多只乌鸡。想不到这些乌鸡到处乱跑，把家里弄得乱七八糟。杜甫只好督促大儿子宗文带领仆人在东边的空地上做了个鸡栅，把这些乌鸡都赶了进去。[3]

二

在夔州，杜甫受到地方官柏贞节的照顾。柏贞节原名茂林（又作茂琳），蜀郡（今四川成都）人。他曾担任邛州兵马使，并曾在永泰元年（765）闰十月率领邛州兵助崔旰讨伐剑南节度使郭英乂。永泰二年（766）二月充邛南防御使，八月又任邛州刺史、剑南防御使。稍后，授使持节都督夔州诸军事兼夔州刺史、兼御史中丞，充夔、忠、万、归、涪等州都防御使，自蜀中来到夔州任职。因柏贞节此前一直任职蜀中，杜甫在成都时二人就应相识，故杜甫称其为"故人"。[4]

杜甫流落夔州，身体衰老多病，行动迟缓，不免顾影叹息。好在柏贞节对杜甫照顾颇为周到，他有时会命园官给杜甫送菜，以保障杜甫一家的生活。[5] 有时又命令园丁给杜甫送瓜，杜甫先将瓜放入泉水之中，然后才用刀切开，吃瓜如同咀嚼冰雪。[6] 杜甫家庭贫困，柏中丞还曾送钱给杜甫，杜甫在《峡口二首》中说"疲苶烦亲故，

---

① 参见《火》。
② 参见《信行远修水筒》。
③ 参见《催宗文树鸡栅》。
④ 参见《览镜呈柏中丞》。
⑤ 参见《园官送菜》。
⑥ 参见《园人送瓜》。

诸侯数赐金”，所述就是这位柏中丞给自己“频分月俸”。大历元年（766）冬，柏贞节派其弟赴江陵，杜甫请其带书信给从弟杜位，时杜位在江陵任荆南节度使之行军司马兼江陵府少尹。在杜甫写给柏中丞弟弟的诗中有“中丞问俗”“爱弟传书”之语，可见杜甫与他们的关系非常亲近。①

杜甫也经常参与柏中丞举行的宴会。有一次柏中丞宴请属下将士，这些将士在宴会上饮酒作乐，情绪高涨，豪迈奔放，乐伎也歌舞助兴，既有剑舞，又有百戏，好不热闹。杜甫参与其中，度过了一段热闹的时光。②在柏中丞举办的另一次宴会上，杜甫还听到了流落此地的梨园弟子李仙奴演唱的法曲，动听的音乐让杜甫想起开元天宝时大唐的繁盛，不由得泪落如雨。③还有一次杜甫参加宴会，醉后骑马在白帝城外的坡地奔驰，沿着陡坡俯冲而下，不想坐骑失足，杜甫被摔到马下。受伤的杜甫只能卧床休息，夔州的朋友纷纷前来探望。④

这位柏中丞深于戎律，雅有器干，惠和驭众，大概是一位有为的官吏，杜甫称赞他将夔州治理得面貌一新。因柏中丞及其子侄数人在讨伐崔旰时立有战功，朝廷特予嘉勉授官。大历元年（766）的冬天，杜甫看到了朝廷的除官制词，遂作诗夸奖柏中丞有匡正王室、平息盗寇之功，又称其为群贤之首，其功绩必将载入史册。⑤

大历元年（766）初，杜甫在夔州还遇到了外甥李潮。李潮是

---

① 参见《奉送蜀州柏二别驾将中丞命赴江陵起居卫尚太夫人因示从弟行军司马位》。
② 参见《陪柏中丞观宴将士二首》。
③ 参见《秋日夔府咏怀奉寄郑监李宾客一百韵》。
④ 参见《醉为马坠诸公携酒相看》。
⑤ 参见《览柏中丞兼子侄数人除官制词因述父子兄弟四美载歌丝纶》。

书法家，求杜甫为其题诗，杜甫遂作《李潮八分小篆歌》以赠，诗云：

> 苍颉鸟迹既茫昧，宁什变化如浮云。
> 陈仓石鼓又已讹，大小二篆生八分。
> 秦有李斯汉蔡邕，中间作者寂不闻。
> 峄山之碑野火焚，枣木传刻肥失真。
> 苦县光和尚骨立，书贵瘦硬方通神。
> 惜哉李蔡不复得，吾甥李潮下笔亲。
> 尚书韩择木，骑曹蔡有邻。
> 开元已来数八分，潮也奄有二子成三人。
> 况潮小篆逼秦相，快剑长戟森相向。
> 八分一字直百金，蛟龙盘拏肉屈强。
> 吴郡张颠夸草书，草书非古空雄壮。
> 岂如吾甥不流宕，丞相中郎丈人行。
> 巴东逢李潮，逾月求我歌。
> 我今衰老才力薄，潮乎潮乎奈汝何。

李潮善小篆，师李斯《峄山碑》，见称于时。在这首诗中，杜甫不仅回顾了篆书的源流，还对李潮的书法大加赞扬。杜甫指出，仓颉造字已难考真伪，历代字体的演变也渺然难求。陈仓县的石鼓文以及大小二篆之后出现了八分这种新的书体，秦朝李斯和汉朝蔡邕都擅长此体。李斯曾书《峄山碑》，但已经被野火焚烧毁坏，后人以枣木传刻早已失去原碑的面貌。苦县的《老子碑》和后汉光武年间的《西岳碑》险劲瘦硬，书法当以瘦硬为贵，如此才可通神。在李斯和蔡邕之后李潮出现，成为八分书法的高手，其书法风神俊利，可以上追李斯，可谓一字千金。他的书法深得古法，成就超过张旭，甚至可以与古来的书法家比肩。

在夔州，杜甫还与一些官吏有过交往。鲜于仲通之子鲜于炅由万州刺史改巴州刺史，杜甫写诗相送，称赞其雅有父风，家多贤才。[①]杜甫生病时，考功郎中韦夏有为寄柴胡等药品。[②]杜甫在夔州还遇到高适的侄子高式颜，此时高适已殁，忆及旧友，二人相对唏嘘。[③]

三

到大历元年（766）的秋天，杜甫一家移居到夔州的西阁。西阁在夔州城西边的高崖上，下临长江。因为地僻人少，杜甫家平常都是柴门大开。西阁旁边有一片松林，秋天阁旁有菊花开放。这年夏季大旱，秋季的雨水却很多，打湿了鸟儿的翅膀，菊花也开得很明艳。[④]儿子宗武的生日在秋天，他喜欢写诗，在成都时就颇有诗名。杜甫告诉宗武写诗是自己家族的传统，要熟精《文选》，继承家学。在宗武生日这天，杜甫颇为高兴，还喝了点美酒。[⑤]杜甫的五弟杜丰独在江左，近三四载寂无消息，只是听说他寓居山寺之中，不知道是在杭州还是在越州。杜甫托人去寻找，也计划出峡后亲自去寻找弟弟。[⑥]

杜甫在夔州安居之后，经常到白帝城一带游览。白帝城原名子阳城，位于瞿塘峡口长江北岸的白帝山上。西汉更始二年（24），

---

① 参见《送鲜于万州迁巴州》。
② 参见《寄韦有夏郎中》。
③ 参见《赠高式颜》。
④ 参见《西阁雨望》。
⑤ 参见《宗武生日》。
⑥ 参见《第五弟丰独在江左近三四载寂无消息觅使寄此二首》。

夔门

公孙述占据巴蜀，自立为蜀王，以成都为都城，并兵临赤甲，在此筑城。因其自号"白帝"，故此城称"白帝城"。东汉初年，光武帝刘秀伐蜀，公孙述战死成都，百姓开始在白帝山上建庙祭祀公孙述，称白帝庙。因刘备曾在此托孤，白帝庙在明朝中期改祀蜀汉君臣。

　　杜甫在夔州居住了一年零九个月，他创作的涉及白帝城的诗歌就有 50 多首。如其《白帝城最高楼》云："城尖径仄旌旆愁，独立缥缈之飞楼。峡坼云霾龙虎卧，江清日抱鼋鼍游。扶桑西枝对断石，弱水东影随长流。杖藜叹世者谁子？泣血迸空回白头。"此诗写登白帝城最高楼的所见所感，胸含元气，境界阔大，气象雄浑，既见夔州江山之胜，又见杜甫忧世之心。到下一年，杜甫的舅氏崔卿翁担任荆州节度使属吏，管理夔州。因为杜甫在拜谒武侯祠时发现祠中的诸葛亮像竟然无头，就请求这位舅舅修补诸葛亮像。

在夔州期间，杜甫游览了当地的诸葛庙、先主庙、八阵图等诸多古迹。他曾作《八阵图》一诗，是其游览诸葛亮所建八阵图后所作。现在，八阵图遗址已不详所在。有人说在奉节旧县城东一公里、白帝城西五公里处的长江北岸，那是一块东西两千多米，南北近一千米的沙洲碛坝，又称"鱼腹浦"。也有学者将碛坝古盐灶群认定为八阵图遗址，认为八阵图是在古盐灶基础上改造而成的军事防御阵地。白帝城东七公里的白帝乡有八阵村，也有人认为那里才是八阵图遗址。

杜甫不仅游览了夔州古迹，还写诗分咏了夔州附近的庾信故居、宋玉宅、昭君村、永安宫、武侯祠等，以缅怀历史人物，借以抒发身世之悲。其《咏怀古迹五首》第一首云：

> 支离东北风尘际，漂泊西南天地间。
> 三峡楼台淹日月，五溪衣服共云山。
> 羯胡事主终无赖，词客哀时且未还。
> 庾信平生最萧瑟，暮年诗赋动江关。

此首所咏为庾信宅。庾信宅在江陵城北三里处。庾信字子山，初仕于南朝梁，后出使西魏，因侯景之乱不得南归，羁留北朝达二十八年。庾信在北朝任职，官职极高，但常有乡关之思，乃作《哀江南赋》以抒发思乡之情。

杜甫在夔州时并未曾游览庾信宅，此处咏庾信宅只是借庾信以自况。诗之前六句，写因为羯胡作乱而飘零他乡，留滞三峡，既指庚信，也暗指自身。诗之最后两句，写庚信一生萧条落寞，但其晚年创作的《哀江南赋》沉郁苍凉，感动众人。这两句明写庚信而暗喻自己，是借庚信以况己怀。

《咏怀古迹五首》的第二首云：

> 摇落深知宋玉悲，风流儒雅亦吾师。
> 怅望千秋一洒泪，萧条异代不同时。
> 江山故宅空文藻，云雨荒台岂梦思？
> 最是楚宫俱泯灭，舟人指点到今疑。

此首所咏为宋玉宅。宋玉是战国时期的辞赋作家，其《九辩》借草木之零落写自身的悲凉，情景交融，感情细腻。杜甫在诗中说，他深知宋玉吟咏"草木摇落"时的悲凉心情，认为风流儒雅的宋玉可以做自己的老师。自己在千年之后还要为宋玉洒下泪水，可惜两人未能生在同一时代。宋玉的故宅在三峡的归州（今湖北秭归），那里流传着宋玉的美文，他所创作的《高唐赋》明明是对楚王的讽谏，岂能视为梦呓。楚王的宫殿已经毁弃，踪迹难寻，而宋玉的美文却千古流传。此篇吟咏宋玉宅是怀念文采风流的宋玉，杜甫怅望千秋而为之落泪，同时也是为自己落泪。

其第三首云：

> 群山万壑赴荆门，生长明妃尚有村。
> 一去紫台连朔漠，独留青冢向黄昏。
> 画图省识春风面，环佩空归夜月魂。
> 千载琵琶作胡语，分明怨恨曲中论。

湖帆《杜甫诗意图》

此首所咏为昭君村。昭君即王昭君，汉元帝时宫人，曾远嫁匈奴，晋人避司马昭之讳，称之为明君。昭君村在今湖北省兴山县南宝坪村。王昭君离开汉宫，独去大漠，最后死在匈奴，仅留下一座青冢。杜甫觉得那位汉元帝当年仅凭画像来辨别美丑真是荒谬，而王昭君死在异邦，她的灵魂也许还会在月光下回到故乡。传说昭君远嫁时曾弹奏琵琶，杜甫仿佛听到了琵琶声中所倾诉的千古怨恨。此诗对昭君的身世寄予了哀悼和同情，而昭君的寂寞凄凉正与杜甫自己的遭遇类似，故悲昭君亦是自悲。

《咏怀古迹五首》的第四首云：

> 蜀主窥吴幸三峡，崩年亦在永安宫。
> 翠华想像空山里，玉殿虚无野寺中。
> 古庙杉松巢水鹤，岁时伏腊走村翁。
> 武侯祠屋长邻近，一体君臣祭祀同。

此首所咏为永安宫，即刘备在白帝城的行宫，章武二年（222），刘备进攻吴国，败退于此，崩于永安宫。杜甫游览此地，想象刘备的旌旗还飘荡在这里。他看到先主庙的大树上居住着水鹤，当地的村民在伏日和腊日还到庙中祭祀先主。刘备与诸葛亮君臣相契，他们的祠庙也连在一起，共同享受人们的祭祀。

《咏怀古迹五首》的最后一首云：

> 诸葛大名垂宇宙，宗臣遗像肃清高。
> 三分割据纡筹策，万古云霄一羽毛。
> 伯仲之间见伊吕，指挥若定失萧曹。

> 运移汉祚终难复，志决身歼军务劳。

此首专咏武侯祠。杜甫认为，诸葛亮的大名垂于宇宙，瞻仰他的遗像令后人肃然起敬。他用尽心智，奠定了天下三分的格局，就像一只鸾凤翱翔于九霄之上。他指挥若定，靠谋略为刘备平定天下，可谓功勋卓著。只是大汉的国运转移，恢复汉室的愿望最终也难以实现。此篇赞颂诸葛亮的功绩，感叹其遭时不遇，实亦有自况之意在焉。

可见，以上五首一气呵成，而又婉转联结，互相呼应，借古喻今，而纵横万古。虽是咏怀古迹，实亦借古迹以抒怀。

四

此时的杜甫身在夔州，也不断关心着国事。此时朝廷之内的问题是宦官专权跋扈，朝廷之外的问题则是边境不安。大历元年（766）二月初一日，国子监举行奠祭先圣先师孔宣父的礼仪活动，并祭以太牢，用六佾之舞。凡释奠之日，按照惯例要集诸生执经讲义。此时宦官鱼朝恩贵显，其人性本凡劣，不学无术，仅粗能把笔释义，即自谓才兼文武，人莫能及，他此时居然大摇大摆地登坛讲授经籍，作为文章。而大臣群官二百余人，皆以本官备章服充附学生，列于监之廊下，成为笑谈。

边境方面，大历元年（766）二月十三日，朝廷命大理少卿杨济修好于吐蕃，吐蕃亦遣使来朝，大唐与吐蕃的关系似乎趋向平稳。但到这年九月二十八日，吐蕃又突然出兵攻陷了原州。杜甫以为国家兵甲未息，缘于诸将不能力战，遂作《诸将五首》以讽诸将之失。其第一首云：

汉朝陵墓对南山，胡虏千秋尚入关。

昨日玉鱼蒙葬地，早时金碗出人间。

见愁汗马西戎逼，曾闪朱旗北斗殷。

多少材官守泾渭，将军且莫破愁颜。

此首叙吐蕃占领长安，挖掘唐皇帝陵墓事。广德元年（763），吐蕃入长安，剽掠府库市里，焚闾舍，长安萧然一空。官军逃散之时亦四处劫掠，士民皆避乱跑到山谷之中。占领长安后，吐蕃军劫宫闱，焚陵寝，而官军诸将无一人力战。唐朝皇帝的陵墓在长安以北，正对着终南山，想不到骑着汗血马的吐蕃士兵居然将这些陵墓挖开，抢掠墓中的随葬品。长安附近有那么多的将官把守，居然会发生这样的事情。杜甫告诫那些将军面对边患一定要杀敌报国，千万不要高枕无忧，一味寻欢。

《诸将五首》的第二首云：

韩公本意筑三城，拟绝天骄拔汉旌。

岂谓尽烦回纥马，翻然远救朔方兵。

胡来不觉潼关隘，龙起犹闻晋水清。

独使至尊忧社稷，诸君何以答升平？

此诗专就借兵回纥展开议论，批评诸将不能防边。最初，唐之朔方军与突厥以黄河为界各自防守。黄河以北有一座拂云祠，突厥入侵之前，都要到该祠祈祷，然后再发兵渡河。朔方道大总管张仁愿（封韩国公）想乘虚夺取漠南地，拟于黄河以北筑三受降城，希望可以首尾相应、有效阻止突厥入侵。神龙三年（707）三月，张仁愿修建了三座受降城于黄河以北。这三座受降城以拂云祠为中城，距东西两城各四百余里，皆据津要。又置烽候千八百所，自是突厥不敢入侵。突厥衰亡之后，回纥在黄河以北地区崛起。张仁愿筑城本来是为了阻止突厥入侵，想不到在平息安史之乱中，官军反而要向回纥借兵收复两京，国势之衰，以至于此。在长安以东地区，潼关临近黄河，可称天险，本来易守难攻，而安史叛军居然能够长驱直入，直到当时还是广平王的代宗皇帝奋起平叛才收复两京。杜甫感叹道，如果只让皇帝一人为社稷担忧，不知道诸将用什么来报答朝廷。

其第三首云：

> 洛阳宫殿化为烽，休道秦关百二重。
> 沧海未全归禹贡，蓟门何处尽尧封。
> 朝廷衮职虽多预？天下军储不自供。
> 稍喜临边王相国，肯销金甲事春农。

杜甫在这首诗中指出，东都洛阳在天宝十四载（755）十二月被安禄山占领，又在乾元二年（759）九月被史朝义攻占，两度成为战场。洛阳被攻占以后，长安就陷于危机之中，因为潼关并不是无法攻破的天险。现在，河北、河南两道的东部地区还没有完全收复，河北北部也不知道何时才能重归朝廷。天下的节度使都兼着三公大臣的要职，但各军的军粮还是无法供应。在广德二年（764），朝廷以王缙为河南副元帅，以同平章事都统河南和淮西。杜甫认为，他休养士卒、实行屯田，减少军费的做法值得诸军效仿。在这首诗中，杜甫一方面责备诸将不能收复河北一带的土地，一方面责备他们不能屯田积谷，农战兼修。

其第四首云：

回首扶桑铜柱标，冥冥氛祲未全销。
越裳翡翠无消息，南海明珠久寂寥。
殊锡曾为大司马，总戎皆插侍中貂。
炎风朔雪天王地，只在忠臣翊圣朝。

此首讲南方边陲的问题。此时，不仅北方未稳，南方地区的南诏也时常和吐蕃一起入侵，导致战乱频起，南疆不安。广德元年（763）十一月初三日，宦官广州市舶使吕太一发兵作乱，纵下大掠广州，节度使张休弃城奔端州。吕太一纵兵焚掠，导致南海边郡拒绝向朝廷进贡贡品。诸将本来得到了朝廷的特殊赏赐，都担任着军政要职。南方的土地同北方的土地都是大唐的疆土，杜甫希望诸将能够尽忠报国，辅佐圣朝。此首诗意在责备诸将享有高官厚禄，但不能报效国家，平息南方边患。

《诸将五首》的最后一首云：

锦江春色逐人来，巫峡清秋万壑哀。
正忆往时严仆射，共迎中使望乡台。
主恩前后三持节，军令分明数举杯。
西蜀地形天下险，安危须仗出群材。

此首认为严武镇蜀有功，诸将应该效仿。杜甫身在夔州，缅怀已经去世的严武，想到自己曾以严武幕僚的身份在成都以北的望乡台与严武一同迎接皇帝的使者。严武最初以御史中丞出为绵州刺史，接着又迁东川节度使，拜成都尹，最后则是以黄门侍郎任剑南节度使。他先后三次镇蜀，军令严明，屡有捷报。西蜀之地要想平安稳固，必须要仰仗严武这样卓尔不群的将才。

这组七言律诗是杜甫对时局和军事的议论，足见杜甫忧时之心。其第一首言长安，第二首言长安东边的潼关，第三首言河北，第四首言南海，第五首言西蜀，五首诗论及大唐东、南、西、北、中五个方位，表现了杜甫对国事的全方位的忧虑。五首诗议论时事，叮咛反复，沉郁顿挫，深穆苍浑而感慨淋漓，是杜诗中难得的佳作。

五

大历元年（766）的九月初九日重阳节，当地官吏邀请杜甫参加重阳聚会，杜甫因为年老多病，兴致寥落，没有参加。[①] 此时，安史之乱虽已结束，但吐蕃和回纥不断入寇，国家并不安宁。在这个萧瑟的秋天，杜甫因秋感兴，恋阙思家，写出了著名的《秋兴八首》。

这是一组联章的七言律诗，其第一首自夔州秋景写起，表达了杜甫的羁旅之悲与怀乡之情，诗云：

> 玉露凋伤枫树林，巫山巫峡气萧森。
> 江间波浪兼天涌，塞上风云接地阴。
> 丛菊两开他日泪，孤舟一系故园心。
> 寒衣处处催刀尺，白帝城高急暮砧。

诗中写道，在夔府的秋季，白露降落，漫山遍野的枫林红叶飘零，

---

① 参见《九日诸人集于林》。

夔州所处的三峡一带秋景萧条，分外冷落。长江之中波浪翻滚，涌向天际，天上阴暗的云气则垂向地面。离开成都后自己留滞云安和夔州，杜甫在途中已度过了两个秋季，丛菊两开，自己却依旧眼含泪水。虽然江边的孤舟上寄托着自己的故园之心，但回乡的心愿却不能实现。在这凄清的秋季，家家都在催动刀尺赶制寒衣，暮色之中从高高的白帝城上传来一片捣衣的声音。此诗以"故园心"为枢纽，写得沉雄富丽，悲壮萧瑟，哀伤无限。

其第二首云：

> 夔府孤城落日斜，每依北斗望京华。
> 听猿实下三声泪，奉使虚随八月槎。
> 画省香炉违伏枕，山楼粉堞隐悲笳。
> 请看石上藤萝月，已映洲前芦荻花。

此诗写日落时分杜甫伫立于夔府孤城遥望长安。在悲哀的猿鸣声中，诗人流下了感伤的眼泪，而回京的愿望不知何日才能实现。城楼上有人在吹奏胡笳，在悲凉的乐声中，杜甫徘徊流连，一直到月光升起。此诗写见夔州晚景而思念长安，触景生情，凄凉悲慨。

以上第一首写暮景，第二首写夜景，第三首则改写朝景，诗云：

> 千家山郭静朝晖，日日江楼坐翠微。
> 信宿渔人还泛泛，清秋燕子故飞飞。
> 匡衡抗疏功名薄，刘向传经心事违。
> 同学少年多不贱，五陵衣马自轻肥。

請看石上藤蘿月
已映洲前蘆荻花

[清]王时敏《杜甫诗意图册》

此首诗写太阳初升，夔州的千户人家都沐浴在晨光之中，杜甫则独坐在群山环抱的江楼之上观看风景。只见江上的渔民正在泛舟捕鱼，燕子在江边飞来飞去。杜甫想到自己在朝廷中的遭遇，又想到自己功名未就，意愿多违，不禁一时伤感。这首诗写杜甫当时落拓、无聊的情绪，以及诗人对身世的感慨。

自此首以下，诗人转入对长安的回忆，第四首云：

> 闻道长安似弈棋，百年世事不胜悲。
> 王侯第宅皆新主，文武衣冠异昔时。
> 直北关山金鼓振，征西车马羽书迟。
> 鱼龙寂寞秋江冷，故国平居有所思。

这首诗写的是长安的时局。杜甫身在夔州，但时刻关注着长安的消息。他听说长安的局势动荡，翻覆不定，又听说王侯的宅第都换了主人，文武官员也已经与原来大不相同。此时天下不安，与吐蕃和回纥的战争从未间断，而自己却不能参与朝廷政事，只能在夔州默默地思念长安。可见，朝政的混乱和国家的动荡，都是杜甫所深深忧虑的。

第五首依旧是对长安的回忆，诗云：

> 蓬莱宫阙对南山，承露金茎霄汉间。
> 西望瑶池降王母，东来紫气满函关。
> 云移雉尾开宫扇，日绕龙鳞识圣颜。
> 一卧沧江惊岁晚，几回青琐照朝班。

在这一首中，杜甫想到长安有着壮丽的大明宫，长安附近则有雄伟的终南山。西望瑶池，仿佛有王母降临，东来的紫气则充满了函谷关。当年皇帝上朝的仪式是多么威严整肃啊，自己也曾在大明宫亲睹皇帝圣颜。但现在自己卧病于长江之滨的夔州，年华已老，开元、天宝盛事恐怕已不能复见。

第六首写的是曲江昔日的繁华，诗云：

> 瞿唐峡口曲江头，万里风烟接素秋。
> 花萼夹城通御气，芙蓉小苑入边愁。
> 朱帘绣柱围黄鹄，锦缆牙樯起白鸥。
> 回首可怜歌舞地，秦中自古帝王州。

曲江是唐代的游览胜地，杜甫身在夔州，时时想念着曲江。当年在曲江与兴庆宫、大明宫之间建有复道，皇帝会通过复道去曲江附近的芙蓉苑游玩。那时的曲江到处是朱帘绣柱、锦缆牙樯，鸥鸟飞翔，可谓歌舞升平，风光无限。回想曲江的盛况，杜甫不由感叹长安形盛，所以自古以来长安就是建都之地。今昔之盛衰变化，不禁令人感慨。

这组诗的第七首，杜甫写的是长安附近昆明池的物象，诗云：

> 昆明池水汉时功，武帝旌旗在眼中。
> 织女机丝虚月夜，石鲸鳞甲动秋风。
> 波漂菰米沉云黑，露冷莲房坠粉红。
> 关塞极天唯鸟道，江湖满地一渔翁。

昆明池遗址

昆明池在长安西南二十里处，方圆四十里，曾是汉武帝训练水军的地方，唐玄宗也曾在此演习水战。当年杜甫曾去昆明池游玩，他看到昆明池边有石雕的织女塑像，还有石雕的鲸鱼。湖面上到处都是荷花，还有漂浮的菰米。现在自己流落夔州，已变成江湖之上的渔翁，再回昆明池观看胜景不知是何日了。

下面是第八首，诗云：

> 昆吾御宿自逶迤，紫阁峰阴入渼陂。
> 香稻啄余鹦鹉粒，碧梧栖老凤凰枝。
> 佳人拾翠春相问，仙侣同舟晚更移。
> 彩笔昔游干气象，白头吟望苦低垂。

这一首回忆的是昔日游览渼陂的过程。渼陂距离长安三十里，也是长安的游览胜地。当年杜甫前往渼陂游览，曾看到终南山的倒影映在湖中，那里有鹦鹉啄食过的香稻，有可供凤凰栖息的梧桐，佳人拾翠，仙侣同舟，真是无比美好。那时，杜甫写诗献赋，也曾名噪一时，但现在他已经变成一位流落江湖、白头低垂的老人。

以上八首诗是杜甫的名篇，既雄浑壮丽，又萧瑟哀伤。在这组诗中，杜甫恋阙怀乡，慨往伤今，表现了无限的思念与悲慨。此诗脉络贯通，文辞纵横，气骨苍浑，风格沉郁，堪称绝唱。杜甫的才气之大，笔力之高，真无人能及，其一腔忠愤亦实寓于此。

这年秋天，汉中王李瑀出峡归京，给杜甫写来手札，杜甫作《奉汉中王手札》诗，表达了对汉中王的敬仰亲近之情。有一位姓杨的殿中监去往成都路过夔州，他给杜甫看了书法家张旭的草书，又给杜甫看了十二扇鹰图，都让杜甫赞叹不已。[①]

六

杜甫在夔州居住时间较长，这使他有时间回忆平生好友以及自己一生的经历。此时杜甫已五十五岁，他的许多朋友，如李白、王维、房琯、郑虔、苏源明、严武等，均已去世，杜甫自己也变成了一个白发苍苍的老人。想起大唐历史上建立功勋的名将名相，又想起自己已经去世的好友，杜甫叹旧怀贤，遂作《八哀诗》以寄托哀思。

《八哀诗》共计八篇，每篇哀悼一人，第一篇所哀悼的是名将王思礼。王思礼是营州城傍高丽人，其父王虔威曾任朔方军将。哥舒翰为陇右节度使时，他以拔石堡城功，除右金吾卫将军，充关西兵马使，兼河源军使。禄山反，哥舒翰为元帅，王思礼请诛杨国忠，未从。潼关失守，他西赴行在。至德二载（757）九月，王思礼从

---

① 参见《殿中杨监见示张旭草书图》。

元帅广平王收西京，领兵先入景清宫。从郭子仪收东京，又于绛郡破贼六千余众。以功迁户部尚书、霍国公。乾元二年（759），与郭子仪等九节度围安庆绪于相州，大军溃散时唯王思礼与李光弼两军独全。上元元年（760）加司空，次年以疾卒，赠太尉。《八哀诗》中王思礼一篇中有"千秋汾晋间，事与云水白"之句，所以这一篇重在歌颂王思礼的功绩。

第二篇写李光弼。李光弼是营州柳城人，其先乃契丹酋长，其父开元初任左羽林将军，以骁果闻，封蓟国公。李光弼善骑射，能读《汉书》，严毅有大略。他从军戍边，屡有战功，人称名将，充节度副使，封蓟郡公。禄山之乱，郭子仪荐其能，乃以其为云中太守，充河东节度副使、知节度事。李光弼誓平寇难，大破贼党，斩首万计，河北归顺者十余郡。后任户部尚书同中书门下平章事，迁司空，拜郑国公。乾元中为天下兵马副元帅，进太尉。进封临淮郡王，赐铁券，藏名太庙，图形凌烟阁。曾因惧怕宦官加害，不敢入朝，因愧耻成疾。广德二年（764）七月卒于徐州，时年五十七。此篇哀悼李光弼为国立有大功，却忧谗而殁。

第三篇所写的是好友严武。严武是中书侍郎挺之之子，神气隽爽，敏于闻见，幼有成人之风，读书不究精义。弱冠以门荫策名，陇右节度使哥舒翰奏充判官，迁侍御史。至德初，肃宗兴师靖难，大收才杰，武杖节赴行在。被宰相房琯举荐，累迁给事中。收京后任京兆少尹、兼御史中丞。出为绵州刺史，迁剑南东川节度使，数次节制剑南。广德中破吐蕃七万余众，拔当狗城，又取盐川城。加检校吏部尚书，封郑国公。永泰元年（765）四月以疾终，时年四十。严武是杜甫的至交，杜甫在成都时曾得到他的帮助。杜甫去蜀时没有哀悼严武的诗篇，其悲悼之情乃于此篇发之。在悼念严武的诗篇中，他称赞严武"开口取将相，小心事友生。阅书百氏尽，落笔四座惊"，又称赞他"诸葛蜀人爱，文翁儒化成。公来雪山重，公去雪山轻"，给严武以极高的评价。

第四篇所哀悼者为汝阳王李琎。李琎是唐之宗室，唐睿宗之孙，让皇帝李宪之子。其人眉宇秀整，善射，很受玄宗喜爱。封汝阳王，历太仆卿，与贺知章等善。天宝五载（746），杜甫在长安与其结识，杜甫有《赠特进汝阳王二十韵》等诗，赞美李琎接遇之厚。李琎善饮，故杜甫《饮中八仙歌》云："汝阳三斗始朝天，道逢曲车口流涎，恨不移封向酒泉。"天宝九载（750）卒，赠太子太师。杜甫在诗中称赞李琎受到玄宗的赏识，故能出入宫掖，礼遇有别于群臣。他曾上谏猎奏表，又致力于接待宾客，且擅长书法和诗歌。想到汝阳王李琎的风度及其对自己的接遇之厚，杜甫心中不禁涌起诸多酸辛。

第五篇所写的是李邕。李邕是广陵江都（今江苏扬州）人。其父李善，尝受《文选》于同郡人曹宪，以讲《文选》为业，所注《文选》六十卷大行于时。李邕少知名，长安初，内史李峤等荐为左拾遗。玄宗即位，拜左台殿中侍御史，改户部员外郎，又贬崖州舍城丞，开元中擢为户部郎中。左迁括州司马，后征为陈州刺史。累献词赋，甚称上旨。天宝初，为汲郡、北海二太守，世称"李北海"。杜甫至齐州，曾与其相会于历下亭，杜甫有《陪李北海宴历下亭》《同李太守登历下古城员外新亭》诗。李邕为李林甫所忌，被杖杀。李邕性豪侈，不拘细行，早擅才名，精于书法，尤长碑颂。虽贬职在外，中朝衣冠及天下寺观，多赍持金帛往求其文。时议以为自古鬻文获财，未有如邕者。杜甫在诗中称赞李邕是旷世奇才，是极负盛名的诗坛前辈，又是卓有成就的书法家，还说寺观和学堂之中到处是他撰写的碑文。他独步文坛四十年，声闻天下，一身正气，英姿勃发，却不幸含冤而死，令人扼腕叹息。杜甫又回忆起自己与李邕在历下亭讨论诗文的情景，希望有朝一日李邕沉冤得雪，重扬美名。

第六篇回忆的是好友苏源明。杜甫在诗中称赞苏源明刻苦读书，钻研经典，学识精深，后进士及第，美名远播。又称赞他不做安禄山的伪官，守节不污。如今苏源明已去世，自己却流落夔州不能前往祭祀亡友，每思及此，心中不禁充满遗憾。

第七篇所哀悼的是好友郑虔。杜甫称赞郑虔为人孤高，不慕荣华，学问渊深，远超诸儒。他又喜欢饮酒，风流潇洒。杜甫称郑虔接受伪职乃是出于被迫，可惜流落江南再也不能回到朝廷。如今，他已埋骨于泉壤之下，想来令人无限伤感。

《八哀诗》的最后一篇写张九龄，是哀悼名相。张九龄字子寿，曲江人。幼聪敏，善属文。登进士第，拜校书郎。玄宗在东宫，举天下文藻之士，亲加策问，九龄对策高第，迁右拾遗。开元中，三迁司勋员外郎，拜中书舍人。后任秘书少监、集贤院学士，再迁中书侍郎。常密有陈奏，多见纳用。拜中书侍郎、同中书门下平章事，迁中书令，兼修国史。李林甫忌之，迁尚书右丞相，罢知政事。又因举非其人，贬荆州长史。久之，封始兴县伯。病逝，年六十八。杜甫称赞张九龄志向高远，胸怀高旷，长于诗歌，敏于政事，不幸身死岭外，令人悲伤。杜甫与张九龄没有什么交往，张九龄也没有读过杜甫的诗文，但张九龄是一代贤相，杜甫还是想乘舟去他的坟茔拜祭。

《八哀诗》的第一篇和第二篇是悼念王思礼、李光弼两位名将，以下所悼念的严武、汝阳王李琎、李邕、苏源明、郑虔五人都是杜甫的素交，最后的张九龄则是贤相。《八哀诗》实际上是以组诗的形式为八人作传，此乃老杜创格。

也许人们都会在年老时回忆自己的一生，衰年流落的杜甫也不例外，他创作了《夔府抒怀四十韵》《往在》《壮游》《昔游》《遣怀》等，详细回忆了自己的平生经历。

在《壮游》中，杜甫回忆起自己的数次漫游，以及滞留巴蜀的人生经历。诗中说，自己少年早慧，七岁就已开始写诗，九岁开始练习书写大字，十四五岁时已经登上文坛。那时他性格豪迈，已经结交了不少文坛前辈。他曾在年轻时漫游吴越，甚至准备乘船去往扶桑。他曾考察吴越一带的诸多名胜，只是为了参加进士考试才回到故乡。此后又漫游齐赵，度过了一段快意的人生。在快意之中过了八九年，之后西归长安谋求进入仕途。在长安，他不仅结交了不少文坛泰斗，也受到贤王高官的欣赏。他曾向朝廷献赋，玄宗亲自召试文章。但朝廷那时非常奢靡，致使安史之乱爆发，玄宗逃往蜀中。肃宗即位后数次大战，国家陷于战乱之中，民生也越发凄凉凋敝。他曾为疏救房琯拼死进谏，幸亏张镐等营救才没有被处置。收京之后他被贬华州，如今年老多病又流落异乡。因为藩镇割据，国家的危机并没有解除，他希望有英俊之士能够大展鸿图，拯救国家。

在《昔游》中，杜甫回忆了青少年时期与李白、高适游览梁宋的经历，那时他们曾经登上单父台慷慨怀古。当时国家富强，猛士如云，强将都希望凭借战功建立功勋。如今自己已经年老，青春岁月一去不返，只能像隐士一样隐居在夔州城边。在《遣怀》中，杜甫回忆了与李白、高适游览宋中的经历，那时三人饮酒都市，慷慨豪迈，豪气干云。但现在好友李白和高适都已经去世，只剩下自己以年老衰病之身流落夔州，飘零江湖。

在《夔府书怀四十韵》中，杜甫回忆了肃宗、代宗两朝祸乱的始末和他的人生际遇。杜甫写道，在安史之乱爆发之际，他没有接受河西县尉的任职，直到晚年才忝列省郎。他曾在凤翔扈从圣驾，又曾在成都得到严武的汲引和帮助。当年安史叛军曾占领长安，皇宫都变成了断壁残垣。直到肃宗收京之后，宗庙才被修复完好。肃宗临终之时，郭子仪接受了遗诏，但安史之乱此时并没有平息，恒山一带敌军的旗帜依旧遮蔽着蓝天。后来叛军将领虽然投降，但依旧对朝廷怀有二心。而回纥、吐蕃又不时侵扰，使人心中充满对国事的忧虑。朝廷租税繁重，这样可能使百姓被逼迫成为强盗，所以皇帝应该效法贞观之治，继承太宗遗风，大唐更应该讨伐叛贼，重振国威。

在《往在》一诗中，杜甫着重回忆了国家治乱的往事。诗中说，当年安史叛军占领长安，胡兵窜入大明宫，还焚烧了先帝的宗庙，当时冲天的火焰映红了天宇，先帝的牌位都化为灰烬。许多妃嫔惨遭杀戮，连皇帝的御座也被捣毁。叛军大肆抢劫，把大批珍宝运到洛阳。直到收京之后，这些宗庙才被重新修好。在肃宗祭祀宗庙时，杜甫也参加了祭祀仪式。想不到稍后吐蕃又一次占领长安，神圣的宗庙又被吐蕃士兵所污染。杜甫认为皇帝应该恭敬地对待先祖，也要虚心听取臣子的批评，这样才能使大唐中兴。

《八哀诗》是对朋友和国家重臣的回忆，《夔府抒怀四十韵》《壮游》《昔游》诸篇则是对国事和自己人生经历的回忆。这些回忆不仅是一位老人对自己一生的总结，也是他对开元、天宝以来国家大事的勾勒和概括。

杜甫在夔州虽然得到柏中丞的照顾，但衰病之中流落江湖，又忧心国事，思念故友，故亦颇感寂寞悲凉。大历元年（766）冬末，寓居夔州西阁的杜甫作《阁夜》云："岁暮阴阳催短景，天涯霜雪霁寒宵。五更鼓角声悲壮，三峡星河影动摇。野哭几家闻战伐，夷歌数处起渔樵。卧龙跃马终黄土，人事依依漫寂寥。"此诗写在西阁夜晚的所见所感，此时已近岁暮，白天变短，在夔州寒冷的夜晚，霜雪皑皑。五更时分的鼓角之声悲壮而凄厉，星河倒映在江水之中随波摇动。野哭战伐，国家还处在动荡之中，夷歌偶传，夔州也不是安居之所。杜甫又想到世事无常，贤愚都将同归于尽，心中备感落寞寂寥。

七

大历元年（766）至大历二年，周智光在京师附近作乱。这位周智光原以骑射从军，常打胜仗。因与宦官鱼朝恩关系亲近，屡获称赏，累迁华州刺史、同华二州节度使及潼关防御使。永泰元年（765），吐蕃、回纥十余万众寇奉天、醴泉等县，周智光破其军于澄城，逐贼至鄜州。因与当地官员不合，他杀鄜州刺史张麟，坑鄜坊节度使杜冕家属八十一人，又焚毁坊州庐舍三千余家。惧罪，召不赴命。此人有数子，皆弯弓二百斤，有万人敌。永泰二年十二月，周智光据州反叛，聚众数万人，纵其剽掠，抢劫钱粮，杀害官吏，横死者众，朝廷以为患。又于州郭置生祠，俾将吏百姓祈祷。大历二年（767）正月，朝廷密诏郭子仪率兵讨之，智光麾下闻之，皆有离心。后因其属下将领投降，周智光于大历二年正月十三日被斩首，传首长安。杜甫听说周智光在长安附近发动叛乱，忧心忡忡，难以平静。

杜甫一家在大历二年（767）春有两次迁居。这年春天，杜甫一家从西阁移居到赤甲。[①] 赤甲在夔门的北岸，隔江与白盐山相对，

---

① 　参见《赤甲》。

汉代的公孙述曾在此筑子阳城。因为此地在瞿塘峡口，故亦称瞿塘
关。现在，在去往瞿塘关的石阶旁，有两根大铁杆矗立在江边。这
两根铁柱被称为"锁江铁柱"，以前位于瞿塘峡口长江北岸的草堂
河口，是长江三峡最早的锁江铁链桥的构件。为了抵御元军入侵，
宋代大将军徐宗武修建了铁链桥，也称铁柱溪大桥。到明清时期，
铁链桥成为收税的关卡。后来，铁链桥毁坏，七根铁链丢失，但铁
柱却留存下来。这两根铁柱在每年的洪水季节会被淹没，水退后又
露出水面。1995 年，白帝城修夔门古象馆，为避免文物淹没，遂将
两根铁柱移到此处。

　　"奔峭背赤甲，断崖当白盐"，杜甫的新居即在赤甲山的南侧，
与对面的白盐山相对。新居附近栽有竹林，又有鸟儿不断飞来飞去。
因为地势较高，瞿塘峡口的风整日吹拂，峡中的水声也不断传到杜
甫的新居之中。杜甫每日眺望峡中，故乡和旧交皆不可见，只能以
负暄炙背为乐。夔门是商旅使者的必经之地，杜甫见到往来的使者
就向他们打听中原的消息。①

　　到这年暮春时节，杜甫一家又一次迁居，这次是从赤甲迁到了
瀼西。瀼西位于夔州城外、西瀼溪之西，杜甫在瀼西的一块高地上
修建了茅屋，一家人得以安居。②这里的土地属于山地，所以较为
零碎，除山林和果树外，还有一些麦田散布在山间。杜甫在这里买
了四十亩柑橘林，到这年七月，林中已是果实累累。杜甫非常喜欢
这片柑橘林，有时从城里回来就在林中散步。他想象到秋季柑橘成
熟，色泽金黄，简直可以作为贡品进献给朝廷。夔州一带常有老虎
出没，所以各家必须结篱防虎，杜甫让仆人手持斧头到十里之外的

---

① 　参见《入宅三首》。
② 　参见《暮春题瀼西新赁草屋五首》。

山里砍伐树木，用树干做木桩，用竹子编制了篱笆。① 在这座用篱
笆围成的小院中也有两棵柑橘，秋天柑橘成熟，果实低垂，带来满
院清香。有时仆人阿段会从果园里摘来一些沙果，杜甫看到这些沙
果还带着露水，散发着果香，不由得一阵欣喜。

　　夔州当地有一种美食叫槐叶冷淘，其做法是将嫩槐叶采来，与
面粉混合在一起，蒸熟做成面食。这种面食颜色碧绿，入口清凉，
可以消暑。杜甫希望将这种冷食送到朝廷，让皇帝也品尝一下。②

　　大历二年（767）的二月二十七日是这年的寒食节，这天距二
月三十日清明节还有两天。杜甫想到清明将近，自己漂泊长江之滨，
不能回乡祭扫，不免伤感。两个儿子在一天天长大，自己则一天天
衰老。③ 弟弟妹妹在远方少有书信寄来，自己与亲人不知何日才能
团圆。让杜甫想不到的是，他不久居然得到弟弟杜观的来信，说已
经到了江陵，即将沿江上溯夔州来看望兄长。杜甫想到即将与弟弟
团聚，非常高兴，感觉疾病也减轻了许多。他每天都登上江楼眺望
峡中，屈指计算着水上的里程，盼望弟弟早日到来。④ 暮春时节，
杜甫果然迎来了弟弟杜观，兄弟二人悲喜交加，畅叙别情。⑤ 杜观
在夔州一直住到夏天，随即回蓝田去接新婚的妻子到江陵。杜甫计
算里程，预计弟弟秋天即可回到江陵，他计划那时也赶赴江陵与弟
弟相会，并期待在江陵的仲宣楼与弟弟畅饮同醉。但他的预期没有
实现，也许是因为道路阻隔，杜观再次回到江陵时已经是这年的冬

_____

① 　参见《课伐木》。
② 　参见《槐叶冷淘》。
③ 　参见《熟食日示宗文宗武》《又示两儿》。
④ 　参见《得舍弟观书自中都已达江陵今兹暮春月末行李合到夔州悲喜相兼团
圆可待赋诗即事情见乎词》。
⑤ 　参见《喜观即到复题短篇二首》。

天了。

　　这年春天，杜甫听说他的老友薛据将自汀陵北归京师，遂写诗相赠。当年在长安时，杜甫、薛据与郑虔、苏源明等朋友经常欢聚痛饮，美好的时光已如梦幻一样远去。如今郑虔和苏源明已经去世，自己和薛据则分别滞留夔州和江陵，想来令人悲伤。好在薛据身体康健，每于宾客间挥毫写诗，令人欣慰。薛据要回长安，杜甫也想在合适的时机离开夔州，沿江东下。①

　　到大历二年（767）六月，夔州一带又开始下雨，雨雾如烟，笼罩了附近的山峦。晚上雨霁云收，银河明灿，新月弯弯，杜甫遥望北斗，不由又想起故乡。②此时，荆南节度使卫伯玉被封为阳城郡王，其母也进封邓国太夫人。卫伯玉幼年习艺，天宝中仗剑赴安西，以边功累迁员外诸卫将军。肃宗即位，兴师靖难，他自安西归长安，欲立功名。初为神策军兵马使出镇，以功迁右羽林军大将军，后迁神策军节度。又因破史思明军，进位特进，封河东郡公。广德元年（763）冬，以其有干略，拜江陵尹、兼御史大夫，充荆南节度观察等使，驻守江陵。大历二年六月，又进封城阳郡王。杜甫与卫伯玉原是旧识，遂作诗祝贺，赞颂其忠孝两全。③

　　大历二年七月一日，奉节县令终某在水阁招待宾客，杜甫参加了这位县令的宴会。终某是夔州功曹参军兼摄奉节县令，杜甫作诗赞美其楼其人，内心实际隐含着一丝悲凉。④

---

① 参见《寄薛三郎中》。
② 参见《月三首》。
③ 参见《奉贺阳城郡王太夫人恩命加邓国太夫人》。
④ 参见《七月一日题终明府水楼二首》。

[清] 王时敏《杜甫诗意图册》

八

到大历二年秋，杜甫一家又一次迁居，这次是从瀼西迁居到了东屯。[1] 东屯在白盐山的北面、白帝城的东面，这里原是汉代公孙述驻兵和屯田的地方，土地较为平阔。杜甫所居住的东屯，就在现在的奉节草堂中学附近。该校内现存清光绪三十四年（1908）《重建杜工部瀼西草堂记》石碑一通。

此时，已经五十六岁的杜甫身体每况愈下，他本来就有多种疾病，现在耳朵又开始变聋。杜甫作《耳聋》云："生年鹖冠子，叹世鹿皮翁。眼复几时暗？耳从前月聋。猿鸣秋泪缺，雀噪晚愁空。黄落惊山树，呼儿问朔风。"耳聋之后，猿啼、雀噪俱不可闻，似能免于愁苦，然而树叶黄落依然令人触目惊心，故需呼儿而问朔风。杜甫故作旷达，其内心其实非常痛苦。这年秋天，夔州久旱无雨，蔬菜不能供应。因为卷耳不但可以充当蔬菜下饭，还可以治疗风疾，所以杜甫就差遣童仆去采卷耳，以此为蔬菜。[2] 后来下了一场秋雨，杜甫趁着土地湿润赶紧找来耕牛秋耕，种植各种秋菜。夔州气候温暖，这些蔬菜可以吃到来年春天。[3]

有一次，杜甫竟然发现他的一位族孙杜崇简在东屯附近隐居，这位族孙耕田凿井，又满腹经纶，行事颇有古人之风。[4] 在东屯，杜甫与孟氏兄弟为邻，这兄弟二人曾做过仓曹、主簿之类的小官，仓曹掌公廨、度量、庖厨、仓库、租赋、征收、田园、市肆之事，主簿掌付事勾稽、省署抄目、纠正非违、监印、给纸笔、杂用之事，

---

① 参见《自瀼西荆扉且移居东屯茅屋四首》。
② 参看《驱竖子摘苍耳》。
③ 参看《暇日小园散病将种秋菜督勤耕牛兼书触目》。
④ 参看《吾宗》。

楚江巫峽半雲雨
清簟疎簾看弈棋
南園

［清］王時敏《杜甫詩意圖冊》

都是级别较低的官员。他们喜欢读书，又能尽心奉养双亲，是杜甫的忘年交。[1]秋天的某日，孟十二提着新作的酒和酱，亲自送到杜甫家中。大历二年（767）的九月一日，杜甫拄着拐杖前往孟家探访，对孟氏兄弟的孝友品格表示钦佩。这年九月，已经卸任仓曹的孟十二告别老亲赴洛阳参加选官考试，杜甫写诗送别，祝愿他能顺利得官，又拜托他探访自己家在洛阳土娄旧庄的屋舍。除与夔州的朋友交往外，杜甫感时念旧，还曾在《解闷十二首》中怀念郑审、薛据、孟云卿、孟浩然及王维、王缙兄弟。[2]

受柏都督委托，杜甫在东屯管理着一百顷公田。正是为了方便田地管理，杜甫才在东屯修建了茅屋，一家人也迁居到这里。东屯的茅屋也处在清溪边上，但要比瀼西安静，杜甫要效法古代的隐士在这里隐居。他想到可能将要在这里居住一些时日，那放船东下就不知道要等到什么时候了。

东屯下了一场雨，公田中的水稻长势良好，很快就要成熟，只是田中的杂草长得也很茂盛。杜甫督促监工张望抓紧时间带领农民下地除草，又担心他不能尽心，就派仆人阿稽和阿段再次传话叮嘱。杜甫想象稻子成熟之后就会舂出玉粒一样的稻米，那时粮仓堆满稻米，就再也不用担心没饭吃了。东屯附近居住着当地的农民，因为官府盘剥，他们都非常贫困。[3]到了秋天，监督农民收完了水稻，杜甫吃上了白白的米饭，再配上新鲜的秋葵，不禁舒展了愁颜。稻田收获完毕，地里一片空旷，满山的草木也逐渐凋零。[4]杜甫从东

---

① 参看《孟氏》。
② 参看《夔州歌十绝句》其六。
③ 参看《行官张望补稻畦水归》。
④ 参看《秋行官张望督促东渚耗稻向毕清晨遣女奴阿稽竖子阿段往问》。

屯的稻田遥望瞿塘峡口，只见一片苍茫。此时，瀼西果园的近千棵柑橘也已经果实累累，杜甫遂又回到瀼西果园收获柑橘。

　　这年秋天，忠州的一位担任"司法"的姓吴的年轻人带着家人来到杜甫家做客，他是杜甫的亲戚，也可能就是杜甫的女婿。司法即司法参军，是州刺史的属吏，是七八品的小官，掌律、令、格、式，鞫狱定刑，督捕盗贼之事。迁居东屯后瀼西草堂空置，杜甫就将这位年轻人安排在瀼西草堂居住。[①] 瀼西草堂院中有一株枣树，杜甫的西邻是一位贫穷的寡妇，她常到杜甫院中打枣，杜甫担心这位吴郎会设法阻止，遂作《又呈吴郎》云：

> 堂前扑枣任西邻，无食无儿一妇人。
> 不为困穷宁有此，只缘恐惧转须亲。
> 即防远客虽多事，便插疏篱却甚真。
> 已诉征求贫到骨，正思戎马泪盈巾。

在这首诗中，杜甫对吴郎说，因为西邻的寡妇孤苦无依，所以杜甫总是任凭她到院中打枣。如果不是因为家里穷，她怎么会到别人家打枣呢？正因为如此，应对她更加亲近。这位老妇人打枣时本来就心存戒备，你如果在枣树边插上篱笆她就不会再来。因为官府的盘剥，她才如此穷困，再想到那些战乱中的百姓就更使人伤感和同情。这首诗虽然出语平淡，但显示出杜甫对贫苦穷人的悲悯情怀和恻隐之心。

　　在重阳节前夕，吴郎到东屯看望杜甫，此时一场秋雨刚过，空

---

① 参看《简吴郎司法》。

气非常湿润。杜甫拄着竹杖出来开门迎接，并与吴郎一直谈到黄昏时分。杜甫邀请吴郎重阳节再来做客，并表示要亲自漉酒表示欢迎。[①]但是，这年的重阳节，吴郎并没有如约前来。杜甫只好独自饮酒，又抱病登台。因为生病，酒已经不能多喝。既然与酒无缘，那菊花似乎也不必开放。远方传来猿啼之声，一行白雁从天上飞过，杜甫想起弟弟妹妹，不知道他们现在流落何方。回想当年的重阳节，杜甫与朋友一起畅饮，酒杯被传来传去，多么热闹。那时经常与好友郑虔、苏源明一起赏菊饮酒、登高作诗，如果身在朝廷或许还会获赐茱萸。但现在杜甫已远离故乡，在战乱和漂泊中老去，现在谁会想到这位远在夔州的老人呢？当年的欢乐已经远去，好友也多已亡故，再想到国事不堪、群盗纵横，杜甫不禁流下泪来。[②]伤怀之际，杜甫作《登高》云：

> 风急天高猿啸哀，渚清沙白鸟飞回。
>
> 无边落木萧萧下，不尽长江滚滚来。
>
> 万里悲秋常作客，百年多病独登台。
>
> 艰难苦恨繁霜鬓，潦倒新停浊酒杯。

杜甫在重阳节登高望远，此时风急天高，哀猿悲鸣，渚清沙白，群鸟飞行于天际。杜甫看到无边的落叶在秋风中飘落，又看到无尽的长江滚滚而来。在远离故乡的夔州独自抱病登高，他不禁生发出悲秋之情。现在满头白发，年老体衰，又因病戒酒，登高之际不禁使人生出万千感慨。此诗前半写登高所见，后半写登高所感，对仗工

---

① 参见《晚晴吴郎见过北舍》。

② 参见《九日五首》。

無邊落木蕭蕭下
不盡長江滾滾來

[清] 王时敏《杜甫诗意图册》

整，情景交融，沉深莫测，而力量万钧，可谓前无古人，后无来者，不愧为"古今七言律第一"。

这年秋天，杜甫读到了元结写的《舂陵行》和《贼退后示官吏作》。元结在广德元年（763）任道州刺史，次年到达道州（今湖南道县）。道州此前被山贼劫掠，乱亡之后人口锐减，百姓极度贫困，以草根、木皮为食。但官府依旧征敛无度，百姓只能卖儿卖女。元结任职道州，见此惨状，对百姓寄予了深切的同情。其《舂陵行》所写就是百姓的惨状及其感怀。杜甫读到元结的诗作，有感于心，写了《同元使君舂陵行》与其唱和，赞美元结能为天子分忧，知民疾苦，认为如果有元结这样的官吏十数人，天下即可小安，又称赞其诗"道州忧黎庶，词气浩纵横。两章对秋月，一字偕华星"。

十月十九日，这是立冬后的十余日，杜甫在夔州别驾元持宅观看了公孙大娘的弟子李十二娘所舞的"剑器"，遂记起自己在开元五年（717）曾在郾城观看过公孙大娘舞"剑器浑脱"。那时杜甫尚在童年，但公孙大娘的舞蹈给他留下了很深的印象。数十年过去，杜甫已变成老翁，公孙大娘已不知身在何处，连其弟子也已非盛颜。杜甫抚事慷慨，遂作《观公孙大娘弟子舞剑器行》以纪其事，诗云：

> 昔有佳人公孙氏，一舞剑器动四方。
>
> 观者如山色沮丧，天地为之久低昂。
>
> 㸌如羿射九日落，矫如群帝骖龙翔。
>
> 来如雷霆收震怒，罢如江海凝清光。
>
> 绛唇珠袖两寂寞，晚有弟子传芬芳。
>
> 临颍美人在白帝，妙舞此曲神扬扬。
>
> 与余问答既有以，感时抚事增惋伤。

先帝侍女八千人，公孙剑器初第一。

五十年间似反掌，风尘澒洞昏王室。

梨园弟子散如烟，女乐余姿映寒日。

金粟堆南木已拱，瞿唐石城草萧瑟。

玳筵急管曲复终，乐极哀来月东出。

老夫不知其所往，足茧荒山转愁疾。

"剑器"当是执剑而舞，*其与"柘枝""胡旋""胡腾"等均属唐代宫廷的健舞，而"凉州""绿腰""甘州"等则属于软舞。公孙大娘善舞"剑器"，僧怀素见之，模仿其顿挫之势，草书遂长。杜甫在诗中回忆和描写了公孙氏高超的舞技，称赞她的舞蹈时而如羿射日落，时而如蛟龙飞翔，时而如雷霆万钧，时而如江海波澄。又说在公孙大娘之后，她的弟子李十二娘继承了其技艺。杜甫想到自己观看公孙氏的演出已经是五十年前的往事，这五十年间不仅爆发了安史之乱，连一代英主唐玄宗也已墓木久拱。想到这里，他不禁悲从中来。此诗以公孙氏师徒的技艺写国家的盛衰，纵横排宕而悲壮深婉，沉郁顿挫而感慨极深。

临颍的李十二娘离开家乡到夔州演出，是因为安史乱后长江沿岸城市成为经济发达地区。由于中原地区成为战场，洛阳、长安、凤翔一线饱受战争摧残，百姓流离奔逃，人口减少，经济亦遭到破坏，所以那里已经不是民间艺人演出的最佳场所。而长江沿岸远离战场，较为平安。因为长江航运，长江沿线的城市，特别是江陵、夔州、渝州这样的城市，成为经济较为发达地区。许多北方人到这里避难，这里的城市人口增多。长江沿岸的大城市代替长安和洛阳，成为民间乐人谋生的最佳场所。所以，除这位临颍李十二娘以外，杜甫在长江沿岸和江南，还遇到了李仙奴和李龟年等乐工。

九

在大历二年（767），杜甫已经有出峡奔赴江陵（今湖北荆州）的想法。其《峡隘》云："闻说江陵府，云沙静眇然。白鱼如切玉，朱橘不论钱。水有远湖树，人今何处船？青山各在眼，却望峡中天。"诗中对江陵的风光和物产都充满向往，透露出去往江陵之念。这年秋天，杜甫在《夜雨》一诗中说："通籍恨多病，为郎忝薄游。天寒出巫峡，醉别仲宣楼。"仲宣楼在此代指江陵，可见其此时已有去往江陵之意。

又据其《别崔潩因寄薛据孟云卿》中"荆州遇薛孟，为报欲论诗"之句，可知杜甫的好友薛据、孟云卿此时正在江陵。另外，杜甫的从弟杜位此时任荆南节度行军司马兼江陵府少尹。他是李林甫之婿，天宝十载（751）除夕，杜甫曾在杜位宅守岁。杜甫在成都时，又曾与他同在严武幕府。大历二年冬，杜甫作《寄杜位》云："寒日经檐短，穷猿失木悲。峡中为客久，江上忆君时。天地身何在，风尘病敢辞。封书两行泪，沾洒裹新诗。"此诗写流落夔州的悲凉心境，特别写对杜位的思念之情，亦微微流露出投奔之意。

值得注意的是杜甫此时所作的《秋日夔府咏怀奉寄郑监审李宾客之芳一百韵》，这首诗是杜甫创作的最长的排律。诗题中的郑监即郑审，官秘书少监；李宾客即李之芳，拜礼部尚书，改太子宾客。二人此时均在峡外，郑审在江陵，李之芳在夷陵。杜甫在诗中叙述了自己在夔州的窘境，又称颂二人文辞清简，才思敏捷，虚心好道，礼贤下士，还说二人如紫凤凌空，而自己不过如黄雀轻舞。杜甫又明确说他们将建立不世功业，而自己已备好轻舟，准备前往江陵拜见。可见，在创作此诗的大历二年秋，他已经决定去往江陵，这首诗即是行前投赠之作。杜甫又有诗云："异俗吁可怪，斯人难并居。家家养乌鬼，顿顿食黄鱼。"家家奉养"乌鬼"，顿顿皆食黄鱼，杜甫之厌居夔州亦于斯可见。**

大历二年（767）九月，吐蕃众数万围灵州，游骑至潘原、宜禄。郭子仪自河中帅甲士三万镇泾阳，京师戒严。消息传到夔州，杜甫非常担心朝廷的安危。到十月初一日，朔方节度使路嗣恭破吐蕃于灵州城下，斩首二千余级，吐蕃败退。但此时杜甫在夔州还没有得到官军胜利的消息。

大历二年的冬天天降大雪，天气奇寒，夔州被雪覆盖，一片洁白。① 忽然又刮起大风，居然一夜之间吹走了江边的一棵大树。到大历三年春，和风吹来，寒冰消释。在正月初一这天，杜甫元日试笔，作《元日示宗武》，诗云："汝啼吾手战，吾笑汝身长。处处逢正月，迢迢滞远方。飘零还柏酒，衰病只藜床。训谕青衿子，名惭白首郎。赋诗犹落笔，献寿更称觞。不见江东弟，高歌泪数行。"此诗流露出杜甫对宗武的关爱，亦表现出衰年客居夔州的悲慨。宗武此时已经颇知诗歌格律，也能继承家学吟诗作文。杜甫看着十五岁的儿子已长得很高，勉励他要立志求学，熟读经书，要像曾参、子游、子夏一样学习儒学，登堂入室。杜甫又想到当年与兄弟们在一起欢度元日的情景，那时家人欢聚，惹人艳羡，现在却是兄弟离散，孤独萧索。回忆以前聚首之乐，更觉今日离别之悲。好在前不久杜甫得到弟弟杜观的来信，说已经接了妻子抵达江陵。杜甫决定去往江陵与兄弟团聚，虽然近年来因病戒酒，但他决定在见到弟弟后痛

---

① 参见《前苦寒行》。

饮一场。此时，吐蕃军队全部撤退的消息传到夔州，杜甫非常高兴，感觉天地之内都充满了喜气。[1]

稍后，弟弟杜观又数次来信，说已在当阳（今湖北省当阳市）为兄长找到住处，邀请杜甫一家前往当阳。杜甫计算行程，预计寒食节就能与弟弟团聚。[2] 出峡之前，杜甫将瀼西的四十亩果园赠送给一位称作"南卿兄"的友人，遂在莺喧梅綻的正月中旬具舟东下，离开夔州，去往江陵。[3]

由以上可见，杜甫一家是在永泰元年（765）五月离开成都，在大历元年（766）暮春时节抵达夔州，又在大历三年正月中旬出峡东下。杜甫在夔州居住了将近两年，其间创作了四百多首诗，从数量和质量上看都是他一生中诗歌创作的最高峰。

杜甫夔州诗中以七言律诗的成就为最高，他在夔州创作的六十多首七言律诗，均具有雄浑悲壮的风格。如他此时创作了七律组诗《咏怀古迹五首》，不仅缅怀历史人物，也表现了自己的身世之悲。其所描写的数处古迹均在夔州附近，如非身在夔州，杜甫自然无此佳作。又如杜甫创作的《秋兴八首》，表现了诗人伤逝怀远、思家恋阙、叹老悲秋的复杂情感。诗中所写到的巫山巫峡之气象萧森、长江波浪之连天涌动、白帝砧声之急促凄楚，以及猿鸣之凄凉、笛声之悲慨，均是夔州特有的物象。此组沉雄富丽的七言律诗，既哀伤悲慨，又骨气苍浑，夔州物象与杜诗风格浑然一体，莫可分辨。由此可见，夔州的山川风物对杜甫诗歌的内容和风格都产生了影响。

---

① 参见《舍弟观赴蓝田取妻子到江陵喜寄三首》。
② 参见《续得观书迎就当阳居止正月中旬定出三峡》。
③ 参见《将别巫峡赠南卿兄瀼西果园四十亩》。

杜甫夔州诗所体现出的雄浑悲壮、浑涵汪茫的风格和气势，来自于杜甫无人能及的才气和笔力，同时也是夔州雄险壮丽的江山之所助。夔州诗不仅在数量上几占全部杜诗的三分之一，在艺术成就上亦是全部杜诗的顶峰。

注释：＊"剑器"是唐代健舞的一种。有人认为其舞蹈中不使用剑作为道具，而是"空手而舞"。清胡鸣玉《订讹杂录》卷三"剑器浑脱"条云："《文献通考》'舞部'谓剑器古武舞之曲名，其舞用女妓，雄妆空手而舞。案此今人意以剑器为刀剑之器，非是。"本书认为，此曲既名"剑器"，又是健舞，当是执剑而舞较合情理。按唐姚合有《剑器词》云："圣朝能用将，破敌速如神。掉剑龙缠臂，开旗火满身。积尸川没岸，流血野无尘。今日当场舞，应知是战人。"此当是姚合为"剑器"撰写的歌辞，其中"掉剑龙缠臂"之语，所述正是"剑器"的舞容。

＊＊ 杜诗"家家养乌鬼"中的"乌鬼"，自宋代以来已不详为何物，聚讼纷纭。宋陆佃《埤雅》卷六《释鸟》引《夔州图经》云："峡中人谓鸬鹚为乌鬼……杜甫诗云'家家养乌鬼'是也。"以鸬鹚为"乌鬼"。沈括《梦溪笔谈》亦持此见。宋黄震《黄氏日抄》卷六十五云："峡中养鸦雏，带铜锡环献神，名乌鬼。"则以鸦雏为"乌鬼"。又有以为"乌鬼"指猪。宋马永卿《懒真子》卷四云："士人夏侯节立夫言：乌鬼，猪也。峡中人家多事鬼，家养一猪，非祭鬼不用，故于猪群中特呼乌鬼以别之。"也有以为"乌鬼"指的是"乌蛮鬼"，宋王洙《分门集注杜工部诗》卷十三："家家养乌鬼……川峡路民多供事乌蛮鬼。"这样，"乌鬼"就有鸬鹚、乌鸦（鸦雏）、猪、乌蛮鬼四种说法。本书以为杜诗中的"乌鬼"指的是乌鸦。与当今不同，在唐代之前乌鸦一直被视为祥瑞，不仅是孝慈之鸟，更代表着团圆和吉祥。刘宋时有曲子《乌夜啼》，唐张籍有《乌夜啼引》，即咏其本事。以乌为神，敬乌奉乌的风气流行于各地，尤其是南方。这种风气可在唐诗中得到印证。白居易《答元郎中杨员外喜乌见寄》："南宫鸳鸯地，何忽乌来止。故人锦帐郎，闻乌笑相视。疑乌报消息，望我归乡里。"此以乌啼表示离人团聚的喜讯和美好愿望的实现。"家家养乌鬼"所写正是夔州人的奉乌祈福。任半塘云："唐诗《乌夜啼引》辞内，每见当时奉乌之迷信"，"此种迷信风俗，与唐时之流行此曲显然有关"。（［唐］崔令钦撰、任半塘笺订：《教坊记笺订》，中华书局1962年版，第180页）此说甚是。但到了宋代，人们已经不知道"乌鬼"何指，其原因在于当时乌鸦报喜已经演变为喜鹊报喜，奉乌祈福的习俗已发生变化。参见拙著《"乌鬼"考论》，《杜甫研究学刊》2006年第3期，第63—68页。

第八章　漂泊荆湘

大历三年（768）正月中旬，杜甫一家离开夔州，进入三峡，去往荆湘。其具体路线为：自夔州出发，经三峡到宜昌，经江陵、公安至岳阳，再从岳阳进入湘江。漂泊荆湘，是杜甫一生中最后的旅程。

自夔州至江陵

杜甫自白帝城放船，首先进入三峡。[①] 三峡，指瞿塘峡、巫峡和西陵峡。瞿塘峡是三峡之门，两崖对峙，中贯一江，有巨石名滟滪堆挡在峡口。杜甫经过时正是冬末水浅之时，只见滟滪堆露出水面百尺，其状如马。1959 年，滟滪堆被炸掉，所以现在在瞿塘峡口已看不到这块巨石。

瞿塘峡自夔门至大溪峡谷，长约八公里。壮丽的瞿塘峡是古人游览之地，也是江浙商人经商的必经之地。杜甫的小船随着奔腾的江水顺流而下，只见两岸的山峰非常高峻，山崖上长满了树木和古藤，鸥鸟飞翔，燕子依依。杜甫此时或许会想起郦道元《水经注》中的描写："自三峡七百里中，两岸连山，略无阙处，重岩叠嶂，隐天蔽日。……春冬之时，则素湍绿潭，回清倒影，绝巘多生怪柏，悬泉瀑布，飞漱其间，清荣峻茂，良多趣味。每至晴初霜旦，林寒

---

① 参见《大历三年春白帝城放船出瞿唐峡久居夔府将适江陵漂泊有诗凡四十韵》。

涧肃，常有高猿长啸，属引凄异，空谷传响，哀转久绝。"此节当出自南朝宋盛弘之的《荆州记》，被郦道元直接采入《水经注》中。瞿塘峡在雄奇瑰丽之中夹杂着一份沉郁和苍凉，杜甫想到生逢乱世，盗贼未平，不由得长吁短叹。

经过瞿塘峡之后，接下来就是巫峡。相传巫山有神女，原是西王母之女，死后葬于巫山，化为神女。楚王到此游览，巫山神女托梦与之幽会。宋玉曾作《高唐赋》云"先王尝游高唐"，所指就是这里。巫峡的峡口有一座巫山县，杜甫在这里遇到了老朋友唐十八，他原是汾州刺史，被贬施州，暂来巫山县。在杜甫即将离开时，唐十八为杜甫设宴饯行，当地诸公也携酒前来相送。杜甫拄杖参加了宴会，饮酒听歌，多有感怀。在巫山县城北、巫峡之前，有长江的支流大宁河，小三峡就在这条河上。小三峡幽奇雅秀，有"盆景峡谷"之称。在大宁河的支流马渡河中，又有"小小三峡"，高峡林泉，风景更为幽美。自巫山以下，即为巫峡。巫峡自巫山至关渡口，全长四十五公里。这里的巫山十二峰最为瑰丽，其中的神女、

遥望瞿塘峡

屈原祠

屈原墓

登龙、圣泉、朝云、松峦、集仙六峰在江之北，净坛、起云、飞凤、上升、翠屏、聚鹤六峰在江之南。行至此处，美丽的神女峰映入杜甫眼帘。在神女峰南岸，又有一条神女溪，亦碧水清幽，景色动人。

　　巫峡之下就是西陵峡。西陵峡西口的秭归是屈原故里，传说屈原遭放逐之时，他的姐姐前来相送，故称秭归。现在，秭归县城边上的凤凰山有屈原故里景区，内有屈原祠、屈原墓、江渎庙等建筑，均从三峡蓄水区搬迁而来。西陵峡自香溪至南津关，全长四十二公里，包括兵书宝剑峡、牛肝马肺峡、黄牛峡、灯影峡、宜昌峡，有青滩、泄滩、崆岭滩等，滩多水急，非常奇险。西陵峡之下即是峡州（今湖北宜昌），这里是川鄂咽喉之地。杜甫经过此地，监察御史兼峡州长史田某为他设宴饯行，杜甫拄着藜杖参加了宴会。

荆州

　　大历三年（768）的三月，杜甫的小船冒着蒙蒙细雨抵达江陵（今湖北荆州）。江陵位于湖南省中南部，西邻宜昌，东接洞庭。春秋战国时期，楚国在此定都四百余牛。在唐代，这里是当时的大城巾，人口众多，经济、文化发达。江陵一带物产丰富，历史上盛产鱼类、柑橘、丝织品、茶叶等。在唐代，这里不仅种植水稻，还种植小麦，农业相当发达。这里也是交通要津，商人贸易上至滇蜀，下至吴越。现在荆州古城尚在，其城墙保存完好，古城内有张居正故居、关帝庙、关羽祠、九老仙都宫等景点。

　　杜甫到达江陵时，其从弟杜位正在江陵任行军司马，他此前已经接到杜甫将来江陵的来信，此时见杜甫一家冒雨前来，急忙将他们接到自己家中暂住。[①] 杜甫抵达江陵后，又与弟弟杜观相见，不胜欣喜。在弟弟的帮助下，他将家人安排到当阳居住，自己则主要在江陵一带活动，与当地官员多有往还。如这年的三月三日上巳节，有一位姓徐的司录召集江陵官绅宴饮游春，杜甫也受到邀请参加了宴会。此时已是春天，江陵气暖，园林中已经花蕊初绽，满头白发的杜甫在园林中观赏美景，不由得悲欣交集。[②]

　　此时与杜甫交往较多的是郑审与李之芳。暮春时节，杜甫与李之芳等人一起到郑审的湖亭上泛舟，这里鸟飞鱼跃，莲叶田田，景色美好。[③] 郑审是郑州荥阳（今属河南）人，天宝初任司勋员外郎。他擅长写诗，杜甫在长安时与其结识。乾元中，郑审为袁州刺史，迁秘书少监。大历初，贬江陵少尹。在江陵，杜甫与郑审交往颇多，多次与朋友到郑审的湖上泛舟。李之芳是太宗第七子蒋王恽的曾

---

① 参见《乘雨入行军六弟宅》。
② 参见《上巳日徐司录林园宴集》。
③ 参见《暮春陪李尚书李中丞过郑监湖亭泛舟》。

孙，天宝初任齐州司马，杜甫漫游齐赵时与其多有交往。宝应二年
（763），李之芳以左散骑常侍兼御史大夫出使吐蕃被扣留，次年
放还。大历二年（767），杜甫在夔州行前作百韵长律寄给李之芳，
当时他任职夷陵。大历三年（768）杜甫来到江陵，李之芳也赶赴
江陵与他相见，共同参加了胡侍御的书堂宴饮。酒宴之后意犹未尽，
杜甫又邀请李之芳在月光下饮酒。二人畅叙别情，一直畅饮到次日
凌晨。[①] 稍后李之芳又回到峡州，他想念杜甫，又邀请杜甫到峡州
相聚。当时已进入四月，长江沿岸天气酷热，江陵至峡州需要沿江
上溯约一百五十公里，杜甫年老多病，又为热所阻，最终未能赴约。[②]
杜甫离开江陵后，李之芳旋即病逝。

　　大历三年（768）六月，江陵节度使、阳城郡王卫伯玉新建了
一座高楼。他大宴宾客，并请一位严侍御赋诗，杜甫也参与了宴会，
并写诗祝贺。[③] 有一位姓向的官员要在这年的端午节赴朝廷向皇帝
进奉御衣，杜甫伤心地让他捎信给朝中故友，说自己流落江陵，已
变成江边的隐士。[④] 又有崔侍御和常正字入京，杜甫亦写诗相送。
此外，杜甫与江陵的宋大少府、马大卿、宇文晁等亦有交往。

　　除在江陵外，杜甫有时候回当阳探望家人，送些粮米。这年夏
天，他接到家人来信，说已经断粮。为了生计，杜甫四处求告，乞
求接济，却常常空手而归。杜甫又向江陵的官员求救，还偶尔上门
请求帮助。他晚上就住宿在江边的驿站之中，隔帘望月，夜不能眠。
杜甫觉得自己就像穷途痛苦的阮籍，又像流落荆州的王粲，困苦的

①　参见《宴胡侍御书堂》《书堂饮既夜复邀李尚书下马月下赋绝句》。
②　参见《多病执热奉怀李尚书之芳》。
③　参见《江陵节度阳城郡王新楼成王请严侍御判官赋七字句同作》《又作此
奉卫王》。
④　参见《惜别行送向卿进奉端午御衣之上都》。

生活迫使杜甫不得不在大历三年（767）秋离开江陵。[1]

自公安至岳阳

按照杜甫在梓州的计划，杜甫出三峡之后，应该自江陵北上，经襄阳（今湖北襄阳）至邓州（今河南邓县），继续北行至洛阳；或自邓州转向西北，经内乡、商洛、商州、蓝田至长安。

但是，杜甫在江陵并没有北归长安，这是因为长安此时正处于吐蕃的侵扰之中。大历三年（768）八月，吐蕃十万众寇灵武、邠州，京师戒严。九月，朝廷命郭子仪将兵五万屯奉天以备吐蕃。九月十一日，朔方骑将白元光击吐蕃，破之。二十一日，又破吐蕃二万众于灵武。凤翔节度使李抱玉使右军都将临洮李晟将兵五千击吐蕃，晟将千人兼行出大震关，至临洮，屠吐蕃定秦堡，焚其积聚，虏堡帅慕容谷种而还。吐蕃闻之，释灵州之围而去，京师解严。因为吐蕃威胁京师，杜甫不敢冒险北归。

此外，这时的河北一带也处在混乱之中。大历三年（768）六月二十日，幽州兵马使朱希彩等杀其上官幽州节度使李怀仙，自称留后。闰六月，成德军节度使李宝臣讨朱希彩，为其所败。朝廷不得已宽恕朱希彩，乃以王缙为幽州节度使，授希彩御史中丞，充幽州节度副使，权知军州事。七月初四日，朝廷派王缙至幽州，朱希彩盛兵严备以迎。王缙知朱希彩终不可制，劳军后旬日而还。寻加希彩御史大夫，充幽州节度留后。朱希彩得志，暴横自恣，无礼朝廷。幽蓟一带的混乱，也使杜甫不敢贸然北上。

---

[1]   参见《水宿遣兴奉呈群公》《舟月对驿近寺》《舟中》。

　　杜甫在此时的诗歌中也隐隐表达了自己的忧虑。如在大历三年（768）夏，杜甫作《遣闷》云："妖孽关东臭，兵戈陇右疮。……余力浮于海，端忧问彼苍。"大历三年（768）秋，杜甫作《秋日荆南述怀三十韵》云："蛟螭深作横，豺虎乱雄猜。"他在送石首薛明府的诗中又有"汤池虽险固，辽海尚填淤"之句，指长安虽然险固，而幽蓟一带却因割据而政令不通。据此可知，杜甫未北行，其原因在于关东和陇右都处于动乱之中。杜甫当此乱世而不能北归，只能避世隐居，继续漂泊。

　　在大历三年（768）的暮秋，杜甫告别亲友，乘船离开江陵。这是秋冬之际，天气中已带有寒意。杜甫沿江南下，小船穿过江上的雾气，行约五十公里，抵达公安（今湖北省公安县）。杜甫在公安结识了书法家顾戒奢，并为其写了一首《醉歌行》。稍后，顾戒奢离开公安去往江西，杜甫又写诗为他送行。杜甫还结识了公安县的颜十少府和一位名叫卫钧的年轻人。[1]他还曾到一位王使君家夜饮，一直喝到酩酊大醉，才拄杖而还。杜甫在这里遇到了李贺的父亲李晋肃，称他为"二十九弟"。杜甫在公安的生活并不如意，曾为小吏所轻。[2]大历三年（768）冬，杜甫离开公安，去往岳州（今湖南岳阳）。[3]

　　去往岳州途中，杜甫经过刘郎浦（今湖北石首绣林山北）。刘郎浦在大江北二里，相传是先主刘备纳吴女处。暮秋时节，白浪滔天，杜甫想起刘备君臣相得的旧事，不由倚船长啸。[4]

---

① 参见《醉歌行赠公安颜十少府请顾八题壁》。
② 参见《久客》。
③ 参见《公安送李二十九弟晋肃入蜀余下沔鄂》。
④ 参见《发刘郎浦》。

继续前行，杜甫在大历三年（768）寒冷的冬天，抵达岳州城下。此时北风吹来，天降大雪，天地之间一片苍茫。他看到洞庭湖中还有渔民在酷寒中捕鱼，又有人在用弓箭射杀飞鸟，还听说个少人家在卖儿卖女以缴纳租税，杜甫心中不禁一阵伤感。[①]一天晚上，他忽然听到相近的船上传来吹奏觱篥的声音，曲调悲壮凄凉，与洞庭湖的波涛相应和。[②]

岳州有著名的岳阳楼。东汉年间在洞庭湖边曾建有一阁，三国时期鲁肃在此曾建"阅军楼"，以检阅水师。此后，阅军楼成为此地城楼。在唐代，这座城楼被称为西城楼或洞庭楼。开元四年（716），张说镇守岳阳，将此楼称为"岳阳楼"。杜甫经过岳阳时，陪岳州刺史裴某登楼，并作《登岳阳楼》云：

> 昔闻洞庭水，今上岳阳楼。
>
> 吴楚东南坼，乾坤日夜浮。
>
> 亲朋无一字，老病有孤舟。
>
> 戎马关山北，凭轩涕泗流。

此诗前半写景，境界阔大。再叙说自己的身世，使人顿感落寞。末尾则以忧怀国事收束，可谓沉郁顿挫，气压百代，独步千古。杜甫之胸襟气象，于斯可见。此诗雄伟闳放，笔力矫健，可与洞庭争雄，是杜甫晚年诗歌中的佳作。

北宋庆历中，滕子京谪守巴陵郡，重修岳阳楼，并请范仲淹写了著名的《岳阳楼记》。该文只有 360 余字，却写景抒怀，辞彩飞扬，

---

① 参见《岁晏行》。
② 参见《夜闻觱篥》。

岳阳楼

在岳阳楼远眺洞庭湖

气势不凡，表现了先忧后乐的博大情怀。唐宋之后，岳阳楼屡毁屡建，重修三十余次，现存建筑为光绪六年（1880）重建，中华人民共和国成立后，又对清代重修的岳阳楼进行过大规模修缮。现在的岳阳楼高近二十米，上下三层，上覆黄色琉璃瓦。附近又有一座"怀甫亭"，是纪念杜甫的建筑。

自洞庭湖至衡州

大历四年（769）正月，杜甫离开岳州，去往衡州，欲投奔韦之晋。韦之晋是杜甫的老友，杜甫十九岁游郇瑕（今山西临猗）时即与其结识。他曾任吏部员外郎、郎中、司封郎中，又曾任苏州刺史、婺州刺史。大历二年（767）冬，韦之晋为检校秘书监，兼衡州刺史、御史中丞、湖南都团练观察使，赴任经夔州，杜甫作《奉送韦中丞之晋赴湖南》诗以赠，可见二人交谊深厚。杜甫《秋日夔府咏怀奉寄郑监李宾客一百韵》云："东走穷归鹤，南征尽跕鸢。"此反用丁令威化鹤的典故，表示自己不回故乡，而是要"南征"，亦暗示了这段行程，说明杜甫早就决定自江陵转向南方。杜甫在江陵所作的《忆昔行》中也有"更讨衡阳董炼师，南浮早鼓潇湘舵"之句，说明杜甫似乎早就有去往衡州之意。

杜甫乘船自洞庭湖进入青草湖。[①] 此时已近春天，江南气候温暖，湖边的蒲草已经吐绿，岸上有农夫在耕田。一群乌鹊在船边飞去飞来，杜甫想起曹操"月明星稀，乌鹊南飞。绕树三匝，何枝可依"的诗句，又联想到自己的境况，不觉泪下。[②]

---

① 参见《宿青草湖》。
② 参见《过南岳入洞庭湖》。

继续前行，抵达白沙驿。杜甫夜宿于此，作《宿白沙驿》诗，其中有"驿边沙旧白，湖外草新青"之句，自注云"初过湖南五里"。白沙驿在今湖南省湘阴县三塘乡营田镇附近（或谓白沙驿在今岳阳县中洲乡白沙村）。营田镇现在是一座干净富庶的南方小镇，这里的湘江边上，至今还有一个很大的码头。距此不远的湘阴县三塘乡一带相传是舜帝埋葬其二妃的地方，在唐代曾有湘夫人祠，位于三塘乡黄陵山下。杜甫经过这里时曾下船拜谒，并作《湘夫人祠》《祠南夕望》诗二首。距三塘乡不远的湖南省汨罗市屈子祠镇有一座屈子祠，位于汨罗江边上。屈子祠也称屈原庙，共有三进院落，古朴幽静，花木扶疏。祠中供奉"故楚三闾大夫屈原之神位"。

屈子祠

杜甫自白沙驿沿湘江南下，行约六十公里，到达乔口。杜甫在此作《入乔口》诗，题下原注"长沙北界"。在日落时分，杜甫命船工将船驶入乔江。他看到蜜蜂在树上采蜜，燕子衔着春泥在江边飞来飞去。想到贾谊当年曾被贬长沙，即将抵达长沙的杜甫禁不住

乔口杜甫码头

守风亭遗址

心生悲慨。越往南走离中原越远，他不知道自己何时才能回到长安。乔口即今湖南省长沙市望城区乔口镇，此地在长沙、益阳、岳阳三市之间，距望城区政府约二十五公里。乔口因湘江的支流乔江（又称柳林江、乔口河）而得名。杜甫所言"入乔口"，即是进入湘江的这条支流。乔口镇东部为湘江，北部是新河和乔江，南部是毛家湖，属于湖区平原。这里多种植水稻，是鱼米之乡。乔口镇现有万寿宫、百岁牌坊、天后宫、观音寺等景点，都集中在百寿街一带。古镇上有一座创建于宋代的三贤祠，祠内供奉杜甫、屈原、贾谊三人。乔口镇的沿江观光带上建有一个杜甫码头，码头上有一座杜甫亭，内有刻杜甫《入乔口》《宿青草湖》等诗歌的石碑。

　　杜甫从乔口进入湘江，继续南行约十公里，在铜官渚一带遇风，只好停船避风。铜官渚即今湖南省长沙市望城区铜官镇，是战国时期楚国冶铜和铸造货币的地方，在唐代则盛产陶瓷。此地的陶瓷称铜官窑，又称长沙窑、望城窑。这里在陶瓷烧制中创造了高温铜红釉和釉下彩技术。所谓釉下彩就是先在瓷胎上用各种色料作画，然后上釉，再入窑烧成陶瓷。相对于当时的单色釉瓷，釉下彩是制瓷技术的很大突破。铜官窑还首次在陶瓷上书写诗歌，提高了瓷器的文化品位。在铜官窑瓷器上发现的唐诗多有民间风味，亦不无佳作。在唐代，此地商贾云集，非常繁华热闹。商人在这里购买瓷器，雇工搬运到湘江的船上，再从湘江运往扬州，然后从扬州运往世界各地，特别是东南亚一带，从而形成所谓"海上陶瓷之路"。杜甫当年在此作《铜官渚守风》，他可能错把烧窑的炉火当成了山火。铜官镇上原建有守风亭，现仅存遗址。

　　大历四年（768）二月，杜甫继续乘船南行至双枫浦，在此作《双枫浦》诗。约在二月中下旬，杜甫一家抵达潭州（今湖南长沙）。

潭州是湖湘名都，自汉代以来就经济发达，文化昌明。杜甫在潭州停船，欲访问定王城，可惜定王城遗址已不存，遂访问了贾谊故居。贾谊故居即贾太傅故宅，是长沙最古的古迹。贾谊是西汉初年的政治家和文学家，其故居在今长沙市五一西路太平街太傅里，位于一条步行街上。此故居在汉武帝时就得到保护，在南朝齐梁间得到修缮。在宋代，贾谊故居被称为贾谊庙。明成化年间长沙地方官曾重修贾谊故居，并初步形成宅祠合一的格局。明万历中在贾谊故居中立屈原像，故又称屈贾祠。清代贾谊故居曾多次重修，光绪年间又得到扩建和修整，屈原像迁出，增建了园林"清湘别墅"。该故居毁于1938年的"文夕"大火，现在的贾谊故居是重建的，1999年才对外开放。现故居内有贾太傅祠、太傅殿、寻秋草堂、碑亭、碑廊等。在潭州，杜甫还曾到岳麓山的道林寺和麓山寺参观，当时正是清明时节，有很多人到此游览。道林寺和麓山寺遗址当在今湖南大学内，可惜遗址已无存。

　　在潭州停留几天后，杜甫离开这里去往衡州（今湖南衡阳）。他离开长沙时曾有"岸花飞送客"的诗句，故在离长沙不远的湘潭原曾建有"岸花亭"，但现在已踪迹难寻。继续南行六十公里，抵达凿石铺。此时是农历二月初的一个傍晚，落日的余晖倒映在湘江中，江上的微风吹拂着杜甫的衣襟。不一会儿，太阳落山，群星出现在天幕。因为没有月亮，船舱里一片漆黑。连日奔波的杜甫坐在小船上，辗转难眠。[①]凿石铺在今株洲市天元区马家河镇花园村附近，因杜甫曾在凿石铺经过并有诗作，这里在宋代就建有杜甫草堂，江边石壁上曾刻有宋代书法家米芾所书"怀杜崖"三个大字。清代在

---

① 参见《宿凿石浦》。

凿石铺附近

津口渡口

这里建有杜甫像并刻写杜诗，可惜今已不存。

杜甫自凿石铺前行二十公里，抵达津口。津口在今株洲市株洲县渌口镇附近的湘江东岸，今称渌口，因湘江的支流渌水而得名。杜甫的小船从津口经过，和风送暖，春光明媚，两岸是茂密的枫林，杜甫听到枫林中传来小鸟的鸣叫。①

自津口沿江南行七公里，杜甫抵达今湖南省株洲县雷打石镇盘石村附近的九狮山下，空灵岸即在此处。杜甫停船上岸参观，看到这里的山丘上长满了枫林和栎木，幽深空寂，杜甫恍惚觉得可以在此终老。大概这里的风光确实幽美，在登船离开之际，杜甫还不断回看这片美丽的山崖。②空灵岸在湘江西岸，又称"空灵寺""观音岩"。该寺建于南朝梁天监七年（508），当时依江畔石洞建寺，供奉观世音像，故又称"观音岩"。在唐代，杜甫和刘长卿均曾到此游览。宋代书法家米芾在此题"怀杜岩"三个大字，朱熹也曾到寺内参观。清嘉庆年间在寺中建杜公亭，道光年间左宗棠为空灵寺题"百宝胜光"四个大字。民国时期，曾重修杜公亭。1987年旅美华侨捐资重建空灵寺，后又多次扩建。现在的空灵寺仅是散落在湘江岸边山崖上的一组佛教建筑，有万佛殿、药师殿、斋堂、居士楼、地藏阁、财神殿、观音洞、三圣殿、罗汉堂和大雄宝殿等。

杜甫离开空灵岸南行四十公里抵达花石戍，看到岸边长满了茂密的树林。傍晚时分的天气还很热，杜甫停船上岸，拄杖到岸边的村庄中探访，他看到这里田园荒废，很多百姓已逃往他乡，只有灌溉农田的泉水自顾自地流个不停。花石戍在现在的株洲县龙船镇政

---

① 参见《过津口》。
② 参见《次空灵岸》。

空灵寺

衡山祝融峰上的祝融殿

府附近。在唐代，花石戍可能是驻兵之地。[1]

　　自花石戍继续南行约三十公里，抵达晚洲。晚洲是湘江中的一个小岛，当杜甫的小船在此经过时，他看到这座小岛上石崖高耸，水流不停地拍打着岸边的岩石，使小船不停地晃动。小洲上的花开得茂盛，杜甫想伸手折一把花枝插在自己的船头。[2] 晚洲即今株洲县龙船镇挽舟村，现有三百户人家约一千人生活在岛上。

　　自晚洲继续前行，行约四十公里，抵达衡山县，这里距南岳衡山已经很近。衡山南起衡阳回雁峰，北至长沙岳麓山，共有七十二峰。这里古迹众多，风光幽美。但年老力衰的杜甫未能登山，只是在船上眺望衡山，写了一首《望岳》，这是他平生创作的第三首《望岳》。

　　大历四年（759）的暮春，杜甫自衡山县继续南行约七十公里后抵达衡州（今湖南衡阳）。他奔赴衡州，是要投奔衡州刺史韦之晋，

————————————

[1]　参见《宿花石戍》。
[2]　参见《次晚洲》。

长沙杜甫江阁

但此时韦之晋已赴任潭州刺史。不久潭州传来韦之晋病逝的消息，杜甫想到自己青年时期的好友差不多均已故去，不胜悲痛，遂作《哭韦大夫之晋》以抒悼念之情。杜甫在衡州稍作盘桓后，只得复往潭州。

自潭州至耒阳

这是大历四年（759）的初夏，杜甫又一次来到潭州。他寓居在湘江边上的江阁中，病情加重，生活困顿。① 这座江阁可能就是

---

① 参见《江阁卧病走笔寄呈崔卢两侍御》。

长沙驿的驿楼，其地当在长沙城南大椿桥附近。因位于江边，故称江阁或江楼。现在，当地已在湘江东岸重建了这座江阁，这是一座四层的仿古建筑，高大雄伟，内有杜甫像及《杜工部潇湘行踪图》，站在杜甫江阁上可以近看湘江、橘子洲，远眺岳麓山。

杜甫第二次来到潭州，与当地官员及途经潭州的官员多有往来。如裴虬出为道州刺史、韦迢以尚书员外郎为韶州刺史、昭州刺史敬超先从昭州（今广西平乐）经潭州去广陵（今江苏扬州）、苏徯为桂州兵曹参军、寇锡以监察御史经潭州巡按岭南，杜甫均有作诗相送。此间，杜甫与江陵府行军参谋卢琚、担任县尉的魏徵四世孙魏佑、刺史萧十二、卢岳侍御及张建封等亦有交往。①

杜甫在潭州还结识了一位名叫苏涣的奇人。苏涣不平于世，少喜剽盗，善用白弩，巴蜀商人苦之，号白跖，以比庄蹻。后自知非，乃变节从学，广德二年（764）进士擢第。大历四年（769），湖南都团练观察使崔瓘辟为从事。苏涣旅于江侧，不交州府之客，人事都绝。人称苏涣是战国时期纵横家苏秦的远孙，但其壮志难酬，只能蛰伏于潭州。杜甫在潭州，苏涣忽然肩舆来访。杜甫请其诵近诗，大为倾倒，觉其才力素壮，辞句动人，成就超过了建安诗人。此后，杜甫与苏涣颇有来往，有时苏涣乘轿来访，有时杜甫去城南看望苏涣。杜甫觉得他不同流俗，将来也许能实现自己致君尧舜的理想。②可惜苏涣后来在广州参与了岭南部将哥舒晃的叛乱，兵败被杀。

大历五年（770）正月二十一日，杜甫翻检包裹，忽然翻到高适上元二年（761）任蜀州刺史时写给自己的《人日寄杜二拾遗》。

---

① 参见《湘江宴饯裴二端公赴道州》《潭州送韦员外牧韶州》等。
② 参见《苏大侍御访江浦赋八韵记异》《暮秋枉裴道州手札率尔遣兴寄递呈苏涣侍御》。

此时高适已经作古，杜甫思念故人，作《追酬故高蜀州人日见寄》
诗云：

> 自蒙蜀州人日作，不意清诗久零落。
>
> 今晨散帙眼忽开，迸泪幽吟事如昨。
>
> 呜呼壮士多慷慨，合沓高名动寥廓。
>
> 叹我凄凄求友篇，感君郁郁匡时略。
>
> 锦里春光空烂熳，瑶墀侍臣已冥寞。
>
> 潇湘水国傍鼋鼍，鄠杜秋天失雕鹗。
>
> 东西南北更谁论，白首扁舟病独存。
>
> 遥拱北辰缠寇盗，欲倾东海洗乾坤。
>
> 边塞西羌最充斥，衣冠南渡多崩奔。
>
> 鼓瑟至今悲帝子，曳裾何处觅王门。
>
> 文章曹植波澜阔，服食刘安德业尊。
>
> 长笛邻家乱愁思，昭州词翰与招魂。

在这首诗中，杜甫对老友高适的才略深表敬佩。他认为高适为人慷
慨豪迈，其大名可以震动天地。可叹高适已经故去，自己则漂泊湖
湘，难以回到故园。

在大历五年（770）的春社日，燕子飞经杜甫的船边，杜甫作《燕
子来舟中作》云：

> 湖南为客动经春，燕子衔泥两度新。
>
> 旧入故园尝识主，如今社日远看人。
>
> 可怜处处巢居室，何异飘飘托此身？

　　　　暂语船樯还起去，穿花贴水益沾巾。

社日即立春之后的第五个戊日。大历五年（770）的立春在正月初一日，其后的第五个戊日当是二月十五日，这天距春分还有三天。在二月十五日这天，杜甫看到燕子衔泥，知道自己在湖南已经度过了两个春天。这些燕子仿佛就来自故乡，现在它们在船边飞来飞去，仿佛还认识自己。燕子处处筑巢，与自己四处漂泊真是十分相似。几只燕子在小船的桅杆上朝自己鸣叫了一阵，就穿花贴水而去，只剩下船中的杜甫因为思念故乡而泪落沾巾。此诗通过燕子写自己的漂泊之感、故园之思，信笔写来，工巧自然。

　　半个月之后的三月初一日是这年的寒食节，寒食节的后一天即三月初二日称小寒食，杜甫在这一天依船观赏江上景物，不由生出思乡之情，作《小寒食舟中作》云：

　　　　佳辰强饮食犹寒，隐几萧条带鹖冠。
　　　　春水船如天上坐，老年花似雾中看。
　　　　娟娟戏蝶过闲幔，片片轻鸥下急湍。
　　　　云白山青万余里，愁看直北是长安。

寒食节要禁火三天，所以杜甫在小寒食也没有生火，这天他勉强喝了点酒，依旧吃着冷食。他凭几远望，觉得自己流落江湖，就像个隐士。船在江水中漂浮不定，年老的杜甫看花如同隔着一层烟雾。娟娟戏蝶掠过船幔，又有轻盈的鸥鸟在船边飞舞。此情此景如此的美好，可是杜甫忽然涌起一阵思乡之情，他遥望北方，想到那白云和青山之外的万里之遥的地方，才是自己的故园和长安。此诗前六句平叙水上风物，后两句突起波澜，转入对故园的思念。全诗轻俊流利，而又壮丽悲慨。

暮春时节，去年飞到衡阳的大雁又开始北飞，经洞庭湖去往渭水之滨，而杜甫尚不能北归。此时，杜甫在潭州遇到了流落此地的朝廷乐工李龟年，杜甫作《江南逢李龟年》云：

> 岐王宅里寻常见，崔九堂前几度闻。
> 正是江南好风景，落花时节又逢君。

李龟年是玄宗时期的乐工，以歌唱著名，杜甫早年在岐王李范和秘书监崔涤的家中听到过他的歌唱。安史之乱后杜甫四处漂泊，想不到李龟年也流落天涯。此时杜甫在潭州与李龟年重见，感国家之盛衰、世运之治乱、人事之聚散，不禁感慨万千。

大历五年（770）四月，潭州发生了一场叛乱。四月初八日，湖南兵马使臧玠杀观察使崔瓘，据潭州为乱。沣州刺史杨子琳、道州刺史裴虬、衡州刺史阳济出军讨伐臧玠，潭州大乱。杜甫看到一匹白马带箭而来，而骑马的军将已经死于战乱之中。[1] 为躲避战乱，杜甫急忙携家离开潭州，去往衡州。想到乾坤之内竟没有自己的容身之地，妻子儿女又跟随自己奔波受苦，杜甫不禁流下眼泪。他一路上都在为被杀的崔瓘感到惋惜，因为这位崔瓘莅职清谨，以士行闻名于世，又为政简肃，恭守礼法，是一位难得的好官。可惜他被臧玠杀害，并最终导致潭州一带的混乱局面。

大历五年（770）初夏，杜甫一家抵达衡州。衡州一带社会安定，

---

① 参见《白马》。

新市镇的老宅

刺史阳济也才干超群。杜甫新结识的朋友苏涣此时也正在此处，他不仅可以写诗，还勇猛无畏，如同古代名将。杜甫想到数州刺史联合讨伐湖南兵马使臧玠，当可取得胜利。杜甫在衡州期间曾去往衡山县，参观了那里的孔庙新学堂。潭州正在战乱之中，这里却弦歌不绝，这使杜甫对衡山县的陆县令非常敬佩。①

此时，杜甫得到以录事参军摄郴州事的"二十三舅"崔伟的信，召他前往郴州，杜甫遂沿湘江进入耒水，前往郴州。因江水暴涨，杜甫在耒阳县方田驿阻水，在江上停留了数天。方田驿在耒阳以北

———————————
① 参见《题衡山县文宣王庙新学堂呈陆宰》。

末阳杜甫墓

二十六公里处的末水东岸，即今末阳市新市镇。该镇在南朝、隋和初唐时期都是新城县的县治所在地。在元代，新城县存在达 93 年之久，到明代初年才废弃。这里号称有九街十三巷、三圃十二桥、八景六码头，楼台依稀，至今还有许多老宅。

　　根据唐郑处诲《明皇杂录》及两《唐书》的《杜甫传》，杜甫在这里为洪水所阻，末阳县的聂县令写信并赠酒肉，杜甫"啖牛肉白酒，一夕而卒"。尽管如此，仍有诸多学者认为杜甫并未卒于末阳，而是自末阳方田驿原路返回了湘江，再沿江乘船北归。①

---

① 　参见《聂末阳以仆阻水书致酒肉疗饥荒江诗得代怀兴尽本韵至县呈聂令陆路去方田驿四十里舟行一日时属江涨泊于方田》。

最后的时光

如果杜甫未卒于耒阳，他当是先回到衡州，再自衡州回到潭州。杜甫在潭州可能一直居住到大历五年（770）的秋天。

这年秋天，杜甫在潭州遇到了曾在同谷相遇的李衔。杜甫作《长沙送李十一衔》云："与子避地西康州，洞庭相逢十二秋。远愧尚方曾赐履，竟非吾土倦登楼。久存胶漆应难并，一辱泥涂遂晚收。李杜齐名真忝窃，朔云寒菊倍离忧。"杜甫与李衔在同谷相逢时是乾元二年（759）的冬天，自乾元二年（759）下数十二年，正好是大历五年（770）。这也许能证明杜甫在大历五年（770）秋尚在人世。

暮秋时节，杜甫作《暮秋将归秦留别湖南幕府亲友》云："水阔苍梧野，天高白帝秋。途穷那免哭，身老不禁愁。大府才能会，诸公德业优。北归冲雨雪，谁悯敝貂裘。"此云"归秦"，当是计划回到长安。杜甫也曾计划回到祖籍襄阳，在那里修茅屋居住，抱瓮灌园，悠游终日，享受汉水的清幽和岘山的凉爽。所以杜甫此时离开潭州，尚难以确定他的目的地是长安还是襄阳。

大历五年（770）秋冬之际，杜甫离开潭州，去往岳州。他作《风疾舟中伏枕抒怀三十六韵奉呈湖南亲友》，述说了自己一生的经历和感怀，这首诗可能是杜甫的绝笔诗。

自大历三年（768）正月离开夔州以来，杜甫自长江至洞庭湖，曾在湘江上数次南北往返。在人生的暮年，杜甫创作了一百多首诗。从诗歌的成就看，此期的诗歌尽管比不上其夔州诗歌，但依然出现了《登岳阳楼》《燕子来舟中作》《小寒食舟中作》等名篇，成为杜甫诗歌光辉的尾声。

在寒冷的深秋，湘江北流，万物萧瑟。百病交侵的杜甫坐在船

平江杜甫墓

上，远望故乡，悲从中来。湘江上飘荡着迷离的雾气，江岸上是连绵不断的枫林。[1] 他喜欢的乌皮几已十分破旧，衣服上也满是补丁。大唐已由盛转衰，处处都是藩镇割据。百姓在呻吟流血，杀伐之声常常震动乾坤。杜甫默默回忆一生的经历，感觉自己的一生像蓬草一样飘忽不定，自己追寻的世外桃源更是渺然难寻。杜甫料定自己的生命不久将走向尽头，他遥望中原不禁流下泪来。

　　大历五年（770）秋冬之际，一代诗圣杜甫卒于潭、岳间，其地可能在洞庭湖，也可能在湘江接近洞庭湖的某个地方。

　　杜甫死后，他的家人无力将其尸骨运回故里安葬，只得暂时埋葬在岳阳附近。现平江县小田村有一座杜甫墓，关于此墓的真伪，学界颇多争论。直到四十三年之后，杜甫的孙子杜嗣业才迁杜甫灵

---

① 　参见《风疾舟中伏枕书怀三十六韵奉呈湖南亲友》。

枢，归葬于偃师首阳山前的杜氏祖茔。在途经荆楚时，杜嗣业拜请元稹写了《唐故工部员外郎杜君墓系铭》。元稹在这篇《墓系铭》中给予杜甫极高的评价，他说："至于子美，盖所谓上薄风骚，下该沈宋，言夺苏李，气吞曹刘，掩颜谢之孤高，杂徐庾之流丽，尽得古今之体势，而兼人人之所独专矣。……则诗人以来，未有如子美者。"后代称杜甫为"诗圣"，称其诗歌为"诗史"，并称赞杜甫具有"集大成"的成就。伟大的诗人杜甫以及光焰万丈的杜诗，将以其永恒的成就永远在中国文学史上闪烁光芒。

偃师杜甫墓

参考文献

《旧唐书》，［后晋］刘昫等撰，中华书局 1975 年版

《新唐书》，［宋］欧阳修、［宋］宋祁撰，中华书局 1975 年版

《资治通鉴》，［宋］司马光编著，中华书局 1956 年版

《杜诗详注》，［唐］杜甫著，［清］仇兆鳌注，中华书局 1979 年版

《读杜心解》，［清］浦起龙著，中华书局 1978 年版

《杜诗镜铨》，［唐］杜甫著，［清］杨伦笺注，中华书局 1962 年版

《杜律启蒙》，［清］边连宝著，韩成武等点校，齐鲁书社 2005 年版

《杜甫全集校注》，萧涤非主编，张忠纲统稿，人民文学出版社 2014 年版

《杜甫集校注》，［唐］杜甫著，谢思炜校注，上海古籍出版社 2016 年版

《文苑英华》，［宋］李昉等编，中华书局 1966 年版

《全唐诗》，［清］彭定求等编，中华书局 1999 年版

《增订注释全唐诗》，陈贻焮主编，文化艺术出版社 2000 年版

《全唐文》，［清］董诰等编，中华书局 1983 年版

《杜甫诗选注》，萧涤非选注，人民文学出版社 1979 年版

《杜甫诗全译》，韩成武、张志民著，河北人民出版社 1997

年版

《杜甫传》，冯至著，百花文艺出版社 1999 年版

《杜甫叙论》，朱东润著，人民文学出版社 1981 年版

《杜甫评传》，陈贻焮著，北京大学出版社 2003 年版

《杜甫评传》，莫砺锋著，南京大学出版社 1993 年版

《诗圣：忧患世界中的杜甫》，韩成武著，河北大学出版社 2000 年版

《杜甫传》，孙微、张学芬著，天地出版社 2020 年版

《杜诗艺潭》，韩成武著，河北教育出版社 2002 年版

《杜甫新论》，韩成武著，河北大学出版社 2007 年版

《中唐诗文新变》，吴相洲著，台湾商鼎文化出版社 1996 年版

《杜甫大辞典》，张忠纲主编，山东教育出版社 2009 年版

《诗圣杜甫研究》，张忠纲著，上海古籍出版社 2015 年版

《唐代交通图考》，严耕望著，上海古籍出版社 2007 年版

《杜诗释地》，宋开玉著，上海古籍出版社 2004 年版

《朝圣：重走杜甫之路》，左汉林著，东方出版社 2018 年版

后 记

◇ 左汉林

自跟随韩成武师学习杜诗以来，对杜甫传记亦时时留意，先贤著述，多曾拜读。后为学生讲授杜诗，指定的教材是莫砺锋先生的《杜甫评传》和韩成武师的《诗圣：忧患世界中的杜甫》。成武师的著作我曾通读过多遍，又时时翻检，在诸家杜传中最为熟悉。

在重走杜甫之路完成后，我对杜甫的生平和行踪有了一些新的思考。当年在考察途中常常拍摄照片，所以也积累了很多图像资料。后来，就有前辈建议我撰写一部《杜甫画传》。

在本书撰写过程中，遇有疑难，经常向韩成武师和学界前辈、同人请益。葛景春先生给了我最大的鼓励，使这本小书免于半途而废。张忠纲先生审读了书稿并提出修改意见，还在百忙中为本书撰写了序言。商务印书馆的张鹏先生认真细致，学有专长，在本书出版中给予了诸多帮助。在此，谨请以上师友接受我真诚的谢意。

杜甫一生漂泊西东，经历最为复杂。本书叙述未周之处，敬请专家和读者批评指正。

2021 年 8 月 12 日于北京沙河高教园